벤처경제학

조봉현 · 조재민 · 김용덕

VENTURE ECONOMICS

박영사

머리말

　　현재 한국경제는 지금까지 경험하지 못했던 저성장이 지속되고 있다. 1990년대 경제성장률은 7~8%대 수준이었으나 2023년에는 1%대 성장률을 기록하였다. 이러한 저성장은 저출산·고령화 등 인구구조 영향, 산업경쟁력 및 생산성과 효율성 저하 등에 기인한다. 특히, 경제 전반의 구조적 취약성이 성장 동력을 떨어뜨린 것이 주요 원인으로도 분석되고 있다.

　　기업 관점에서도 생산은 노동, 자본, 기술진보에 의해서 이루어지는데, 생산성이나 효율성 등 기술적 요소의 개선이 중요하다. 하지만, 개선이 더디고 혁신이 뒤따르지 못해 기업뿐만 아니라 더 나아가 산업경쟁력이 하락하면서 저성장을 초래했다고 볼 수 있다.

　　대기업 및 전통적인 중소기업을 중심으로 생산 및 기업 경제가 이루어지면서 우리나라도 이젠 성장의 한계에 이르렀다고 판단된다. 그러면 어떻게 해야 할까? 지속 가능한 새로운 도약을 위한 동력을 찾아야 한다. 그 중 하나가 기술력이 뛰어난 벤처기업의 탄생과 육성이다. 즉, 우리나라는 벤처경제 체제로 전환해야 성장률을 높여 나갈 수 있을 것이다.

　　이러한 상황에서 저자들은 학술적인 측면과 정책적 측면에서 벤처경제 집필의 필요성을 이야기하고자 한다.

　　먼저, 학술적 측면을 보면, 일반적으로 전통적인 경제학에서 기업은 노동과 자본을 투입요소로 하는 생산함수로 볼 수 있다. 하지만 벤처기업은 전통적인 경제학에서 말하는 기업과 다른 모습을 가지고 있다. 일례로, 자금조달 측면에 차이가 크다. 일반적으로 자본가가 생산수단을 구입하거나 소유하는데, 벤처기업은 기술이나 지식 노동자가 주식시장이나 벤처금융 및 투자 등을 통해 자금을 조달하여 노동자를 고용하고 서비스, 제품 및 상품을 생산한다. 자본의 역할과 영향력이 이전과 다르다고 볼 수 있다.

이러한 측면에서 볼 때, 기존 전통적인 경제학에서 설명할 수 없는 한계를 가질 뿐만 아니라 새로운 벤처경제에 대한 논의가 필요하다고 생각된다. 즉, 국가경제에서 벤처기업의 중요성, 이론적·학술적 측면에서의 벤처기업 등을 고려할 때, 벤처기업과 경제에 대해 면밀히 살펴보고 벤처경제 전반에 대한 이해가 필요하다.

다음으로, 정부의 정책 측면에서도 2017년 중소기업청이 중소벤처기업부가 되면서 대기업 중심, 제조업 중심 경제에서 벤처기업의 중요성이 커진 것으로 볼 수 있다. 실제로 벤처기업은 2023년 12월말 기준으로 40,081개, 총 매출액 약 210조, 고용 약 808천명, 벤처천억기업 869개로 경제 규모나 일자리 측면에서도 한국경제의 중요한 역할을 하고 있다. 또한, 전통적인 중소기업과 비교해 볼 때 고용과 수익성 등 측면에서도 우수한 것으로 나타나 벤처기업에 대한 관심은 점차 커지고 있다.

시대적 흐름에 맞춰 저자들은 한국 경제환경 변화에 따라 벤처경제에 대한 이론과 실무적 사례에 대한 정리가 필요하다고 생각하였다.

그동안 벤처의 중요성이 부각되면서 각 대학이나 기관에서 벤처교육 및 업무를 하고 있지만, 경제학적으로 접근한 책이 없어 체계적으로 지식을 습득하는 데 한계가 있었다. 이에 저자들은 경제학으로 접근한 벤처서적을 집필하고자 시도하였다.

본서는 벤처기업에 대한 기본적 개념, 이론, 현황에서부터 주요 사례와 벤처금융, 정책까지 확장하여 종합적으로 집필하고자 하였다. 경제학으로 벤처의 이론에서부터 실무, 정책까지 총괄하는 서적으로 대학, 기업, 정부기관, 일반인 등이 참고할 수 있는 이론 및 실무서적이다. 집필을 마무리하고 나니 아쉬운 부분들이 눈에 보인다. 미흡한 내용들은 앞으로 더 많은 연구를 통하여 보완해 나갈 생각이다.

모쪼록 이 책 발간을 계기로 벤처경제에 대한 관심과 지혜가 널리 전파되고, 혁신적인 벤처기업들이 많이 탄생하여 세계를 누비면서 대한민국 미래경제의 주춧돌 역할을 할 수 있기를 기대하는 바이다.

본서의 집필과 발간에 많은 분들이 도움을 주었는데, 특히 이 책의 출간을 맡아주신 박영사 측에 깊은 감사를 드린다.

저자 일동

Chapter 03

벤처기업의 특성과 위상

Chapter 06
벤처기업 성공과 실패 사례

Chapter 07

벤처기업 정책과제

벤처기업의 이론과 연구

section 01 벤처기업 이론과 벤처경제

　　최근 우리나라 경제는 대기업 중심, 제조업 중심 경제에서 벗어나 새로운 경제환경 변화의 기로에 있다고 해도 과언이 아니다. 2017년 중소기업청이 중소벤처기업부가 되면서 이러한 패러다임의 변화가 가시화되었다. 이에 따라 중소기업에 대한 관심이 커지면서 중소기업에 대한 인식 변화에서부터 중소기업금융, 중소기업정책에까지 다양한 연구가 시도되고 있다. 하지만 중소기업 중에서 벤처기업에 대한 관심과 연구는 상대적으로 부족하다고 볼 수 있다. 최근 벤처기업 연구는 국제신생벤처기업이론, 자원기반이론 등을 통해 벤처기업 특징, 성장 등을 체계적으로 설명하는 이론적 틀이 논의되고 있다.

　　먼저, 국제신생벤처기업(INV) 이론은 기존 전통적인 국제화 관련 접근법의 한계를 벗어나 벤처기업의 국제화 현상을 설명하는 이론이라 볼 수 있다. 여기서 국제신생벤처기업은 창업초기부터 다양한 국가에서 판매활동을 수행하고 경영자원을 획득하여 경쟁우위를 확보하려는 사업조직으로 정의할 수 있다(Oviatt and McDougall, 1994). 기존 기업의 국제화 과정과 달리, 국제신생벤처기업은 차별적인 특징을 가진다. 먼저, 국제신생벤처기업은 목표시장 선택과 경영자원 획득에 있어 상대적으로 강한 글로벌 지향성을 가진다. 다음으로 사업 초기부터 해외사업이나 시장 활동에 강력한 비전을 가지고 있다. 이러한 특징으로 기존 전통적인 접근법인 국제제품수명주기 이론과 독점적 우위이론은 국제신생벤처기업을 설명하기에 한계를 보인다. 이 외에도 내부화 이론, 설립사슬, 단계모형 등으로도 국제신생벤처기업이 보여주는 국제화 현상을 제대로 설명하지 못한다. 즉, 기존 이론은 국제신생벤처기업이 창업초기부터 국제사업, 해외사업을 수행하는 것을 적절하게 설명하지 못한다. 이뿐만 아니라 국제신생기업이 국제화 과정 단계 자체를 거치지 않거나 아주 짧은 기간만을 거치고 발전하는 국제화 과정을 제대로 설명하는 데 한계를 가진다.

다음으로 자원기반이론(Resource Based View)은 기업의 성과를 설명하는 이론으로 기업을 역량의 집합체로 보고 있다(Pfeffer and Salancik, 1978). 즉, 기업이 보유하고 있는 자원들이 기업의 경쟁력을 결정하는 주된 요소가 된다는 관점이다. 자원기반이론은 기업 경쟁력의 원동력을 기업이 보유한 내부 자원으로 보기 때문에 내부 자원에 의해 기업의 행동이 결정된다고 본다. 여기서 자원은 유형과 무형으로 구분하며, 유형 자원은 모방이 용이하다는 측면에서 경쟁우위를 지속하기에 어려운 점이 있고 무형 자원은 모방이나 대체가 어려운 특징을 가지고 있기 때문에 경쟁우위의 핵심이 될 수 있다.

기업 간 협력에 관한 많은 선행연구들은 협력이 형성되는 동인으로 자원기반이론을 인용한다. 기업은 모든 자원을 획득할 수 없기 때문에 내부에 없는 자원을 외부에서 조달하려는 동기가 발생한다. 이때 협력의 목적은 결핍된 자원을 외부에서 보완하여 경쟁력을 강화하고 수익을 향상시키는 데 있다. 기업 간 협력 유형은 국내·외 기업들과의 공급사슬관계 유형부터 합작 기업, 전략적 제휴, 공동 연구개발 협력, 기술이전 협력 등 다양한 형태로 존재한다(Harrigan, 1988; Laursen and Salter, 2006; Lawson et al., 2014). 이러한 자원기반이론 관점에서 벤처기업의 성장과 경쟁적 우위는 핵심자원 확보 및 역량강화, 국내외 기업뿐만 아니라 다양한 기관의 협력, 지원 등으로 가능하다고 볼 수 있다.

이외에도 전망이론(Prospect Theory), 벤처성장이론 등을 통해 벤처기업에 대한 다양한 현상을 설명하려고 시도하고 있다. 벤처기업의 지원 필요성 측면에서 보면, 전통적인 경제학에서 논의된 이론은 외부효과(External Effect), 정보의 비대칭성(Information Asymmetry) 등이 있다. 하지만, 이러한 이론적 접근에도 불구하고 여전히 벤처기업 관련 이론은 설명력에 한계를 가지거나 부족한 실정이다.

한편, 중소기업이 국가경제에 중요한 역할을 하지만 그 중에서 벤처기업이 실질적으로 기여하는 영향력, 국가 경제성장의 질적 측면 등을 고려해볼 때, 벤처기업에 대한 보다 많은 논의와 연구가 필요하다고 생각한다. 이에 저자들은 벤처경제라는 새로운 개념을 제시하고자 한다. 일반적으로 경제학에서는 자본과 노동 그리고 기술수준에 의해서 생산량이 결정된다. 결국 경제가 성장한다는 것은 노동이 증가하거나 자본이 증가해야 한다. 노동과 자본이 증가하지 못하는 경우, 기술수준이라고 하는 총요소생산성에 의해 경제가 성장할 수 있다. 이러한 기술수준, 기술진보를 나타내는 총요소생산성은 다양한 요인에 의해서 증가할 수 있다. 여기서 기술수준, 기술진보를 높이는 요인 중 하나가 벤처기업이라는 것이 저자들의 생각이다. 벤처기업은 정보기술혁명의 결과물로 일반적인 생산함수와 다른 형태로 적용된다.

일반적으로 전통적인 경제학에서 기업은 노동과 자본을 투입요소로 하는 생산함수로 본다. 하지만 벤처기업은 전통적인 경제학에서 말하는 기업과 다른 모습을 가진다. 즉, 자금조달 측면에 차이가 있다. 일반적으로 자본가가 생산수단을 구입하거나 소유하는데, 벤처기업은 기술이나 지식 노동자가 주식시장 등을 통해 자금을 조달하여 노동자를 고용하고 잉여가치를 창출한다. 자본이라는 정의를 폭넓게 이야기할 수 있지만 굳이 비교를 해보면, 일반적인 기업과 달리 벤처기업은 자본가가 아닌 기술이나 지식 노동자가 기업에 대한 실질적인 직접 통제권을 가지며 자본 소유자들은 간접적인 통제만 할 수 있게 된다. 이러한 측면에서 볼 때, 벤처기업은 기존 전통적인 경제학에서 설명할 수 없는 한계를 가지므로, 새로운 벤처경제에 대한 논의가 필요하다고 생각된다. 즉, 국가경제에서 벤처기업의 중요성, 이론적·학술적 측면에서의 벤처기업 등을 고려할 때, 벤처기업과 경제에 대해 면밀히 살펴보고 벤처경제 전반에 대한 이해가 필요하다.

section 02 벤처기업 연구동향

1 1990년대

1990년대 벤처기업 연구동향을 살펴보면, 우리나라 벤처기업의 성공요인, 성공전략, 성공한 벤처기업의 특성 등 벤처기업의 성공에 대한 연구가 진행되었다(김경태·최상렬, 1998; 남영호, 1998; 이장우, 1998; 안준모·김종인, 1999; 오종석·이용탁, 1999; 이장우·장수덕, 1998). 1990년대 후반, 우리나라 경제상황은 부도위기, 외환위기 등 여러 가지 어려움에 직면하였고, 1997년 벤처기업특별법을 제정하여 우리나라도 본격적으로 벤처기업을 육성하였다(김경태·최상렬, 1998). 이러한 상황에 따라, 벤처기업 현황을 파악하고 발전 방안을 제시하는 연구도 진행되었다(김경태·최상렬, 1998).

백경래·박상문·배종태(1996)는 우리나라 신생모험 기업이 취하는 전략유형을 도출하고 각 유형들의 환경적 특성과 성과, 내부여건 등의 특성을 비교·분석하였다. 요인분석과 군집분석을 실시하여 다음의 4개의 전략 유형을 도출하였다. 자산 간결화를 제외한 나머지 4개 전략차원을 모두 강조하는 '만능형', 특정 제품이나 시장에 집중화하여 기술혁신 전략을 강조하는 '기술주도형', 매우 전문화된 시장에서 상당한 기술적 능력을 기반으로 고객 요구파악과 고객에 높은 서비스 제공을 중심으로 경쟁하는 '시장주도형', 생산의 효율성 제공을 통한 원가절감을 경쟁의 주된 무기로 삼는 '원가절감형'으로 구분하였다.

이장우(1998)는 벤처기업 사례들을 통해 그 특성을 살펴보았다. 그 결과 벤처기업 창업자들은 학력수준이 높았으며, 기술경쟁이 치열한 성장산업에서 기회를 포착하기 위해 틈새시장에 집중하였고, 매출액 대비 10%가 넘는 연구개발투자를 통해 기술혁신에 의한 차별화를 추구하였다. 또한, 부족한 내부자원에도 불구하고 장기적으로 필요한 경쟁력 축적을 위해 기술개발, 광고 및 홍보, 생산설비 등에 다소 과중한 투자를 하였다. 마지막으로 중요한 전략들은 점점 진화되는 경향이 있었다.

남영호(1998)의 연구에서는 기술집약형 벤처기업의 성장과정을 단계별로 나누어 기업이 마주하는 애로사항과 그것을 해결하는 과정에 대해 사례연구를 수행하였다. 시장 기회와 기술적 기회를 인지한 창업자가 기술적 기회만 인지한 창업자보다 성공할 가능성이 높았다. 또한, 공동작업경험이 있으면, 자금조달 능력이 높을수록, 신제품의 시작품을 가지면, 기술적으로 여러 전공이 창업팀에 있으면, 시장 상황, 유통망 등에 대한 지식이 많을수록, 재무관리능력을 가진 창업자일수록 성공가능성이 높은 것으로 나타났다(남영호, 1998).

김경태·최상렬(1998)은 문헌연구와 벤처기업 현황을 분석하여 국가경쟁력 강화, 경제성장을 위한 발전방안을 제시하였다. 현황을 살펴본 결과, 경영·기술적 측면, 자금 조달 측면, 마케팅 측면의 발전방안과 개선책이 필요하며, 이를 해결하기 위해 벤처기업의 경영관습과 경영환경을 개선해야 한다고 주장하였다. 특히, 벤처기업의 자본금과 회계의 투명성, 효율적인 자금운용, 투자 받을 때 향후 계획을 공개하여 신뢰 구축을 하거나, 지속적인 기술개발과 경영노하우 축적이 필요하다고 보았다.

안준모·김종인(1999)은 한국 정보통신 벤처기업의 성공요인 중에서 창업자의 지식과 경험에 초점을 맞추었다. 성격, 능력, 행위 등 창업자의 개인특성, 창업자의 경험과 지식, 교육수준, 배경 외에도 초기자본금, 진입장벽, 전략 등의 요인들이 벤처기업의 성공에 영향을 미쳤다. 구체적으로 살펴보면, 창업자의 성격과 경험, 지식, 금융지원, 산업구조 등의 요인들이 벤처기업의 성과에 영향을 미치는 것으로 나타났다. 벤처기업 성과는 창업자의 사업경력, 전문가 자문과 관련있다. Roure, J. B., & Keeley, R. H.(1990)에 따르면 성공한 벤처기업일수록 매력적인 시장기회를 파악하고 초창기 자금을 확보하고, 필요한 핵심인력을 충원하며, 신제품에 대해 기술적인 향상을 가져오며, 원료공급업자와 주요고객과의 관계를 정립하였으며, 필요한 자금을 확보하고, 기업전략을 수립하는 것 등을 성공요인으로 보았다.

이장우 · 장수덕(1998)의 연구는 한국 벤처기업의 성공요인을 분석하였다. 그 결과, 고학력 창업자가 창업한 경우가 많으며 이들은 경영경험이나 이전 직장 경험이 부족한 경우가 많았다. 또한, 상대적으로 적대성이 높은 환경에서 활동하고 있으며 경쟁전략으로서 기술혁신에 의한 차별화를 강조하였다. 마지막으로, 자금동원력과 기술능력이 상대적으로 뛰어난 것으로 나타났다.

이기환 · 구형건(1999)은 부산지역을 중심으로 벤처기업 활성화 방안에 대해 연구하였다. 그 결과는 크게 3가지로 나눌 수 있다. 첫째, 지역 대학에 기업가정신 및 창업 관련 교과목을 개설하여 균형 있는 인재를 육성한다. 둘째, 기술혁신, 기술축적 및 집적 네트워크를 구축하고 벤처 및 창업 서비스의 인프라를 구축한다. 셋째, 자금조달을 위한 자금지원제도를 강화하고 주민들의 참여를 유도한다. 요약하면, 벤처기업 활성화를 위해서 인재육성, 창업 인프라 구축, 자금지원 등이 필요하다고 보았다.

오종석 · 이용탁(1999)은 국내에서는 많이 이루어지지 않은 벤처기업의 기업가정신에 대해 살펴보고 성과와의 관계를 알아보기 위해 실증분석하였다. 그 결과, 벤처기업의 기업가정신에 대한 주요 활동성향으로는 혁신추구성, 진취성, 민첩성, 위험감수성 등이 있으며, 벤처기업 환경의 불확실성은 기업가정신을 자극

하여 성과향상을 위한 기반을 제공하는 것으로 나타났다. 또한, 성과향상을 위해서 기업가정신이 중요하며 기술혁신이나 마케팅 측면의 차별화된 전략도 중요함을 보여주고 있다.

이러한 1990년대 국내 벤처기업의 연구동향을 요약하면 [표 1-1]과 같다. 1990년대 국내 벤처기업 연구는 벤처기업의 특성, 성공요인이나 사례 등에 초점이 맞춰져 있으며, 벤처기업에 대한 전반적인 기초연구를 시작하는 시기로 볼 수 있다.

표 1-1 1990년대 국내 벤처기업 연구

저자	발행 연도	주요 연구 내용
백경래·박상문·배종태	1996	우리나라 신생모험기업이 취하는 전략유형을 도출하고 각 유형들의 환경적 특성과 성과, 내부여건 등의 특성을 비교·분석 연구
이장우	1998	벤처기업 사례를 통한 특성 연구
남영호	1998	기술집약형 벤처기업의 성장과정을 단계별로 나누어 기업이 마주하는 애로사항과 그것을 해결하는 과정에 대한 사례연구
김경태·최상렬	1998	문헌연구와 벤처기업 현황을 분석하여 국가경쟁력 강화, 경제성장을 위한 발전방안 연구
이장우·장수덕	1998	한국 벤처기업의 성공요인 분석 연구
안준모·김종인	1999	한국 정보통신 벤처기업의 성공요인 연구
이기환·구형건	1999	부산지역을 중심으로 벤처기업 활성화 방안 연구
오종석·이용탁	1999	국내 벤처기업의 기업가정신에 대해 살펴보고 성과와의 관계에 대한 연구

2 2000년대

김영배·하성욱(2000)은 벤처 인증기업을 기술능력과 제품/시장 부문에 따라 4가지 유형으로 구분하고 유형에 따른 차이를 살펴보았다. 주요 분석결과는 크게 4가지로 볼 수 있다. 첫째, 기술능력이 높고 제품/시장부문이 신생 부문인 하이테크형 벤처기업은 주로 역동적이고 환경 적대성이 낮은 정보통신, 인터넷 산업

비율이 높았다. 둘째, 기술능력은 높으나, 제품/시장 부문이 기존 부문인 기술집약형 벤처기업은 전기전자, 반도체, 기계금속, 기계장비, 화학산업 등에 소속된 경우가 많았다. 셋째, 기술능력은 낮으나 제품/시장부문이 신생부문인 니치형 벤처기업은 산업 분포가 다양하였다. 마지막으로, 기술능력이 낮고 제품/시장부문도 기존 부문인 일반형 벤처기업은 기계장비, 기계금속, 건설, 섬유피혁 등 성숙산업에 참여한 경우가 많고, 환경 적대성을 매우 높게 인식하고 있었다.

이장우·장수덕(2001)은 한국의 성공한 벤처 기업가들이 평가한 벤처기업 성공요인을 파악하기 위해 심층인터뷰와 설문조사를 하였다. 그 결과, 기업가들이 생각하는 성공요인은 리더십과 의사결정능력, 도전정신, 창업팀 구성 및 인재확보, 기술 및 마케팅 지식과 경험 등의 순으로 나타났다. 또한, 기업가들이 중요하게 생각하는 기업가 특성으로, 정직과 긍정적 사고가 높게 나타난 반면, 위험감수 성향, 헝그리 정신은 상대적으로 중요성이 낮게 나타났다. 마지막으로, 기업가들이 중요하게 생각하는 전략으로, 기술혁신 차별화, 마케팅 및 서비스 차별화, 지속적인 품질개선, 시장선점 등이 있었다.

정규언·김선구(2001)는 벤처기업이 비벤처기업보다 연구개발비 투자가 많은지를 살펴보고 벤처기업 연구개발비지출이 경영성과에 미치는 영향에 대해 조사하였다. 그 결과, 벤처기업은 비벤처기업보다 상대적으로 많은 연구개발비 투자를 하고 있었다. 또한 종속변수인 영업이익과 독립변수인 연구개발비 상관관계 분석 결과 영업이익과 당기의 연구개발비 및 전기의 연구개발비 간 강한 양(+)의 상관관계가 있었고, 벤처기업의 당기 연구개발비 투자가 영업이익에 유의미한 양(+)의 영향을 미치는 것으로 나타났다.

안연식·김현수(2002)는 소프트웨어 벤처기업 성과에 영향을 미치는 인과적 요인을 조사하였다. 그 결과, 영향 요인은 경쟁전략 특성, 창업경영인 능력, 기업문화, 기술 및 제품개발전략, 기술영업전략, 인적자원 요인 등 6개였으며 이중 기업문화는 성과에 부정적 영향을 미치는 것으로 나타났다.

고봉상·용세중·이상천(2003)은 벤처기업 성과 결정 요인의 초기 연구들이 창업가 개인에 초점을 맞추었다면, 이 연구에서는 여러 요소들로 확장하였다. 조직·자원, 전략·창업과정, 산업환경, 외부지원시스템을 독립변수로 하고 주관적 성과, 매출성과, 순이익 성과 등 성과와 관련된 변수를 종속변수로 하는 연구 모형을 구축하고 110개 벤처기업 경영진을 대상으로 실증분석하였다. 그 결과 내부 요인으로는 창업자(팀)의 역량 중 경영관리능력과 산업전문능력, 조직/자원 영역에서는 자원조달능력과 기술확보능력, 전략/창업과정 영역에서는 체계적 창업과정 수행이 성과에 유의한 정(+)의 영향을 미치는 것으로 나타났다. 외부요인으로는 시장규모 정부정책 등 긍정적 산업 환경과 외부지원시스템 활용 또한 벤처기업 성과에 긍정적 영향을 미쳤다.

이기환·윤병섭(2006)은 특허활동이 성과에 미치는 영향을 벤처기업과 일반기업으로 분류·비교하였다. 총 100개 기업을 표본으로 벤처기업과 일반기업의 특허출원을 차이 분석한 결과 양 집단간 유의한 차이가 있었다. 벤처기업과 일반기업의 유효특허등록 비율을 차이 분석한 결과 양 집단 간 유의한 차이가 발견되지 않았다. 한편, 특허활동이 성장성에 미치는 영향을 보면 일반기업, 발명기술의 고급정도, 기업업력 등의 변수가 일관성 있게 정(+)의 영향을 미치는 것으로 나타났다. 마지막으로, 일반기업, 발명기술의 고급정도, 종업원 1인당 특허지표, 기업규모 등의 특허활동 변수가 수익성에 유의한 정(+)의 영향을 미쳤다.

박동수·구언회(2007)는 330개 벤처기업을 대상으로 경로 분석한 결과 개인적인 심리적 특성과 기업가정신이 기업성장을 결정짓는 요인으로 작용하고 있었다. 확인적 요인분석 결과, 진취성과 위험감수성은 기업가정신의 선행변수로, 혁신성은 기업가정신의 구성개념으로 간주하는 것이 보다 바람직하다는 결과가 도출되었다.

이장우·허재진(2007)은 중국 하얼빈 개발구의 벤처기업들을 대상으로 경영특성과 기업성과에 영향을 미치는 요인을 조사하여 한국 벤처기업 성과요인인 창업자, 환경, 전략, 자원능력, 조직특성 등과 비교하였다. 분석 결과, 중국 벤처기업은 환경의 불확실성과 창업의 위험감수 성향이 기업성과에 부(−)의 영향을 미쳤으며 기술혁신 차별화전략은 한국 벤처기업과 달리 부(−)의 영향을 미쳤다. 반면에 높은 기술능력과 구성원 간 친밀감을 바탕으로 원가우위전략을 구사할수록 높은 성과를 가져왔다.

윤동섭·조대우(2007)는 대덕밸리와 수도권 벤처기업 총 200개사를 대상으로 로지스틱 회귀분석을 한 결과, R&D역량, 해외시장경험, 선행성 및 시장적대성이 한국벤처기업의 해외진출에 유의한 영향을 미치는 것으로 나타났다. 그 중에서 R&D역량이 가장 큰 영향력을 보여주었으며, 성공적인 해외진출을 위해 정

표 1-2 2000년대 국내 벤처기업 연구

저자	발행연도	주요 연구내용
김영배·하성욱	2000	벤처인증기업을 기술능력과 제품/시장 부문에 따라 4가지 유형으로 구분하고 유형에 따른 차이 검증
이장우·장수덕	2001	한국 성공벤처 기업가들이 평가한 벤처기업 성공요인 연구
정규언·김선구	2001	벤처기업이 비벤처기업보다 연구개발비 투자가 많은가를 살펴보고 벤처기업 연구개발비지출이 경영성과에 미치는 영향에 대해 조사 연구
안연식·김현수	2002	소프트웨어 벤처기업 성과에 인과적 영향을 조사 연구
고봉상·용세중·이상천	2003	벤처기업의 성과 결정요인에 관한 실증연구
이기환·윤병섭	2006	특허활동이 성과에 미치는 영향을 벤처기업과 일반기업으로 분류·비교연구
박동수·구언회	2007	벤처기업의 기업가정신이 성장의도에 미치는 영향에 관한 탐색적 연구
이장우·허재진	2007	중국 벤처기업의 성과요인 : 한국 벤처기업과의 비교연구
윤동섭·조대우	2007	한국 벤처기업의 해외진출결정요인에 관한 연구
윤종록·김형철	2009	외생변수로 창업가 특성을, 매개변수로 경영전략을 설정하여 벤처기업 경영성과에 영향 미치는 요인들을 실증적으로 분석

부의 역할도 중요하다고 보았다.

윤종록·김형철(2009)은 외생변수로 창업가 특성을, 매개변수로 경영전략을 설정하여 벤처기업 경영성과에 영향 미치는 요인들을 실증적으로 분석하였다. 그 결과, 창업가 특성 중 기업가적 역량과 기술, 기능적 역량과 혁신성 요인에서 전략이 완전 또는 부분적으로 매개역할을 하였다.

이러한 2000년대 국내 벤처기업이 연구동향을 요약하면 [표 1－2]와 같다. 2000년대 국내 벤처기업 연구는 1990년대와 달리 주로 벤처기업의 성과 측면에서 실증이나 비교분석을 시도하였으며, 벤처기업의 특징이나 사례에서 벗어나 경영 성과에 관심을 가지기 시작한 시기로 볼 수 있다.

3 2010년대

서병철·김건우(2011)는 벤처캐피탈의 자금투자를 받은 벤처기업의 성장성이 자금투자를 받지 못한 기업보다 높게 나타났음을 밝혔다. 즉, 투자규모가 클수록 성장성과 수익성이 높았다. 하지만, 벤처캐피탈 창업초기 투자기업과 후기 투자기업간 성장성과 수익성에는 차이가 없었으며 이는 투자시점에 따른 전략적 혜택의 차별화가 드러나지 않기 때문으로 보았다. 투자방법에 따른 분석에서는 공동투자기업이 단독투자기업에 비해 높은 성장성을 보였으며 이러한 원인은 경험과 지식이 많은 벤처캐피탈회사로부터 공동투자를 받은 기업이 단독투자기업에 비해 정보비대칭이 완화되고, 합리적 의사결정을 하기 때문으로 보았다.

송치승·노용환(2011)은 우리나라 벤처기업 현황과 성장단계별 특성을 분석하였다. 벤처기업은 창업 이후 최초 5년간 생존율이 급감하나 이후 생존기간이 증가하며 퇴출 위험률이 증가하는 정(＋)의 기간의존성을 보였다. 또한, 기업의 물적 자원동원 능력이 벤처기업 생존능력과 정(+)의 관계에 있음을 밝혔다. 하지만, 대표자 특성에 따라 벤처기업 생존가능성이 달라질 수 있으며 이는 물적자원과 인적자원이 벤처기업 생존확률을 제고하는 중요한 요소라는 점을 확인하였다. 또한, 규모가 클수록 초기 퇴출율이 낮고 평균 생존기간이 더 길었으며, 벤처기업 유형이 기업 생존에 영향을 미치는 주요 요인 중 하나이며, 특허기술을 가진 신기술 기업이 평균 생존기간이 비교적 긴 것으로 나타났다.

강원진·이병헌·오왕근(2012)은 외부자원 활용과 관련된 외부협력 네트워크 활용, 정부정책 자금 활용, 벤처캐피탈 자금 활용이 기술혁신 성과에 정(+)의 영향을 미친다고 밝혀냈다.

최종열(2015)은 벤처기업의 기술혁신 성과에 영향을 주는 기업가정신, 혁신역량, 외부협력 관계 등의 관계를 분석하였다. 그 결과, 기업가정신은 혁신역량, 외부협력, 기술혁신성과에 긍정적 관계를 가졌다. 또한, 혁신역량은 외부협력과 기술혁신성과에 영향을 주고, 외부협력 또한 기술혁신성과에 영향을 주었다. 또한 혁신역량, 외부협력은 각각 기업가정신과 기술혁신성과간의 관계에 긍정적인 매개역할을 하는 것으로 나타났다.

김수연·정강옥(2016)은 벤처기업 성과에 흡수역량의 구성 차원별로 미치는 영향과 이들 관계에서 고객지향성이 갖는 조절효과와 함께 기업성과와의 인과관계에 대해 살펴보았다. 분석 결과, 흡수역량인 탐색역량과 활용역량은 기업성과에 정(+)의 영향을 주는 것으로 나타났다. 하지만, 전환역량은 기업성과에 영향을 미치지 않았다.

임은천·김도현(2017)은 자원기반 관점(Resource Based View)과 신호이론(Signaling Theory)을 기반으로 벤처캐피탈 유형에 따라 IPO소요기간에 미치는 영향에 대해 분석하였다. 세부적으로는 벤처캐피탈 유형을 독립형 벤처캐피탈, 기업형 벤처캐피탈, 국책은행으로 구분하여 각 유형에 따라 IPO소요기간에 미치는 영향에 대해 분석하였다. 분석결과, 독립형 벤처캐피탈 비중과 기업형 벤처캐피탈 비중이 높을수록 투자기업의 IPO소요기간도 짧아졌지만, 국책은행 벤처캐피탈 비중은 투자기업의 IPO소요기간에 영향을 미치지 못하는 것으로 나타났다. 또한, 투자기업의 IPO소요기간에 미치는 영향 정도 측면에서, 독립형 벤처캐피탈 비중의 영향이 기업형 벤처캐피탈 비중의 영향보다 더 크게 나타났다.

이설빈(2017)은 벤처경영기업 100개 CEO를 대상으로 AHP분석 방법을 통해 실증 분석을 시도하였다. 그 결과, 벤처창업 성공요인으로 창업가정신이 가장 중요한 요인으로 나타났으며, 혁신성, 경제성, 기술성 순으로 상대적 중요도를 가졌다. 세부적으로 살펴보면 창업가정신에서는 창업자 역량, 혁신성에서는 긍정적 창업동기, 기술성에서는 창조적 기술 활용, 경제성에서는 기술개선을 위한 지속적인 투자지원이 가장 중요하게 나타났다.

김향덕·이철규(2018)는 벤처기업의 외부협력이 기업성장에 어떠한 영향을 미치는지 분석하고 기술역량이 기업성장에 직·간접적으로 어떤 영향을 미치는지 연구하고자 1,323개 벤처기업을 대상으로 실증분석하였다. 그 결과, 외부협력은 융합기술과 혁신기술에 유의한 정(+)의 영향을 주었고, 외부협력은 기업성장에 정(+)의 영향을 미쳤다. 벤처기업의 혁신기술은 기업성장에 유의한 정(+)의 영향을 미쳤으며, 벤처기업의 외부협력이 기업성장에 미치는 영향에서 기술역량은 매개효과를 보이는 것으로 나타났다.

박상문·이미순(2019)은 국내 벤처창업기업들을 대상으로 이전 창업 경험 특성이 성과에 미치는 영향을 실증적으로 분석하였다. 분석결과, 창업경험 특성에 따라 성과에 미치는 영향이 상이하였으며, 창업경험과 성과 간 관계가 성과변수에 따라 달라질 수 있음을 밝혔다. 한편, 업력의 조절효과는 창업경험의 효과를 더욱 강화하는 것으로 나타났다.

이러한 2010년대 국내 벤처기업의 연구동향을 요약하면 [표 1-3]과 같다.

표 1-3 2010년대 국내 벤처기업 연구

저자	발행연도	주요 연구내용
서병철·김건우	2011	벤처캐피탈의 자금투자 유형별 효과 분석연구
송치승·노용환	2011	우리나라 벤처기업 현황과 성장단계별 특성을 분석연구
강원진·이병헌·오왕근	2012	국내 벤처기업의 성장단계별 외부자원 활용이 기술혁신 성과에 미치는 영향연구
최종열	2015	벤처기업을 대상으로 기술혁신활동 성과에 영향을 미치는 기업가정신, 혁신역량 및 외부협력 관계를 분석
김수연·정강옥	2016	벤처기업의 흡수역량이 기업성과에 미치는 영향 연구
임은천·김도현	2017	벤처캐피탈 유형과 기업 성과 관계 연구: 독립형벤처캐피탈과 기업형 벤처캐피탈 비교연구
이설빈	2017	중소·벤처기업의 창업 성공요인에 대한 상대적 중요도 분석연구
김향덕·이철규	2018	벤처기업의 외부협력이 기업성장에 어떠한 영향을 미치는지 분석하고 기술역량이 기업성장에 직·간접적으로 어떤 영향을 미치는지 연구
박상문·이미순	2019	국내 벤처창업기업들을 대상으로 이전 창업 경험 특성이 성과에 미치는 영향을 실증 분석연구

2010년대 국내 벤처기업 연구는 주로 성과와 관련되는 다양한 요인에 대해 관심을 가졌다. 즉, 특정 요인들이 벤처기업 성과에 어떤 영향을 미치는지를 살펴보았다.

4 2020년대

박지영·신현한(2020)은 벤처캐피탈 투자가 벤처기업 혁신성과에 미치는 영향을 연구하였다. 그 결과, 벤처캐피탈 지원여부는 벤처기업의 상장 이전 특허건수에 정(+)의 영향을 미쳤다. 반면 피인용횟수에서는 벤처캐피탈 지원에 대한 성과를 찾기 어려웠다. 또한, 벤처캐피탈 지분율이 높을수록 벤처기업의 혁신역량은 증가하지만 일정 지분율 이상에서는 오히려 벤처기업의 혁신에 저해된다는 것을 확인하였다.

이상무·문병준(2020)은 중소·벤처기업을 중심으로 기업 핵심역량, 기업경쟁우위, 경영성과 간 모델을 제시하고 실증 분석하였다. 그 결과, 기업가 역량, 자원, 시장지향성이 기업 경쟁우위에 긍정적인 영향을 미치며, 영향력 면에서 시장 지향성, 기업가 역량, 자원 순으로 높게 나타났다. 또한, 기업 경쟁우위가 경영성과에 긍정적 영향을 미쳤다. 또한, 환경 불확실성인 복잡성, 적대성, 동태성이 기업 핵심역량과 기업 경쟁우위 간의 관계를 조절하는 것으로 나타났다. 환경 불확실성이 높을수록 기업 핵심역량이 경쟁우위에 미치는 영향이 커지고, 기업의 이력에 따라 기업가 역량, 자원, 시장지향성이 경쟁우위에 미치는 영향이 다른 것을 확인하였다.

강지훈·정대훈(2020)은 벤처기업 내부의 지식격차가 혁신성과에 미치는 영향을 알아보고자 하였다. 한국 중소벤처기업 2,081개를 대상으로 실증분석한 결과, 벤처기업 내 구성원 간 지식격차가 클수록 혁신성과에 부정적이며, 조직은 직접학습과 간접학습을 통해 지식격차의 부정적 효과를 완화시킬 수 있었다.

라영수(2021)는 경영자의 특성이 벤처기업 성과에 미치는 영향을 연구하였다. 그 결과, 경영자의 특성은 연구개발투자와 관련이 있었다. 즉, 경영자 교육수준이 높을수록 연구개발이 증가하며, 경영자 전공도 연구개발 투자에 영향을 미쳤다. 경영자 특성은 기업의 경영성과와는 유의미한 관련성이 있는 것으로 나타났다. 하지만, 기업의 연구개발 투자는 단기적으로는 경영성과에 영향을 미치지 못하는 것으로 나타났다.

김오성·이중원·박철(2022)은 투자주체와 벤처기업 특성에 따라 투자유치에 미치는 영향에 차이가 있을 것이라 보고, 주체에 따른 벤처기업 성과 차이를 탐색하고자 하였다. 엔젤투자자와 벤처캐피탈의 투자유치 유형이 벤처기업 역량과 성과에 미치는 영향 차이를 비교하였다. 4,163개 벤처기업을 대상으로 실증분석한 결과, 엔젤투자자보다 벤처캐피탈의 투자가 기업역량 및 성과에 더 큰 긍정적

02 벤처기업 연구동향 27

효과를 주었다. 또한, 이러한 효과는 창업자의 지분율이 낮은 경우에 강화되었다. 벤처기업의 투자유치가 기업역량과 성과에 미치는 효과가 창업자의 딜레마에 의해 조절되는 것으로 나타났다.

김미주(2022)는 창업지원정책이 기업가정신에 미치는 영향을 연구하였다. 팁스 창업기업 13개사를 대상으로 심층인터뷰를 진행한 결과, 팁스 지원사업이 기업가정신에 미치는 영향력은 도전정신, 혁신성, 위험감수, 리더십 순으로 나타났다. 사업화자금은 혁신성과 위험감수, 보육시설은 도전정신과 위험감수, 역량강화 프로그램은 도전정신과 리더십, 민간투자 유치는 혁신성과 도전정신에 영향을 미치는 것으로 나타났다.

이승배(2022)는 중소벤처기업 창업자의 사회적 자본이 창업성과에 미치는 영향을 연구하였다. 그 결과, 외부연결 사회적 자본과 내부결속 사회적 자본 모두 초기창업자 행동에 영향을 미쳤으며, 초기창업자 행동도 창업성과에 영향을 미쳤다. 사회적 자본은 초기창업자 행동을 매개로 창업성과에 영향을 주는 것으로 나타났다.

이러한 2020년대 국내 벤처기업의 연구동향을 요약하면 [표 1-4]와 같다.

표 1-4 2020년대 국내 벤처기업 연구

저자	발행연도	주요 연구내용
박지영·신현한	2020	벤처캐피탈 투자가 벤처기업 혁신성과에 미치는 영향
이상무·문병준	2020	중소·벤처기업을 중심으로 기업 핵심역량, 기업경쟁우위, 경영성과 간 모델을 제시하고 실증 분석
강지훈·정대훈	2020	벤처기업 내부의 지식격차가 혁신성과에 미치는 영향 연구
라영수	2021	경영자의 특성이 벤처기업 성과에 미치는 영향
김오성·이중원·박철	2022	벤처기업의 투자유치 유형이 기업역량과 성장 잠재력에 미치는 영향
김미주	2022	창업지원정책이 기업가정신에 미치는 영향
이승배	2022	중소벤처기업 창업자의 사회적 자본이 창업성과에 미치는 영향에 관한 연구

2020년대 국내 벤처기업 연구는 벤처투자와 경영자 및 창업자에 대한 관심이 높아진 시기라고 볼 수 있다.

5 연도별 벤처기업 연구 변화

우리나라에서는 1980년 중반부터 벤처기업에 대한 연구가 진행되기 시작하였고, 대부분 벤처기업의 특성이나 벤처캐피탈 회사의 행태에 대한 내용이 중심이었다(이장우, 1998). 기존 선행연구에서는 벤처기업에 대한 정의마저 확립되지 않았다(남영호, 1998).

1990년대 후반에 들어서면서 벤처기업의 중요성에 대한 논의가 활발하게 이루어졌다(이장우, 1998). 우리나라 경제가 노동집약적이고 성숙기술 중심의 산업구조에서 탈피하여 기술집약적인 고부가가치 산업위주로 전환해야 할 필요성이 커졌기 때문이다. 벤처기업은 주로 첨단기술 산업을 중심으로 기술개발과 혁신을 통해 고수익을 얻고자 하며 기술개발, 고용창출, 국내외적 경쟁력 확보를 통해 경제성장에 공헌하였다(이장우, 1998). 한편, 벤처기업 성공 요인에 대한 연구는 초기에는 주로 창업자의 경험이나 심리적 특성을 중심으로 연구되어 온 경향이 있으나, 1990년 중후반에는 산업환경, 전략, 조직구조 등 다양한 변수들로 확대되었다(이장우, 1998).

우리나라의 연도별 벤처기업 연구변화를 요약해보면 [표 1−5]와 같이 나타

표 1-5 연도별 벤처기업 연구동향

1990년대	2000년대	2010년대	2020년대
벤처기업의 특성, 성공요인이나 사례 중심	벤처기업의 성과 측면에서 실증이나 비교분석 중심	벤처기업 성과와 관련되는 다양한 요인 분석 중심	벤처투자와 경영자 및 창업자 연구 중심

낼 수 있다. 1990년대에는 벤처기업의 특성, 성공요인이나 사례 등에 초점이 맞춰져 있으며, 벤처기업에 대한 전반적인 기초연구를 시작하는 시기로 판단된다. 2000년대에 들어서 1990년대와 달리 주로 벤처기업의 성과 측면에서 실증이나 비교분석을 시도하였으며, 벤처기업의 특징이나 사례에서 벗어나 경영 성과에 관심을 가지기 시작한 시기로 볼 수 있다. 2010년대 국내 벤처기업 연구는 주로 벤처기업 성과와 관련되는 다양한 요인에 대해 관심을 가진 것으로 보인다. 즉, 특정 요인들이 성과에 어떤 영향을 미치는지를 살펴보았다고 할 수 있다. 2020년대는 벤처투자와 경영자 및 창업자에 대한 관심이 높아진 시기라고 볼 수 있다. 전체적인 흐름으로 보았을 때, 향후 벤처기업 연구 방향은 벤처기업에 대한 자금, 투자에 대한 연구와 창업자에 대한 연구가 보다 세분화되어 연구될 것이라 판단된다.

벤처기업의 개념과 유형

벤처기업의 개념

벤처기업에 대한 개념은 다양하다.[1] 실무나 학술적으로도 명확한 개념이 없는 상황이라고 할 수 있다. 벤처기업 관련한 개념을 보면, 벤처(venture)는 위험을 감수하고 모험적으로 도전하는 것을 의미한다. 벤처정신은 포기하지 않고 끈기를 가지고 노력하여 성공하는 정신을 의미한다. 이러한 벤처기업 관련한 개념을 바탕으로 벤처기업에 대한 개념을 내려보면, 벤처기업은 창의적인 아이디어를 가지고 새로운 기술 및 서비스를 창조적으로 만들어내는 기업이라고 할 수 있다.

국내외 연구에서 벤처기업에 대한 개념을 살펴보면, 국외에서는 벤처캐피탈이나 엔젤투자 등으로부터 자본을 조달하며 고위험－고수익을 특징으로 하는 기업 유형을 벤처기업이라 한다(Gompers & Lerner, 2001). 국내에서는 중소기업기본법 상 중소기업이며, 기술 혁신성 및 사업 성장가능성 보유한 기업을 벤처기업이라고 한다. 또한, 벤처기업은 IT기술, 특허 등에 통해 투자 유치를 하고, 새로운 기술과 창조적인 아이디어를 통해 사업을 시작하고 이윤을 창출하는 기업으로 본다.

한국과 미국의 벤처기업 개념에 대한 비교를 해보면 [표 2－1]과 같다.

---

1) 벤처기업의 개념은 김용덕·김은지(2023) 연구를 수정 및 보완하였다.

표 2-1 벤처기업 개념 비교

구분	주요 내용	
	미국	한국
기업가적 정신 강조	Venture=Entrepreneur	모험 기업
조직 성장단계 강조	New venture young, start-up	젊은 기업, 신생기업
규모 강조	Small	중소기업
기술 강조	High technology based	첨단 기술, 기술집약적 산업
연구개발 강조	Research based	연구개발집약형
산업유형 강조	컴퓨터, 통신, 반도체, 바이오	새로운 시장, 신생사업
사업의 위험성 강조	X	고위험
창업자의 특성 강조	X	높은 기업가 정신, 기술창업인, 능력발휘형 기업가
지배구조 강조	X	독자적 첨단기술, 대기업 계열사 아님
산출성과 강조	세수확대, 국가경쟁력, 고기능 일자리 창출	고성장/성과, 높은 기대이익
모범성, 규범성 강조	X	성공기업, 개혁적 경영, 자율성, 실패에 대한 관대

자료: 이춘우(2005)

한국과 미국의 벤처기업에 대한 개념을 비교해보면, 일부 세부항목을 제외하고 대체로 유사한 의미를 가진다.

하지만, 이러한 벤처기업에 대한 정의는 정책지원이나 정책수행 등의 측면에서 모호한 면이 존재한다. 이에 따라, 우리나라는 「벤처기업육성에 관한 특별조치법」에서 벤처기업을 정의하고 있는데, 학술적·정책적으로 이러한 벤처기업 정의를 적용 및 활용하고 있다.[2]

---

2) 벤처기업은 1997년 8월 28일 벤처특별법이 제정될 당시에 벤처투자기업, 연구개발기업, 신기술기업으로 구분되었는데, 이후 2006년 6월 2일에 벤처특별법 시행령이 개정됨에 따라 신기술기업에 대한 분류기준이 삭제되고 기술신용보증기금의 기술평가 및 보증기업, 중진공의 기술성평가대출 기업으로 바뀌었다. 그 결과, 벤처기업 확인유형별로 벤처투자기업, 연구개발기업, 그리고 기술평가보증 및 대출기업 등 3개 군으로 구성되어 있다. 정부는 벤처기업의 형태에 관계없이 중기청에서 벤처기업으로 인정하고, 벤처유효기간을 관리하도록 하였으나 이는 점차 민간기관에서 담당하게 되었다. 2005년까지는 중기청에서 2

구체적으로 살펴보면, 우리나라의 「벤처기업육성에 관한 특별조치법」에서는 벤처기업을 다른 기업에 비해 기술성이나 성장성이 높아 정부에서 지원할 필요가 있다고 인정하는 중소기업으로, 본 법 제2조의 2 제1항 제2호에 따른 3가지 요건 중 하나에 해당하는 기업(① 벤처투자유형, ② 연구개발유형, ③ 혁신성장유형·예비벤처기업)이라 정의한다. ① 벤처투자유형: 벤처투자기관(중소기업창업투자회사, 벤처투자조합, 신기술사업금융업자 등)으로부터 투자받은 금액의 합계가 5천만 원 이상으로, 기업의 자본금 중 투자금액의 합계가 차지하는 비율이 100분의 10 이상인 기업, ② 연구개발유형: 기업부설연구소 또는 연구개발전담부서 또는 기업부설창작연구소 또는 기업창작전담부서를 보유한 기업으로, 연간 연구개발비가 5천만 원 이상이고 연간 총매출액에서 연구개발비의 합계가 차지하는 비율이 100분의 5 이상인 기업, ③ 혁신성장유형·예비벤처기업: 기술보증기금의 보증 또는 농업기술실용화재단, 연구개발특구진흥재단, 한국과학기술정보연구원 등 벤처기업확인기관으로부터 기술의 혁신성과 사업의 성장성이 우수한 것으로 평가받은 기업을 말한다.

표 2-2 벤처기업 정의

구분	정의
Gompers & Lerner(2001)	벤처캐피탈이나 엔젤투자 등으로부터 자본을 조달하며 고위험-고수익을 특징으로 하는 기업 유형
「벤처기업육성에 관한 특별조치법」	① **벤처투자유형:** 벤처투자기관(창업투자회사 및 신기술금융회사, 기술보증기금, 신용보증기금 등)으로부터 투자받은 금액이 자본금의 10% 이상이면서 5천만 원 이상인 기업 ② **연구개발유형:** 기업부설연구소/연구개발전담부서/기업부설창작연구소/기업창작전담부서 중 1개 이상 보유한 기업으로서, 벤처기업확인 요청일이 속하는 분기의 직전 4개 분기 연구개발비가 5천만 원 이상이고, 같은 기간 총매출액 중 연구개발비 합계가 차지하는 비율이 5% 이상인 기업 ③ **혁신성장유형·예비벤처유형:** 벤처기업확인기관으로부터 기술의 혁신성과 사업의 성장성이 우수한 것으로 평가받은 기업

자료: 김용덕·김은지(2023)

년마다 벤처기업에 대한 자격 관리를 했었는데, 2008년부터는 한국벤처캐피탈협회와 기술신용보증기금에서 역할을 나누어 관리하고 있다.

이러한 벤처기업 정의는 [표 2-2]와 같이 정리될 수 있다. 벤처기업은 창의적인 아이디어를 가지고 새로운 기술 및 서비스를 창조적으로 만들어내는 기업이라고 볼 수 있다.

　「벤처기업육성에 관한 특별조치법」에 따른 벤처기업의 정의를 이해하기 위해서는 벤처기업 확인 과정을 살펴볼 필요가 있다. 벤처기업을 신청하기 위해서는 벤처확인종합관리시스템(www.smes.go.kr/venturein)에서 벤처유형을 자가 진단하여 기업에 가장 적합한 확인유형을 선택하고, 유형에 해당하는 제출서류를 준비하여야 한다. 이후 회원가입을 진행하고 '확인신청'에서 확인유형을 선택한다. '벤처기업확인 이후 취소사유에 대한 고지'를 확인하고 회사 개요를 작성하며, 기업신용평가사 정보 활용에 동의한 후 신청서와 사업계획서를 작성한다. 첨부파일을 업로드한 후 MY벤처현황에서 진행상태를 확인할 수 있다. 신청된 건을 벤처기업확인기관이 검토하고, 신청서류 완비 시 문자를 통해 확인수수료를 납부한다. 확인수수료는 확인유형별로 다르다.

　전문평가기관들은 확인유형별, 업종별, 지역별로 최적화된 전문평가기관이 자동으로 배정되어 서류검토와 현장실제조사를 실시한다. 먼저, 벤처투자유형은 한국벤처캐피탈협회에서 서류검토를 통해 투자요건을 충족하는지 확인한다. 연구개발유형은 신용보증기금이나 중소벤처기업진흥공단에서 연구조직 및 연구개발비 산정요건을 서류검토하고, 현장실제조사를 통해 사업성장성을 평가한다. 혁신성장유형은 기술보증기금, 한국농업기술진흥원, 연구개발특구진흥재단, 한국과학기술정보연구원, 한국발명진흥회, 한국생명공학연구원, 한국생산기술연구원에서 현장실제조사를 통해 기술혁신성과 사업성장성을 평가한다. 마지막으로, 예비벤처유형은 기술보증기금에서 현장실제조사를 통해 기술혁신성과 사업성장성을 평가한다. 이러한 벤처기업 확인유형별 전문평가기관과 평가사항을 요약하면 [표 2-3]과 같다.

표 2-3 벤처기업 확인유형별 전문평가기관 및 평가사항

확인유형		벤처투자	연구개발	혁신성장	예비벤처
전문평가기관		한국 벤처캐피탈협회	신용보증기금 중소벤처기업진흥 공단	기술보증기금 한국농업기술진흥원 연구개발특구진흥재단 한국과학기술정보연구원 한국발명진흥회 한국생명공학연구원 한국생산기술연구원	기술보증기금
평가 사항	서류 검토	투자요건 충족 여부 검토	연구조직 및 연구개발비 산정요건 검토	-	-
	현장 실제 조사	-	사업성장성 평가	기술혁신성· 사업성장성 평가	기술혁신성· 사업성장성 평가

자료: 김용덕·김은지(2023)

　　이러한 평가를 거친 후 벤처기업 확인위원회에서 벤처기업 해당 여부를 최종 심의 및 의결하고 문자 메시지로 확인 결과를 통보한다. 기업이 확인 결과에 불복하는 경우, 통지받은 날로부터 한 달(30일) 이내에 1회에 한해 이의신청이 가능하다. 접수완료부터 확인서 발급(벤처기업 해당 여부의 확인 결과 안내)까지 소요기간은 벤처투자유형 30일, 연구개발유형·혁신성장유형 45일 이내이다. 확인서 발급일로부터 15일 이내에 벤처확인종합관리시스템 내에서 기업정보를 공시한

그림 2-1 벤처기업 확인절차

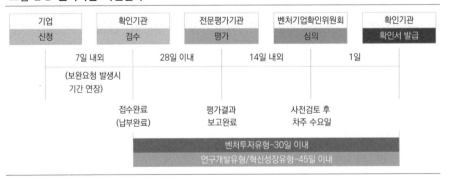

다. 이를 나타내면 [그림 2-1]과 같다. 벤처기업 확인절차를 거치면 「벤처기업
육성에 관한 특별조치법」에 따라 벤처기업으로 인정된다. 벤처기업 확인절차는
기업 실무자나 경영자들에게도 중요한데, 일반적으로 창업기업들은 벤처기업 확
인을 통해 다양한 혜택을 받고 신뢰도 등 대외적인 이미지를 높일 수 있기 때문
이다.

1 벤처기업육성에 관한 특별조치법 제정

「벤처기업육성에 관한 특별조치법」의 제정 배경을 살펴보면, 한국 경제의 양적 성장을 뒷받침해온 대기업 중심의 대규모 생산방식으로는 경제활동의 회복과 지속적인 경제발전에 한계가 있다고 판단하였다. 이에 따라 기존 중소기업은 벤처기업으로 전환하고, 새로운 벤처기업의 창업을 촉진하는 한편, 벤처기업에 대하여 금융·인력·기술·입지 등 생산요소들이 원활히 공급될 수 있도록 관련 여건을 개선하고 벤처기업에 대한 규제를 완화함으로써 벤처기업을 효과적으로 육성하여 우리 산업의 구조조정을 원활히 하고 경쟁력을 제고하는 것이 필요하다고 생각하였다.

당시 미국 경제가 벤처기업을 육성하여 활력을 되찾고 제2의 경제도약을 이루고 있어 벤처기업의 육성의 중요성을 인지하고, 창의적이고 기술·지식 집약적인 벤처기업들이 끊임없이 생성되고 성장할 수 있도록 벤처기업에 자금·기술·인력·입지 등을 원활히 공급하는 제도적인 장치가 필요하다고 판단하였다. 이뿐만 아니라 벤처기업에 대한 관계 법령이 부처별로 산재하여 벤처기업의 육성을 종합적으로 추진하기 위해서는 많은 관계법령의 개정에 상당한 시일이 소요되므로 벤처기업육성시책의 조속한 시행에 어려움이 있는 상황이었다. 또한, 「중소기업창업지원법」에서는 창업의 범위, 중소기업창업투자회사나 중소기업창업투자조합의 설립근거, 창업절차를 간소화하기 위한 타 법률의 의제조항 등 중소기업창업에 관한 기본적인 사항만을 규정하고 있어 벤처기업 활성화를 위해서는 미흡한 상황이었다.

이에 따라 우리나라 정부는 기존 중소기업의 벤처기업 전환과 벤처기업 창업을 촉진하여 산업의 구조조정을 원활히 하고 경쟁력을 제고하는 데 기여함을 목적으로 1997년 8월 28일 「벤처기업육성에 관한 특별조치법」을 제정하였다.

2 현재 벤처기업육성에 관한 특별조치법과 벤처기업 정의

벤처기업은 벤처(Venture)와 기업(Company)의 합성어로서 일반적으로 벤처는 모험적 사업 또는 금전상 위험이 상당히 존재하는 사업이라고 볼 수 있고, 기업은 영리는 추구하며 지속할 수 있는 사업을 영위하는 것을 목적으로 하는 공동의 목표를 달성하기 위해 소수 또는 다수의 구성원들로 구성된 조직이라는 의미를 담고 있다.

벤처기업에 관한 정의는 법률에서 정하고 있으며, 그 정의는 다음과 같다. 벤처기업은 중소기업기본법에 따른 중소기업이어야 하고, 투자금액 규모 합계가 5천만 원 이상이어야 하며, 기업의 자본금 중 투자금액 합계가 차지하는 비율이 10% 이상일 것으로 정하고 있다.

〈벤처기업육성에 관한 특별조치법〉

제2조(정의)

① "벤처기업"이란 제2조의2의 요건을 갖춘 기업을 말한다.

제2조의2(벤처기업의 요건)

① 벤처기업은 다음 각 호의 요건을 갖추어야 한다. 〈개정 2007. 8. 3., 2009. 5. 21., 2010. 1. 27., 2011. 3. 9., 2014. 1. 14., 2016. 3. 22., 2016. 3. 29., 2016. 5. 29., 2018. 12. 31., 2019. 1. 8., 2020. 2. 11., 2023. 6. 20.〉

1. 「중소기업기본법」 제2조에 따른 중소기업(이하 "중소기업"이라 한다)일 것

2. 다음 각 목의 어느 하나에 해당할 것

가. 다음 각각의 어느 하나에 해당하는 자의 투자금액의 합계(이하 이 목에서 "투자금액의 합계"라 한다) 및 기업의 자본금 중 투자금액의 합계가 차지하는 비율이 각각 대통령령으로 정하는 기준 이상인 기업

(1) 「벤처투자 촉진에 관한 법률」 제2조제10호에 따른 벤처투자회사(이하 "벤처투자회사"라 한다)

(2) 「벤처투자 촉진에 관한 법률」 제2조제11호에 따른 벤처투자조합(이하 "벤처투자조합"이라 한다)

(3) 「여신전문금융업법」에 따른 신기술사업금융업자(이하 "신기술사업금융업자"라 한다)

(4) 「여신전문금융업법」에 따른 신기술사업투자조합(이하 "신기술사업투자조합"이라 한다)

(5) 삭제 〈2020. 2. 11.〉

(6) 「벤처투자 촉진에 관한 법률」 제66조에 따른 한국벤처투자

(7) 중소기업에 대한 기술평가 및 투자를 하는 자로서 대통령령으로 정하는 자

(8) 투자실적, 경력, 자격요건 등 대통령령으로 정하는 기준을 충족하는 개인

나. 다음의 어느 하나를 보유한 기업의 연간 연구개발비와 연간 총매출액에 대한 연구개발비의 합계가 차지하는 비율이 각각 대통령령으로 정하는 기준 이상이고, 제25조의3제1항에 따라 지정받은 벤처기업확인기관(이하 "벤처기업확인기관"이라 한다)으로부터 성장성이 우수한 것으로 평가받은 기업. 다만, 연간 총매출액에 대한 연구개발비의 합계가 차지하는 비율에 관한 기준은 창업 후 3년이 지나지 아니한 기업에 대하여는 적용하지 아니한다.

1) 「기초연구진흥 및 기술개발지원에 관한 법률」 제14조의2제1항에 따라 인정받은 기업부설연구소 또는 연구개발전담부서

> 2) 「문화산업진흥 기본법」 제17조의3제1항에 따라 인정받은 기업부설창작연구소 또는
>   기업창작전담부서
> 다. 벤처기업확인기관으로부터 기술의 혁신성과 사업의 성장성이 우수한 것으로 평가받은
>   기업(창업 중인 기업을 포함한다)
> ② 제1항제2호나목 및 다목에 따른 평가기준과 평가방법 등에 관하여 필요한 사항은 대통령령
>   으로 정한다.〈개정 2020. 2. 11.〉
>
> [전문개정 2007. 8. 3.]

〈중소기업기본법〉 제2조에 의한 중소기업의 범위는 다음과 같다.

제2조(중소기업자의 범위)

① 중소기업을 육성하기 위한 시책(이하 "중소기업시책"이라 한다)의 대상이 되는 중소기업자
는 다음 각 호의 어느 하나에 해당하는 기업 또는 조합 등(이하 "중소기업"이라 한다)을
영위하는 자로 한다. 다만, 「독점규제 및 공정거래에 관한 법률」 제31조제1항에 따른 공시
대상기업집단에 속하는 회사 또는 같은 법 제33조에 따라 공시대상기업집단의 소속회사로
편입·통지된 것으로 보는 회사는 제외한다.〈개정 2011. 7. 25., 2014. 1. 14., 2015.
2. 3., 2016. 1. 27., 2018. 8. 14., 2019. 12. 10., 2020. 10. 20., 2020. 12. 8.,
2020. 12. 29.〉

1. 다음 각 목의 요건을 모두 갖추고 영리를 목적으로 사업을 하는 기업

가. 업종별로 매출액 또는 자산총액 등이 대통령령으로 정하는 기준에 맞을 것

나. 지분 소유나 출자 관계 등 소유와 경영의 실질적인 독립성이 대통령령으로 정하는 기준
   에 맞을 것

2. 「사회적기업 육성법」 제2조제1호에 따른 사회적기업 중에서 대통령령으로 정하는 사회
   적기업

3. 「협동조합 기본법」 제2조에 따른 협동조합, 협동조합연합회, 사회적협동조합, 사회적협
   동조합연합회, 이종(異種)협동조합연합회(이 법 제2조제1항 각 호에 따른 중소기업을
   회원으로 하는 경우로 한정한다) 중 대통령령으로 정하는 자

4. 「소비자생활협동조합법」 제2조에 따른 조합, 연합회, 전국연합회 중 대통령령으로 정하는 자

5. 「중소기업협동조합법」 제3조에 따른 협동조합, 사업협동조합, 협동조합연합회 중 대통령령으로 정하는 자

② 중소기업은 대통령령으로 정하는 구분기준에 따라 소기업(小企業)과 중기업(中企業)으로 구분한다.

③ 제1항을 적용할 때 중소기업이 그 규모의 확대 등으로 중소기업에 해당하지 아니하게 된 경우 그 사유가 발생한 연도의 다음 연도부터 3년간은 중소기업으로 본다. 다만, 중소기업 외의 기업과 합병하거나 그 밖에 대통령령으로 정하는 사유로 중소기업에 해당하지 아니하게 된 경우에는 그러하지 아니하다.

④ 중소기업시책별 특성에 따라 특히 필요하다고 인정하면 해당 법률에서 정하는 바에 따라 법인·단체 등을 중소기업자로 할 수 있다. 〈개정 2020. 10. 20.〉

3 벤처기업 유형에 관한 정의

벤처기업확인제도에 따르면 벤처기업을 유형에 따라 ① 벤처투자유형, ② 연구개발유형, ③ 혁신성장유형, ④ 예비벤처기업으로 구분하여 정의한다. 벤처기업확인제도에 의해 그 기준을 충족하는 벤처기업은 벤처확인을 받을 수 있으며, 벤처기업확인제도는 중소벤처기업부와 벤처기업확인기관들에 의해 시행되고 있다. 각 유형을 구분하는 기준은 다음과 같다.

1) 벤처투자유형

벤처투자유형은 벤처기업법 제2조의2(벤처기업의 요건) ① 항의 2호의 가목을 기준으로 한다.

(1) 기준요건

- 중소기업기본법 제2조에 따른 중소기업일 것
- 투자금액의 총 합계가 5천만원 이상일 것
- 기업의 자본금 중 투자금액의 합계가 차지하는 비율이 10% 이상일 것

(2) 적격투자기관

중소기업창업투자회사, 한국벤처투자, 벤처투자조합, 농식품투자조합*, 신기술사업금융업자, 신기술사업투자조합, 창업기획자(액셀러레이터)*, 개인투자조합, 전문개인투자자(전문엔젤), 크라우드펀딩*, 한국산업은행, 중소기업은행, 일반은행, 기술보증기금*, 신용보증기금*, 신기술창업전문회사*, 공공연구기관첨단기술지주회사*, 산학협력기술지주회사*, 경영참여형 사모집합투자회사, 외국투자회사

※ *표시 기관은 법 시행일(21.2.12) 이후 투자유치 건 (입금일 기준)에 한하여 인정
※ 해당 기업이 「문화산업진흥 기본법」 제2조제12호에 따른 제작자 중 법인이면 자본금의 7% 이상
※ "투자"란 주식회사가 발행한 주식, 무담보전환사채 또는 무담보신주인수권부사채를 인수하거나, 유한회사의 출자를 인수하는 것을 의미

(3) 평가기관

- 한국벤처캐피탈협회

2) 연구개발유형

벤처투자유형은 벤처기업법 제2조의2(벤처기업의 요건) ① 항의 2호의 나목을 기준으로 한다.

(1) 기준요건

– 「중소기업기본법」제2조에 따른 중소기업일 것

– 「기초연구진흥 및 기술개발지원에 관한 법률」 제14조의2제1항에 따라 인정받은 기업부설연구소 또는 연구개발전담부서 및 「문화산업진흥 기본법」 제17조의3제1항에 따라 인정받은 기업부설창작연구소 또는 기업창작전담부서 중 1개 이상 보유

– 벤처기업확인요청일이 속하는 분기의 직전 4분기기업의 연간 연구개발비가 5천만원 이상이고, 연간 총매출액에 대한 연구개발비의 합계가 차지하는 비율이 5% 이상

단, 연간 총매출액에 대한 연구개발비의 합계가 차지하는 비율에 관한 기준은 창업 후 3년이 지나지 아니한 기업에 대하여는 미적용

– 벤처기업확인기관으로부터 사업의 성장성이 우수한 것으로 평가받은 기업

(2) 평가기관

– 신용보증기금, 중소벤처기업진흥공단

3) 혁신성장유형

벤처투자유형은 벤처기업법 제2조의2(벤처기업의 요건) ① 항의 2호의 다목을 기준으로 한다.

(1) 기준요건

– 「중소기업기본법」 제2조에 따른 중소기업일 것

– 벤처기업확인기관으로부터 기술의 혁신성과 사업의 성장성이 우수한 것으로 평가받은 기업

⑵ 평가기관

− 기술보증기금, 농업기술실용화재단, 연구개발특구진흥재단, 한국과학기
술정보연구원, 한국발명진흥회, 한국생명공학연구원, 한국생산기술연
구원

4) 예비벤처기업

벤처투자유형은 벤처기업법 제2조의2(벤처기업의 요건) ① 항의 2호의 다목을
기준으로 한다.

⑴ 기준요건

− 법인설립 또는 사업자등록을 준비 중인 자
− 벤처기업확인기관으로부터 기술의 혁신성과 사업의 성장성이 우수한 것
으로 평가받은 기업

⑵ 평가기관

− 기술보증기금

4 벤처기업 관련 법령

벤처기업에 관한 법령은 벤처기업육성에 관한 특별조치법(법률), 벤처기업육
성에 관한 특별조치법 시행령(대통령령), 벤처기업육성에 관한 특별조치법 시행규
칙(중소벤처기업부령)이 존재한다. 해당 법률들의 소관부처는 2023년 현재 중소벤
처기업부이다.

1) 벤처기업육성에 관한 특별조치법

벤처기업육성에 관한 특별조치법은 2007년 8월 3일에 개정되었고, 법률 제 19504호며, 최근 2023년 6월 20일에 일부 개정된 것이 2023년 12월 21일부터 시행되고 있다. 이 법은 제1장 총칙, 제2장 벤처기업 육성기반의 구축, 제4장 보칙으로 구성되어 있으며, 제3장은 2007년에 삭제되었다. 벤처기업육성에 관한 특별조치법의 주요내용은 다음과 같다.

① 법의 목적으로서 기존 기업의 벤처기업으로의 전환과 벤처기업의 창업을 촉진하여 우리 산업의 구조조정을 원활히 하고 경쟁력을 높이는 데에 기여
② 벤처기업 요건에 관한 법규
③ 벤처기업에 포함되지 않은 업종으로 일반 유흥 주점업 등 대통령령으로 정한 업종은 벤처기업에서 제외할 수 있도록 함
④ 벤처기업 육성계획을 수립하는 데 필요한 법규
⑤ 벤처기업 육성에 필요한 실태조사를 수행하고 이를 공표할 수 있게 함
⑥ 벤처기업을 종합적으로 관리할 수 있는 시스템을 구축하고 운영하는 법규
⑦ 벤처 자금 공급을 원활하게 하기 위해 우선적 신용보증 실시, 지적재산권 출자의 특례, 외국인 주식취득 제한에 대한 특례, 신기술창업전문회사 설립, 전문회사 운영, 기금 운선지원, 전문회사에 대한 특례, 조세에 대한 특례에 관한 법규
⑧ 기업활동과 인력 공급을 원활하게 하기 위해, 벤처기업 주식에 관한 법규 및 복수의결권주식에 관한 법규로 구성
⑨ 입지 공급의 원활화를 위해 신기술창업집적지역 설정 등, 벤처기업집적시설 지정 등, 시설비용지원, 각종 부담금 면제에 관한 법규

⑩ 벤처기업확인 여부, 벤처확인 기관, 위원회 구성 등에 관한 법규

2) 벤처기업육성에 관한 특별조치법 시행령

이 법은 벤처기업육성에 관한 특별조치법에서 위임된 사항과 그 시행에 필요한 사항을 정하는 것을 목적으로 하며, 시행에 필요한 사항들을 규정하고 있다.

① 벤처기업을 지원하는 시설 범위에 관한 시행 규정

② 벤처기업의 요건에 관한 시행 규정

③ 벤처기업에 포함되지 않는 업종에 관한 시행 규정

④ 벤처기업의 기술에 대한 기술평가기관에 관한 시행 규정

⑤ 세제지원대상 주식교환 확인에 관한 시행 규정

⑥ 공인평가기관 지정에 관한 시행 규정

⑦ 연구원의 휴직, 겸임, 겸직 범위에 관한 시행 규정

⑧ 벤처기업 주식매수에 관한 각종 규정, 복수의결주식에 관한 시행 규정

⑨ 벤처기업집적시설에 관한 시행 규정

⑩ 벤처기업확인에 관한 시행 규정

3) 벤처기업육성에 관한 특별조치법 시행규칙

이 법은 벤처기업육성에 관한 특별조치법 및 벤처기업육성에 관한 특별조치법 시행령에서 위임된 사항과 그 시행에 필요한 사항을 정하는 것을 목적으로 하며, 시행에 필요한 세부 사항들을 법규로 정하고 있다.

① 연구개발비 산정 기준에 대한 규칙

② 신기술창업전문회사 등록 등에 관한 규칙

③ 주식매수 관련 규칙

④ 개인투자조합 등에 대한 정보 제공 규칙

⑤ 복수의결권주식의 보고에 대한 규칙

⑥ 벤처기업집적시설의 지정신청, 지정계획 수립 등에 대한 규칙

⑦ 실험실공장 설치승인신청서 등에 대한 규칙

⑧ 벤처기업육성촉진지구의 지정 요청 등에 대한 규칙

⑨ 벤처기업 해당 여부의 확인 절차에 대한 규칙

⑩ 벤처기업확인위원회의 구성 및 운영, 위원 제척, 해촉 등에 대한 규칙

⑪ 벤처기업 확인에 대한 이의신청 등에 대한 규칙

이렇듯 우리나라는 벤처기업을 육성 및 성장을 위하여 벤처기업에 관한 법률을 제정하여 정책 지원이나 수행을 위한 발판을 마련했다고 볼 수 있다.

한편, 대부분의 연구에서는 벤처기업의 법률적 정의를 바탕으로 분석을 진행한다. 특히, 중소기업과 벤처기업을 구분하여 연구를 진행하게 되는데, 벤처기업과 중소기업의 비교분석, 특징, 사례 등 다양하게 수행하고 있다. 이러한 점을 고려한다면, 연구자뿐만 아니라 학생, 일반인도 벤처기업과 중소기업이 어떤 차이가 있는지 명확하게 이해할 필요가 있다. 다음 절에서는 벤처기업과 중소기업의 차이를 살펴본다.

벤처기업과 중소기업 차이

　본 절에서는 벤처기업과 중소기업 관련 법령에서 정하는 기준을 중심으로 벤처기업 범위와 중소기업의 범위를 확인하고 벤처기업과 중소기업의 차이점을 분석한다. 중소기업은 관련 법령에 따라 대기업과 소상공인을 제외하고 중소기업기본법에 해당하는 기업을 중소기업이라고 하며, 벤처기업은 벤처기업법률에서 정의하고 벤처기업협회 등을 통해 벤처확인기업으로 인정된 기업을 벤처기업이라고 한다. 일반적으로 벤처기업은 중소기업의 범위에 속하되 해당 법령이 정하는 조건을 충족하는 기업을 의미한다.

1　벤처기업과 중소기업 차이

　벤처기업은 기본적으로 중소기업기본법 제2조에 의해 중소기업에 속하는 기업이면서 벤처기업확인기관이 제시하는 기준을 충족하는 기업이다. 벤처기업은 중소기업의 조건을 모두 갖추고 있으면서 특별히 다음의 조건을 추가로 충족하여야 한다. 벤처기업확인기관은 벤처기업 유형별로 상이한 조건들을 제시하고 있다. 이를 살펴보면 아래와 같다.

　① 중소기업
　② 적격투자기관으로 지정된 곳에서 자본금을 유치한 기업

③ 자본금 중 투자금액의 합계가 차지하는 비중, 자본금 중 연구개발투자 비중이 일정 수준 이상인 기업

④ 연구기능(연구소 등)을 보유한 기업

⑤ 벤처기업확인기관으로부터 자격 평가를 받은 기업

2 벤처기업 범위기준

다음은 벤처기업과 중소기업에 관한 범위 기준이다. 벤처기업은 벤처기업법령에 따라 유형을 구분하며, 각 유형별 기준 요건들이 제시되어 있다. 벤처기업법에 따라 벤처기업 유형을 ① 벤처투자유형, ② 연구개발유형, ③ 혁신성장유형, ④ 예비벤처유형으로 구분하고 있으며, 각 유형별로 벤처기업 자격 요건이 조금씩 상이하다. 이를 나타내면 [표 2-4]와 같다.

표 2-4 벤처기업 유형별 벤처기업 범위 기준

구분	기준요건
벤처투자 유형	• 중소기업 (「중소기업기본법」 제2조) • 적격투자기관으로부터 유치한 투자금액 합계 5천만원 이상 ※ 투자란, 주식회사가 발행한 주식, 무담보전환사채 또는 무담보신주인수권부사채를 인수하거나, 유한회사의 출자를 인수하는 것을 말함 • 자본금 중 투자금액의 합계가 차지하는 비율 10% 이상 ※ 「문화산업진흥 기본법」 제2조제12호에 따른 제작자 중 법인일 경우, 7% 이상
연구개발 유형	• 중소기업(「중소기업기본법」 제2조) • 기업부설연구소/연구개발전담부서/기업부설창작연구소/기업창작전담부서 중 1개 이상 보유 (「기초연구진흥 및 기술개발지원에 관한 법률」 제14조의2제1항, 「문화산업진흥 기본법」 제17조의3제1항) • 벤처기업확인 요청일이 속하는 분기의 직전 4개 분기 연구개발비산정기준가 5천만원 이상이고, 같은 기간 총매출액 중 연구개발비의 합계가 차지하는 비율이 5% 이상 업종별 기준 확인 ※ 창업 3년 미만일 경우, 연간 매출액 중 연구개발비 비율 미적용 • 벤처기업확인기관으로부터 사업의 성장성이 우수한 것으로 평가받은 기업

구분	기준요건
혁신성장 유형	• 중소기업 (「중소기업기본법」 제2조) • 벤처기업확인기관으로부터 기술의 혁신성과 사업의 성장성이 우수한 것으로 평가 받은 기업
예비벤처 유형	• 법인 또는 개인사업자 등록을 준비 중인 자 • 벤처기업확인기관으로부터 기술의 혁신성과 사업의 성장성이 우수한 것으로 평가 받은 자

자료: 벤처기업확인기관 벤처확인종합관리시스템

3 중소기업 범위기준

중소기업 기준은 영리기업 또는 비영리 사회적기업을 대상으로 적용하며, 규모 기준과 독립성 기준을 모두 충족해야 중소기업에 해당한다. 2015년 이전에는 중소기업 범위 구분 기준이 상시 근로자 수, 자본금과 매출액 기준을 정해놓고 하나만 충족하면 중소기업 범위에 해당하였으나 현재는 매출액 단일 기준으로 중소기업을 판단하고 있다. 이하 2015년 이후 중소기업 범위에 대해 달라진 규정은 다음과 같다.

① 업종별 규모 기준
(종전) 상시 근로자 수, 자본금/매출액 중 하나만 충족 → (개정) 매출액 단일 기준

② 대상확대
- 중소기업 범위에 사회적 협동조합 및 사회적협동조합연합회 추가(중소기업 기본법 제2조 제1항 제3호)
- 자산총액 5천억원 이상인 비영리법인이 최대출자자인 기업의 경우에도 요건에 충족하면 중소기업에 포함(중소기업기본법 시행령 제3조제1항제2호 나목)

③ 유예 제외 조항에서 삭제(유예가능으로 변경)

- 자산총액이 5천억원 이상인 법인이 최대출자자로서 중소기업의 주식등
 의 100분의 30 이상을 인수한 경우에도 3년간 피인수기업을 중소기업에
 포함(중소기업기본법 시행령 제9조 제2호)

- 중소기업이 유예기간에 있는 중소기업을 흡수 합병한 경우 잔여 유예기
 간 인정(중소기업기본법시행령 제9조 제1호)

④ 관계기업 판단시점

- 관계기업으로 인해 중소기업에서 제외된 기업 중, 직전 사업연도 말일
 이후 주식 등의 소유현황 변경으로 중소기업에 해당하게 된 경우에는
 주식 등의 소유현황의 변경 일을 기준으로 관계기업 여부 판단(중소기업
 기본법 시행령 제3조의2제2항제2호)

⑤ 주된 업종별 평균매출액등의 중소기업 규모기준 개정

- 중소기업 규모기준의 주 업종 분류는 통계법에 근거한 한국표준산업분
 류에 따르는바, 중소기업 규모 기준에 '17.7.1.개정된 제 10차 한국표준
 산업분류를 반영(중소기업기본법 시행령 별표1, 별표3)

현재 적용되고 있는 중소기업 범위에 관한 기준은 아래와 같다.

1) 업종별 규모 기준

업종별 규모 기준은 주된 업종의 3년 평균 매출액 기준을 충족할 경우 중소
기업으로 인정한다.

우선, 3년 평균 매출액 기준으로 1,500억원 이하에 해당하는 제조업 6개 업
종인 '의복, 의복액세서리 및 모피제품 제조업' 등은 중소기업 범위로 하며, 소기

표 2-5 3년 평균 매출액 1,500억원 이하 중소기업의 업종별 규모 기준

해당 기업의 주된 업종	분류부호	중소기업 (평균매출액)	소기업 (평균매출액)
의복, 의복액세서리 및 모피제품 제조업	C14	1,500억원 이하	120억원 이하
가죽, 가방 및 신발 제조업	C15		
펄프, 종이 및 종이제품 제조업	C17		80억원 이하
1차 금속 제조업	C24		120억원 이하
전기장비 제조업	C28		
가구 제조업	C32		

자료: 중소벤처기업부(2022), 2022년 개정판 알기 쉽게 풀어 쓴 중소기업 범위해설

업은 업종 구분에 따라 120억원 이하, 80억원 이하를 소기업 범위로 한다.

3년 평균 매출액 기준 1,000억 원 이하에 해당하는 농업, 임업 및 어업, 광업 그리고 제조업 12개 업종에 해당할 경우 중소기업으로 하며, 소기업 분류 기준으로 농업, 임업 및 어업, 광업, 제조업 12개 업종에 대하여 120억원 이하 또는 80억원 이하를 구분 기준으로 하고 있다.

표 2-6 3년 평균 매출액 1,000억원 이하 중소기업의 업종별 규모 기준

해당 기업의 주된 업종	분류부호	중소기업 (평균매출액)	소기업 (평균매출액)
농업, 임업 및 어업	A	1,000억원 이하	80억원 이하
광업	B		
식료품 제조업	C10		120억원 이하
담배 제조업	C12		80억원 이하
섬유제품 제조업	C13		
목재 및 나무제품 제조업	C16		
코크스, 연탄 및 석유정제품 제조업코크스, 연탄	C19		120억원 이하
화학물질 및 화학제품 제조업(의약품 제조업 제외)	C20		
고무제품 및 플라스틱제품 제조업	C22		80억원 이하
금속가공제품 제조업(기계 및 가구 제조업 제외)	C25		120억원 이하
전자부품, 컴퓨터, 영상, 음향 및 통신장비 제조업	C26		

해당 기업의 주된 업종	분류 부호	중소기업 (평균매출액)	소기업 (평균매출액)
그 밖의 기계 및 장비 제조업	C29		
자동차 및 트레일러 제조업	C30		
그 밖의 운송장비 제조업	C31		80억원 이하
전기, 가스, 증기 및 수도사업	D		120억원 이하
수도업	E36		
건설업	F		80억원 이하
도매 및 소매업	G		50억원 이하

자료: 중소벤처기업부(2022), 개정판 알기 쉽게 풀어 쓴 중소기업 범위해설

표 2-7 3년 평균 매출액 800억원 이하 중소기업의 업종별 규모 기준

해당 기업의 주된 업종	분류 부호	중소기업 (평균매출액)	소기업 (평균매출액)
음료 제조업	C11		120억원 이하
인쇄 및 기록매체 복제업	C18		80억원 이하
의료용 물질 및 의약품 제조업	C21		120억원 이하
비금속 광물제품 제조업	C23		
의료, 정밀, 광학기기 및 시계 제조업	C27	8000억원 이하	80억원 이하
그 밖의 제품 제조업	C33		
수도,하수 및 폐기물 처리,원료재생업(수도업제외)	E		30억원 이하
운수 및 창고업	H		80억원 이하
정보통신업	J		50억원 이하

자료: 중소벤처기업부(2022), 개정판 알기쉽게 풀어 쓴 중소기업 범위해설

3년 평균 매출액 기준 800억 원 이하에 해당하는 제조업 6개 업종인 음료 제조업, 인쇄 및 기록매체 복제업 등은 중소기업에 해당하며, 소기업은 업종별 매출액 120억 원에서 30억원 이하의 범위를 가지고 있다.

그 밖에 3년 평균 매출액 기준으로 600억 원 이하, 400억 원 이하로 중소기업을 구분한다.

2) 상한 기준

중소기업 범위의 상한 기준은 업종에 관계없이 자산총액 5,000억 원 미만인 기업을 중소기업으로 한다.

3) 독립성 기준

중소기업 범위를 규정하는 기준인 독립성 기준은 계열관계에 따른 판단기준으로 아래 3가지 중 어느 하나에도 해당하지 않아야 중소기업 범위에 속한다.

① 공시대상기업집단에 속하는 회사

② 자산총액 5,000억 원 이상인 법인(외국법인 포함, 비영리법인 등 제외)이 주식 등의 30% 이상을 직접적 또는 간접적으로 소유하면서 최다출자자인 기업

③ 관계기업에 속하는 기업의 경우에는 출자 비율에 해당하는 평균매출액 등을 합산하여 업종별 규모 기준을 미충족하는 기업

　※ 관계기업: 외부감사 대상이 되는 기업이 기업 간의 주식 등 출자로 지배·종속 관계에 있는 기업의 집단

　※ 단, 비영리 사회적기업 및 협동조합(연합회)은 관계기업제도 적용하지 않음

벤처기업의 특성과 위상

벤처기업의 특성

벤처기업은 일반적인 대기업 및 중소기업과 달리 기술 기반의 소규모 창업기업이기 때문에 경영자, 조직구성원, 조직구조, 조직문화, 기술혁신, 환경, 경쟁전략, 성장단계, 성장통, 재무적 측면에서 독특한 특성을 갖고 있다.[1] 경제 기여 측면에서도 벤처기업은 기술혁신의 발판이 되고 고용 창출에 큰 역할을 하고 있다(Hitt, Hoskisson, & Ireland, 1990).

이러한 벤처기업의 특성과 경제적인 역할로 벤처기업에 관한 다양한 국내외 연구들이 진행되고 있다. 실제로 벤처기업은 대기업과 전통적 중소기업과 많은 차이가 존재한다. 벤처기업은 기술 기반 창업기업이 대부분이며, 여러 측면에서 구분되는 특성을 가진다. 또한, 벤처기업은 보유 기술과 지식이 기업 성장의 원천이라고 볼 수 있다. 이러한 기술과 지식은 조직의 인적자본에 의해 보유되고 향상된다.

한편, 벤처기업은 창업자 및 경영자를 비롯해서 직원, 조직이 보유한 특성이 있다. 창업자 및 경영자 측면에서 전통적인 기업과 다르게, 벤처기업의 창업자나 경영자는 안정 추구보다는 도전이나 위험을 선호하고, 경제 및 경영환경 변화에 민첩하게 대응한다. 이뿐만 아니라 조직의 비전과 방향성을 제시하려는 경향이 강하다. 벤처기업 직원들은 신기술의 중요성을 인식하고, 신기술 습득에 적극적

---

1) 벤처기업의 특성은 김용덕·김은지(2023) 연구를 수정 및 보완하였다.

이며 역량을 보유하고 있어야 한다. 즉, 벤처기업 구성원은 스스로 끊임없이 신기술을 습득하고 역량을 강화하는 특성을 가지고 있다. 벤처기업 조직 구조를 살펴보면 직무 특성상 업무 자율성이 높고, 부서나 팀의 명확한 구분 없이 프로젝트팀 형태로 운영되는 경우가 많다(Bahrami, H., & Evans, S., 1987). 조직 문화는 관료제와는 완전히 다르며, 기업 성장기에는 정형화되지 않은 특성을 보여준다(김병년·양동우, 2014).

벤처기업은 기술이나 재무적 측면에서도 보유한 특성이 있다. 먼저, 기술혁신 측면에서 살펴보면, 제조업 분야 기업들의 매출액 대비 연구개발투자비율은 평균 2~3% 수준이나, 벤처기업은 평균 7% 이상이다(Choe, M. K., Shin, J. K., & Nam, J. H., 2000). 다음으로 재무적 특성으로는 벤처기업은 상대적으로 이익잉여금이 적기 때문에 일반 기업에 비해 낮은 기업유보율을 보이며, 부채비율도 높게 나타난다(Yoon, Y. S.,1990).

벤처기업은 지원 정책 측면에서 보유한 특성이 있다. 일반적으로 기업은 창업기(start-up), 초기성장기(early growth), 고도성장기(high growth), 성숙기(maturity), 쇠퇴기(decline)로 구분된다. 특히, 벤처기업은 성장기, 성숙기에 인력과 자본이 필요하다. 벤처기업의 자금조달 측면에서도 보유한 특성이 있다. 기술 기반 벤처기업은 일반적으로 정보의 비대칭이 크기 때문에 기술사업화를 위한 외부 자금 조달이 어렵다는 단점이 있다(O'Regan, Ghobadian, & Sims, 2006). 실제로 신제품 개발 출시, 후속 제품 개발 등에 필요한 자금 외에도 기술 인력 부족과 같은 경영상의 어려움을 겪는 벤처기업이 많다. 그러므로 벤처기업이 안정적인 성장기로 진입하기란 현실적으로 매우 어렵다(Mitchell & Singh, 1996). 벤처기업의 생존과 성장에는 자금 조달이 필수라고 할 수 있다.

벤처기업의 성과 측면에서 다양한 국내외 연구들이 진행되고 있다. 벤처기업의 성과에 창업자(Entrepreneur), 산업 환경(Industry), 전략(Strategy)이 영향을 미치는 것으로 나타났다. Aulet(2013)는 벤처기업의 성공 요인으로 교육방식과 기업가정신(Entrepreneurship)이 필요하다고 보았으며, Darrough & Ye(2007)는 벤처기업이 초기에는 사업이 불안정하고 적자를 볼 수 있지만, 향후 무형자산을 토대로 지속적인 기업 성장이 가능하다고 보았다. 안원영·오재인(2018)은 벤처기업의 성공이 인적자본의 수준과 네트워크 관계 및 수준이 높을수록 가능성을 높이는 것으로 확인하였다. 최근 연구에 따르면, 벤처캐피탈과 엔젤투자자들의 적극적인 참여가 기술 기반 벤처기업의 혁신을 촉진한다(Dutta & Folta, 2016). 이처럼 외부 투자기관의 협력은 투자 규모 및 위험 분산에 효과적일 뿐만 아니라, 보유 기술에 대한 시너지 창출과 신규 시장 진출 가능성을 높인다(Hamel, 1991). 실제로 관련 연구(김창봉·이승현, 2017; 최용호·황우익, 2004)는 외부 투자기관과의 협력이 기술혁신 성과에 유의미한 영향을 미친다는 것을 확인하였다. 이뿐만 아니라, 벤처기업의 초기 단계에서는 엔젤투자자들의 투자가 초기 성장과 기술혁신 성장에 결정적인 역할을 하고(Carpentier & Suret, 2015), 창업자의 개인적 역량과 관리자 역량을 높여주는 것으로 보고되었다(성옥석·박승락, 2015). 또한, 이와 같은 투자는 조직 구성원으로 하여금 새로운 정보의 가치를 인식하고 이를 응용할 수 있게 하여 업무 성과에 유의미한 영향을 미치는 것으로 나타났다. 벤처기업의 성공 요인으로 창업가의 개인적인 성향이라고 할 수 있는 혁신성, 적극성, 위험감수성 등을 보는 경우도 있다. 이에 더해 벤처캐피탈과의 연계성, 기타 자금접근성, 정부 관계성, 대학과의 연계성 등이 추가로 제시되고 있다(Balabanis& Katsikea, 2003). 벤처기업이 처한 고유한 경쟁상황과 특성으로 인해 벤처기업은 일반적으로 높은 불확실성과 불안정성이 존재하지만, 구성원들이 전문가적 자율성을 최대한으로 표출할 수 있도록 하는 경영자의 리더십, 조직 문화 및 분위기, 제도적 지원에 따라 조직의 혁신 및 성장 동력을 강화시킬 수 있다. 조직 구성원들의 참여적 경영, 간소한 의사결정구조, 낮은 수준의 표준화 및 공식화, 수평적 조직문화 등의 요소들은 벤처기업의 성과에 긍정적 영향을 미친다.

한편, 벤처기업의 입지 유형으로는 자연발생적 집적형, 계획적 조성형, 기존 시설의 재생형, 기업가의 자유형과 정부의 계획형으로 구분된다(오남현·이성근, 2001). 벤처기업의 창업 유형은 크게 5가지로 구분되는데, 대학이나 전문연구기관으로부터의 파생형(spin-off), 창업 아이디어형인 독자창업, 기술선진국으로부터의 모방형 창업, 사내 창업 형태의 분봉형(hive-off), 기존 중소기업에서 기술개발을 토대로 한 기술집약형 재창업이 있다(기정훈, 2008).

앞서 살펴본 연구를 비롯해서 벤처기업 특성과 관련된 국내외 연구를 종합해보면 다음과 같다.

1 경영자 특성

벤처기업은 주로 기술 기반의 소규모 창업 기업 형태를 보이기 때문에 창업자나 CEO의 특성이 기업에 중대한 영향을 미친다. 벤처기업 경영자가 가진 특성은 기업 문화와 분위기에 영향을 미치며, 외부 투자자들은 경영자를 평가하여 벤처기업의 잠재성을 가늠하고 투자 여부를 결정한다. 그리고 벤처기업들은 경쟁자와 외부 환경으로부터 끊임없는 도전을 받기 때문에 매번 적절한 해결책과 대안을 제시할 수 있는 경영자의 역량이 특히 중요하다.

벤처기업 경영자는 변화와 도전을 두려워하지 않고, 안정적 상태보다 도전과 위험을 선호하며, 수동적이기보다 적극적이다. 환경 변화에 민첩하게 대응하려고 하며, 조직의 비전과 방향성을 명확히 제시하려는 경향이 강하다. 벤처기업 경영자의 특성은 경영자의 업무능력, 위기대응능력, 리더십의 세 가지 측면에서 살펴볼 수 있다.

1) 업무능력

벤처기업 경영자들의 창업·경영·산업 경력이 벤처기업 경영 성과에 영향을 미치는 요인으로 알려져 있다. 벤처기업 경영자들의 업무능력에 대한 특성은 일반 기업 대비 다음 요인들에서 상대적 차이를 나타낸다.

- 교육수준과 학벌이 높고, 학력이 기업 성공에 긍정적 영향을 미침
- 관련 사업 경험이 많을수록 벤처기업에서 성공한 경우가 많음
- 전직장과 현직장의 관련성이 높을수록 경영성과 높음

이런 요인들은 특히 한정된 자원과 역량만을 보유한 벤처기업이 기술, 제품, 품질, 소비자 니즈에 대한 철저한 준비, 위기 발생 시 신속한 대응, 기술개발 과정의 시행착오를 줄이거나 기술인력에게 필요한 리더십을 발휘하게 한다. 경영자가 기술인력을 포함한 종업원의 업무에 대한 안목과 이해가 깊기 때문에 기업 내 불필요한 갈등을 유발할 가능성이 줄어든다. 그리고 신지식을 습득하거나 혁신을 일으키는 것에 저항하지 않고 오히려 선호하는 경향이 강하기 때문에 혁신적이고 도전적인 기업 분위기를 유지하는 데 도움을 준다.

2) 위기대응능력

벤처기업은 자사의 핵심기술에 대한 역량은 높으나 자금력이 부족하며, 신기술 및 신제품처럼 시장에서 성공 가능성에 대한 검증이 완료되지 않은 새로운 지식에 기반을 둔 사업체이기 때문에 위험이 항상 존재한다. 아직 형성되지 않고 성공이 담보되지 않은 시장을 창출해야 하거나, 자금조달, 유통망 확보, 판매와 영업, 생산원가를 낮추기 위한 노력 측면에서 대기업이나 중소기업보다 큰 위험을 안고 있다. 따라서 벤처기업 경영자들은 이런 위험 상황들을 직면하고 해결책

을 제시할 수 있는 능력이 필요하기 때문에 위험 극복에 필요한 기본적 자질을 갖추고 있어야 한다. 포기하지 않는 강한 성취욕과 위험 감수 성향 등이 필요하다. 벤처기업 경영자의 성취 욕구와 벤처기업의 성과 창출에 유의적 관계가 존재하는 것으로 알려져 있다.

3) 리더십

벤처기업의 경영자는 다른 대기업뿐만 아니라 일반적 중소기업과 다른 리더십 특성을 보인다. 벤처기업 경영자들은 성공과 실패 측면에서 안정적 가능성을 확보하기 어렵기 때문에 불안감 속에서 지속적으로 앞으로 전진할 수 있는 자세와 태도가 필요하다. 또한, 실패로부터 빨리 회복하고 성공을 향한 강한 신념과 가치, 명확한 비전과 목표를 제시할 수 있어야 한다. 벤처기업 경영자의 이런 리더십은 종업원들로 하여금 소속감과 목표에 대한 강한 몰입 및 동기를 유발시키며, 팀으로서 시너지 효과를 낼 수 있다.

2 조직 구성원 특성

벤처기업 구성원들은 혁신역량, 학습역량, 유연성, 인적 네트워크 형성 역량이 필요하며, 벤처기업은 이들에게 높은 권한 위임, 독창성 발휘를 위한 조직 문화와 혁신 성과물에 대한 보상을 제공할 수 있어야 한다. 구체적으로 벤처기업의 구성원들은 신기술(제품 및 공정기술)의 중요성에 대한 높은 인식이 필요하며, 신기술 습득에 필요한 학습역량이 요구된다. 그리고 권한 위임이 주어지면 자치적인 업무 수행과 책임감이 필요하며, 조직 내부의 부족한 역량을 외부에서 보충하기 위해 인적 네트워크를 형성할 수 있는 역량이 필요하다. 조직 구성원들은 중요한 프로젝트에 참여하여 자발적으로 직무를 수행할 수 있어야 하며, 이를 위해 조직은 구성원들의 독창성이 충분히 발휘될 수 있는 분위기와 성과에 대해 보상할 수 있는 제도적 지원이 필요하다.

일반적으로 벤처기업의 구성원들은 수직적이거나 딱딱한 조직 문화를 지양하고, 자유로운 분위기에서 자신의 전문성과 창의성을 발휘하고 싶어 한다. 그리고 그것을 성과로 연결시키는 과정에서 본인의 업무와 조직에 대한 몰입도가 높아지는 것을 경험하면서 조직에 대한 충성도가 높아진다. 업무 수행 시 의사결정 권한 부여, 외부 지식에 대한 자유로운 접근과 학습에 필요한 충분한 지원, 자율적인 직무수행 등의 요소들은 벤처기업 구성원들에게 매우 중요한 요소이다.

3 조직 구조 특성

벤처기업은 조직 구조 측면에서 대기업이나 기존 중소기업들과는 다른 특징을 가지고 있다. 벤처기업의 직무 특성상 업무의 자율성이 높고, 부서나 팀의 명확한 구분보다 프로젝트팀 형태로 운영되는 경우가 많다. 그리고 환경 변화에 유연하게 대처하기 위해 규정과 절차의 표준화는 최소화하는 대신 자유롭고 원활한 의사소통 분위기를 만들어 각각의 상황에 필요한 최적의 의사결정을 해야하는 경우가 많다. 벤처기업이 타깃으로 삼는 시장이나 소비자가 다른 기업들이 집중하고 있지 않은 틈새시장이라는 특성을 고려할 때, 사업 성공 가능성의 불확실성을 감소시킬 수 있는 업무 구조가 필요하다. 이런 특성에 가장 적합한 조직 구조는 유연성과 다양한 업무를 복합적으로 수행할 수 있는 프로젝트 팀 또는 하이브리드 조직 구조와 유사한 특성을 가질 것이다. 나아가 벤처기업의 조직 구조는 라인과 스탭을 모두 가진 피라미드형 조직 구조보다는 라인이 중심이 되고 스탭은 지원만 하는 조직 구조적 특성을 보인다.

4 조직 문화 특성

　벤처기업의 조직문화는 대기업이나 일반적인 중소기업과 다른 독특한 특성을 보인다. 조직 문화 유형의 한 구분인 혁신지향 문화, 위계지향 문화, 집단지향 문화, 과업지향 문화 유형의 어디에도 속하지 않을 수 있고 동시에 여러 몇몇 유형들의 특징을 보유하고 있을 수도 있다. 벤처기업은 관료제 문화(위계지향적)와 완전히 다른 조직문화이며, 기업 수명주기상 도입기 또는 성장기 단계인 경우 정형화되지 않은 조직 문화적 특성을 보여준다. 벤처기업은 물적·인적 자원이 부족하고 제품, 시장, 소비자 및 경쟁기업에 대한 경험이 부족한 상태에서 시작하는 경우가 많기 때문에 구성원 간 신뢰, 직무에 대한 몰입, 성공에 대한 희망이 버팀목이 된다. 따라서 가족적 분위기, 공동체적 분위기가 강하게 나타난다. 권한위임의 수준이 높은 만큼 업무 수행 결과에 대한 책임은 각자 부담하는 특성도 강하다.

5 기술혁신 특성

　벤처기업은 낮은 자본력과 높은 기술력으로 사업을 시작하기 때문에 기술혁신 활동 측면에서 일반 기업과 다른 특성이 존재한다. 일반적으로 성공적인 벤처기업은 고가·고품질 제품으로 경쟁하며, 틈새시장을 타깃 소비자로 하며, 연구개발 투자 수준이 높고, 마케팅 비용을 많이 필요로 한다. 제조업에 속한 일반적인 기업들의 매출액 대비 연구개발투자비율은 평균 2~3% 수준이지만, 벤처기업들은 평균 7% 이상을 연구개발에 투자하며, 많은 경우 20% 이상을 투자하는 경우도 존재한다.

　벤처기업은 기술 경쟁력이 핵심이기 때문에 연구개발 활동이나 기술지식 교류를 위해 산업 클러스터에 입주하는 것이 유리한 것으로 알려져 있다. 산업 클러스터에 입주한 벤처기업은 그렇지 않은 벤처기업보다 연구개발투자 집중도, 연구개발 전문인력 비중, 기술협력 네트워크의 활용 수준 측면에서 기술혁신 활동을 더욱 활발히 수행한다.

벤처기업 규모에 따른 기술혁신 특성을 살펴보면 다음과 같다. 소규모 벤처기업의 경우 연구기관 및 다른 중소·벤처기업과의 협력 활동은 지적재산권 보유 및 출원수 증가에 긍정적 영향을 미치며, 중규모 이상의 벤처기업은 대기업과 공동기술개발, 기술지도, 기술이전 협력활동이 혁신성과 창출에 긍정적인 것으로 알려져 있다.

6 환경적 특성

벤처기업을 둘러싼 환경적 특성은 벤처기업의 성과와 관련하여 중요한 요인으로 간주 된다. 벤처기업에 관한 선행연구들은 벤처기업이 가진 경험과 자원의 부족을 극복하기 위해 생존하고 성장할 수 있는 유리한 환경적 조건을 찾아내고 적응하는 것이 중요하다고 본다. 일반적으로 기업들은 생존을 위해 복잡성과 불확실성이 높은 환경을 예측가능하고 통제할 수 있도록 만들기 위해 기술, 시장, 소비자, 경쟁자 등의 정보를 끊임없이 수집하고 분석하는 활동을 지속한다. 하지만 벤처기업은 이런 정보를 수집하거나 분석하는 역량이 대기업이나 기존 기업들에 비해 부족할 수밖에 없으며, 이는 벤처기업에게 매우 불리한 요인으로 작용한다.

하지만 이런 예측 불확실성이 높은 환경에 의해 기존의 경쟁질서가 붕괴되면, 그 속에서 또 다른 기회가 벤처기업에게 주어진다. 예를 들어, 벤처기업이 진출하기 좋은 환경 조건은 불균형이 심한 산업이며, 기술 기반의 진입장벽이 높아지는 산업이다. 그리고 거대하고 경직된 조직 구조를 가진 거대 기업들은 이런 환경적 변화와 충격에 적응하는 것이 불리하다는 측면에서 벤처기업은 오히려 이런 환경 변화에 적응하기 유리한 특성을 가지고 있다.

7 전략적 특성

벤처기업이 시장 경쟁에서 활용 가능한 전략적 특성에 관한 선행연구들은 시장 진입 전략의 두 가지 기본적 차원을 시장 넓이와 시장 침투의 개념으로 본다. 시장 넓이는 기업이 이용 가능한 자원의 범위와 다양성에 관한 것이며, 시장 침투는 자원획득 활동의 깊이와 속도에 관한 것이다. 예를 들어, 벤처기업은 부족한 내부 자원 역량을 외부에서 충족하기 위해 기술협력 등 외부 네트워크를 효과적으로 활용하는 전략에 집중할 수 있다.

벤처기업이 산업 내 경쟁기업들과 어떻게 경쟁할 것인가에 관한 전략적 접근법 측면에서 Porter(1980)의 차별화 전략 개념을 활용할 수 있다. 예를 들어, 벤처기업이 산업 내 경쟁자들 보다 신기술 기반의 특화된 제품을 공급하거나, 마케팅 측면에서 혁신적 차별화를 강조하는데 전략적 초점을 맞출 수 있다.

한편, 기업이 보유한 지원에 의해 전략이 결정된다는 '자원기반이론'에 근거한 벤처기업의 경쟁전략도 존재한다. 벤처기업이 다른 대기업이나 산업내 기존 기업들에 비해 내부 자원이 부족하기 때문에 외부자원을 적극적으로 활용하는 전략이 유효하다고 보는 입장이다. 여기서 자원기반이론(Resource Based View)은 기업을 역량의 집합체로 본다(Pfeffer & Salancik, 1978). 기업이 보유하고 있는 자원들이 기업의 경쟁력을 결정하는 주된 요소가 된다는 관점이다. 자원기반이론은 기업 경쟁력의 원동력을 기업이 보유한 내부 자원으로 보기 때문에 내부 자원에 의해 기업의 행동이 결정된다고 본다. 여기서 자원은 유형과 무형으로 구분하며, 유형 자원은 모방이 용이하다는 측면에서 경쟁우위를 지속하기에 어려운 점이 있고 무형 자원은 모방이나 대체하기 어려운 특징을 가지고 있기 때문에 경쟁우위의 핵심이 될 수 있다.

기업 간 협력에 관한 많은 선행연구들이 협력이 형성되는 동인으로 자원기반이론을 인용한다. 기업은 모든 자원을 획득할 수 없기 때문에 내부에 없는 자원을 외부에서 조달하려는 동기가 발생한다. 이때 협력의 목적은 결핍된 자원을 외부에서 보완하여 경쟁력을 강화하고 수익을 향상시키는 데 있다. 기업 간 협력 유형은 국내·외 기업들과의 공급사슬관계 유형부터 합작 기업, 전략적 제휴, 공동 연구개발 협력, 기술이전 협력 등 다양한 형태로 존재한다(Harrigan, 1988; Laursen and Salter, 2006; Lawson et al., 2014).

8 성장단계별 특성

기업은 성장단계별로 일반적으로 창업기, 성장기, 성숙기, 쇠퇴기를 거친다. 성장단계를 구분하는 용어와 단계의 수는 연구자들 마다 조금씩 다르게 표현하는데, 창업기(The Birth Phase), 성장기(The Growth Phase), 성숙기(The Maturity Phase), 포화기(The Revival Phase), 쇠퇴기(The Decline Phase) 정도로 정리할 수 있다.

창업기는 기업이 시장에 등장하는 시기로서 창업한지 얼마 되지 않았고, 창업주가 조직을 지배하며, 조직 구조도 비공식적인 경우가 많다. Scott(1971)은 'Stage One'으로 명명하고, Greiner(1972)는 'Creativity Stage', Lippitt & Schmidt(1967)은 'Birth', Quinn & Cameron(1983)은 'Entrepreneurial Stage'로 명명한다.

성장기는 기업이 차별적 경쟁우위를 확보하기를 바라고 초기 제품 시장에서 성공을 거두기를 희망하는 시기이다. 이 시기는 시장 성장 속도가 점차 빨라지며, 매출액 증가율도 높아지는 모습을 나타낸다. Adizes(1979)는 'Go-Go Organization Stage'라고 부른다.

성숙기는 매출액이 향상되고 혁신 빈도는 점차 감소하고 조직이 체계를 잡아가는 시기이다. Quinn & Cameron(1983)은 'Formalization and Control Stage', Scott(1971)은 'Stage 2', Greiner(1972)은 'Direction Stage', Katz & Kahn(1978)는 'Stable Organization Stage', Adizes(1979)는 'Maturity Stage'로 명명한다.

포화기는 다양성과 시장이 확대되는 시기이며, 조직은 시장의 복잡성과 이질화에 대응하기 위해 더욱 부서화된다. Quinn & Cameron(1983)은 'Elaboration of Structure Stage', Scott(1971)은 'Stage 3', Greiner(1972)는 'Coordination Stage'로 부른다.

벤처기업의 성장단계는 학자들 마다 다르게 나타나지만, 일반적으로 4~5단계로 구분할 수 있다. 각 성장단계 사이의 경계를 이루는 핵심경영문제에 따라 성장단계를 구분하고 특징을 정리할 수 있다. 벤처기업의 성장단계를 4개로 구분하는 경우는 그 단계를 ① 창업단계, ② 상업화단계, ③ 성장단계, ④ 성숙단계로 구분하며, 5개로 구분하는 경우는 그 단계를 ① 창업기, ② 초기성장기, ③ 정체기, ④ 고도성장기, ⑤ 성숙기로 구분한다.

1) 4단계 성장단계 구분과 특성

① **창업단계**: 생존 단계로서 기업을 창업하고 제품을 개발하는 단계, 창업 후 2년 이내의 기업
② **상업화단계**: 초기 성장기로서 위기단계와 성공단계의 범주를 포함하며, 제품생산과 매출이 발생하고, 기업 관리상 위기와 시장 성장에 주력하는 단계, 창업 후 4년 이내의 기업
③ **성장단계**: 제품다각화와 시장매출이 급증하는 단계로서 주식시장에 상장

하기 전인 4~8년 이내의 기업

④ **성숙단계**: 중견기업으로서 기업 경영이 안정화되고 주식시장에도 상장된 단계, 창업 후 8년 이상의 기업

2) 5단계 성장단계 구분과 특성

① **창업기**: 창업하여 경영을 시작한 단계로서, 제품과 서비스를 개발하는 단계, 구분 기준은 창업 여부
② **초기성장기**: 자사 최초의 대표 제품과 서비스를 출시하여 매출이 발생하는 단계, 구분 기분은 첫 제품 출시 여부
③ **정체기**: 뚜렷한 매출 성과 향상 없이 기업활동이 다소 정체된 재도약 준비 단계, 구분 기준은 매출 정체 여부
④ **고도성장기**: 후속 신규 제품과 서비스를 출시하여 매출이 증가하고 제품 다각화가 이루어진 단계, 구분 기준은 후속 제품 출시 여부
⑤ **성숙기**: 일반 중견기업으로 안정화되고 주식시장에도 상장된 단계, 구분 기준은 상장 및 안정화 여부

9 벤처기업 성장통에 관한 특성

벤처기업이 사업을 시작한 이후부터 일정 단계까지 성장하는 동안 벤처기업이 겪는 독특한 성장통이 존재한다. 이런 성장통에 영향을 미치는 요인들로 경영자의 업무능력, 경영자 리더십, 조직 구조적 특성, 조직 문화적 특성이 있다.

경영자의 업무능력은 성장통을 오히려 악화시키는 것으로 알려져 있는데, 경영자의 탁월한 업무능력을 기반으로 성장했더라도 일정 수준의 성장 단계에 도달한 이후에도 경영자의 업무능력에만 의존하는 것은 성장통을 악화시키는 결

과를 가져온다. 이는 벤처기업이 성장할수록 경영자는 기존의 업무 스타일을 유지하는 것보다 효율적인 관리시스템을 구축하는 것이 유리함을 의미한다.

벤처기업이 성장함에 따라 경영자의 리더십도 변화할 필요가 있다. 벤처기업 초기에는 도전적이고 위험을 감수하는 리더십이 조직이 겪는 불확실한 상황들을 과감하고 유연하게 대처할 수 있도록 해준다면, 이 후에는 기업의 성장 단계에 맞는 변화된 비전과 목표를 조직 구성원들에게 제시할 수 있어야 한다.

조직 구조적 측면에서 성장 단계에 따라 조직 구조를 적정하게 편제하고, 업무분장의 구분이 필요하며 새로운 과제나 업무에 유연하게 대응할 수 있는 구조가 필요하다.

조직 문화 측면에서는 벤처기업 초기에는 기술 또는 제품 지향적 문화를 강조하는 반면, 기업이 성장할수록 고객 지향적 조직 문화로의 이행이 필요하며, 조직 구성원들이 책임감과 적극성을 유지할 수 있는 문화가 성장통을 줄여준다.

표 3-1 벤처기업이 겪는 성장통 측정 항목

연구자	성장통 항목
Flamholtz & Randle(2012)	- 직원들이 하루로는 시간이 모자란다고 느낀다 - 예상치 못한 급한 일에 시간을 많이 빼앗긴다 - 대부분의 직원들은 다른 직원이 하는 일에 대해서 알지 못한다 - 직원들이 기업의 궁극적인 목표를 모른다 - 좋은 관리자를 찾아보기 힘들다 - 혼자 해야만 일을 제대로 처리할 수 있다고 생각하는 직원이 많다 - 회의는 시간낭비라고 생각하는 직원이 많다 - 계획을 세우는 경우가 드물며, 세운다 해도 사후 관리가 안되어 방치되는 경우가 많다 - 회사 내에서의 자리에 불안을 느끼는 직원이 많다 - 매출은 계속해서 증가하는데 이윤은 그것을 따라가지 못한다
김병년, 양동우(2014)	- 회사를 그만두고 싶다는 생각이나 말을 자주 한다 - 회사규정이나 운영방안 등에 불만이 많다 - 신입사원인 경우 충분한 교육 없이 혼자 업무를 파악하고 회사에 적응한다

자료: 김병년·양동우(2014) 재인용

벤처기업이 성장하는 동안 조직 구성원들이 겪는 성장통들은 [표 3-1]과 같다.

10 재무적 특성

벤처기업은 상대적으로 이익잉여금이 적기 때문에 일반 기업에 비해 낮은 기업유보율을 보이며, 부채비율도 높게 나타난다. 이는 기업 소유와 경영의 분리가 잘 이루어지지 않은 특성과 내부자와 외부자간에 소유정보가 다른 것이 원인으로 보인다. 또한, 일반기업 대비 매출액 증가율은 높은 경향을 보이지만, 순이익 증가율 측면에서는 유의미한 변화를 나타내지 못하는 경향도 존재한다.

11 벤처기업 수명주기단계별 영향력 요인에 관한 특성

벤처기업 역시 선행연구의 성장단계 별로 상이한 특성을 가지며, 각 수명주기단계별로 벤처기업 경쟁력에 영향을 미치는 요인들도 상이한 것으로 알려져 있다. 박다인·박찬희(2018)의 연구에서 제시한 벤처기업의 수명주기단계에 따라 벤처기업 경쟁력과 경영성과에 영향을 미치는 요인들을 살펴보면 다음과 같다.

※ 벤처기업 경쟁력 구성 요인: 기술, 가격, 디자인, 품질 경쟁력으로 이루어진 경쟁력
※ 벤처기업 경영성과 구성 요인: 기업의 매출액

1) 창업기

- **기업경쟁력에 영향을 미치는 변수:** 벤처캐피탈의 도움
- **기업성과에 영향을 미치는 변수:** 타기관과의 협력 정도(대학, 정부, 국가연구기관, 타 중소벤처기업과 협력), 벤처확인제도의 효과(창업 활성화 촉진, 세제

혜택 등의 효과)

2) 초기성장기

- **기업경쟁력에 영향을 미치는 변수**: 벤처확인제도의 효과(창업 활성화 촉진, 세제 혜택 등의 효과)
- **기업성과에 영향을 미치는 변수**: 벤처확인제도의 효과(창업 활성화 촉진, 세제 혜택 등의 효과), 기업경쟁력 변수

3) 고도성장기

- **기업경쟁력에 영향을 미치는 변수**: 타기관과의 협력 정도(대학, 정부, 국가연구기관, 타 중소벤처기업과 협력), 벤처확인제도의 효과(창업 활성화 촉진, 세제 혜택 등의 효과), 벤처캐피탈
- **기업성과에 영향을 미치는 변수**: 타기관과의 협력 정도(대학, 정부, 국가연구기관, 타 중소벤처기업과 협력), 기업경쟁력 변수

4) 성숙기

- **기업경쟁력에 영향을 미치는 변수**: 타기관과의 협력 정도(대학, 정부, 국가연구기관, 타 중소벤처기업과 협력), 벤처확인제도의 효과(창업 활성화 촉진, 세제 혜택 등의 효과), 벤처캐피탈
- **기업성과에 영향을 미치는 변수**: 타기관과의 협력 정도(대학, 정부, 국가연구기관, 타 중소벤처기업과 협력), 기업경쟁력 변수

5) 쇠퇴기

- **기업경쟁력에 영향을 미치는 변수**: 타기관과의 협력 정도(대학, 정부, 국가연구기관, 타 중소벤처기업과 협력)
- **기업성과에 영향을 미치는 변수**: 유의미한 영향을 미치는 변수 없음

1 벤처기업의 중요성

벤처기업은 혁신적인 아이디어와 전문적인 지식을 지닌 소수의 개인이 만든 기업이며, 위험 부담에 비례하여 기대 이익이 높아져 모험 정신이 높은 투자가에 의해 자본을 제공받는 기업으로 중소기업 범위에 포함된다(노두환·황경호·박호영, 2017; 이호·장석인, 2018; Wallsten, 2000; McDougall, Robinson, & Denisi, 1992). 중소기업은 대기업에 비해 규모적인 면에서는 작으나, 전체적인 측면에서는 국가 경제에서 차지하는 비중이 대기업에 비하여 훨씬 높다고 할 수 있다(Leiponen & Helfat, 2010). 이에, 본 연구에서는 중소기업의 관점에서 벤처기업의 중요성을 살펴보고자 한다.

첫째, 중소기업은 고용기회(Employment Opportunities)를 창출한다. 중소기업은 일자리 창출의 핵심적 역할을 수행하고 있다. 대기업과는 다르게 중소기업은 노동집약적인 특성을 띄고 있어 고용창출능력(Job Creation Ability)이 높을 뿐만 아니라, 고용창출우위(Job Creation Advantage)를 점하고 있고, 경제성장 및 산업고도화에 기여하고 있다(Shrader, Oviatt, & McDougall, 2000). 지금과 같이 대기업의 규모의 경제 효과가 한계를 보인 상황에서 중소기업은 경제구조의 건전성과 활력을 더하면서 산업경쟁력의 다양성 제고에 큰 기여를 하고 있다.

둘째, 중소기업은 기술혁신(Technology Innovation)에 기여한다. 중소기업은 자금, 인력, 규모 등에 있어서 대기업에 비해 역량이 부족하지만, 민첩성(Agility), 창의성(Creativity), 유연성(Flexbility) 등의 장점을 가지고 있어 변화하는 시장 환경에 빠르게 적응할 수 있다는 장점이 있다(박성호·양동우, 2015; Sandberg & Hofer, 1987). 특히, 중소기업은 대기업에 비해 수요자와 보다 가깝게 거리를 유지할 수 있으므로 시장수요와 기술변화에 빠르게 대응이 가능하고, 새로운 산업을 개척하므로 기술혁신의 효율성(Efficiency) 및 효과성(Effectiveness)을 극대화할 수 있다(이병헌, 2005; Shrader et al., 2000).

셋째, 중소기업은 소비자 선택의 다양화(Diversification of Consumer Choices)에 기여하고 있다. 소비자 욕구가 다양하게 변화하고 있는 추세에 따라 중소기업은 이러한 변화에 부응하여 다품종소량생산 시대로 이행하고 있다. 이러한 상황에서 중소기업은 효율적으로 상품과 서비스를 제공할 뿐만 아니라 소비자에게 제공하는 상품과 서비스의 종류를 풍부하게 하여 소비생활의 질 향상에 기여한다. 즉, 중소기업은 제품과 용역의 다양화로 소비자 선택의 기회를 확대하는 역할을 수행하게 된다(이상천·배성문·고봉상, 2008; 박성호·양동우, 2015).

넷째, 중소기업은 지역경제와 균형발전(regional economy and balanced development)에 기여한다. 중소기업은 생산, 고용, 소득, 기술의 창출에서 지역경제의 주도적인 역할을 담당함으로써 지역경제의 발전과 지역 간 불균형 성장(unbalanced growth)을 완화하는 데에 기여를 하고 있다. 특히, 각 지역의 특성에 맞는 특산물을 개발한다거나 지역의 전통적인 기술을 발전시키는 등 지방 경제 활성화에 이바지할 수 있다(Leiponen & Helfat, 2010).

마지막으로, 중소기업은 국제수지 개선에 기여한다. 전문화된 중소기업은 부품이나 중간재의 국산화를 가능하게 함으로써 기업환경 변화에 따른 충격을 최소화하여 수입유발적인 산업구조를 시정할 수 있다. 뿐만 아니라, 중소기업은 국제 분업과 협력(international division of labor and cooperation)을 촉진시킴으로써 수출증대를 가능하게 한다(이병헌, 2005; 송치승·박재필, 2013).

2 벤처기업의 역할

4차 산업혁명이 시작됨에 따라, 국민경제와 산업경제의 지속적 발전을 기하기 위해서는 산업구조의 고도화가 요구되고 있다(김형철, 2011; McDougall et al., 1992). 21세기 지식을 기반으로 한 디지털 시대에서는 벤처기업과 같은 특성을 지닌 기업에게 알맞은 환경이 조성됨으로써 벤처기업이 국가 산업구조의 근간이 되었다(고봉상·용세중·이상천, 2003). 벤처산업은 국가기술 혁신체계를 강화하여 궁극적으로 기술혁신을 통한 생산성 향상과 산업구조 고도화를 유도하고 이를 통해 국가 경쟁력 강화에 기여한다.

벤처기업은 급속한 환경변화에 신속하게 적응하므로 산업구조의 고도화를 선도할 수 있으며, 벤처기업이 주로 활동하는 분야 또한 정보 기술을 활용하는 기술집약적 하이테크 분야가 주종을 이룬다(강원진·이병헌·오왕근, 2012; 노두환·황경호·박호영, 2017). 예를 들면, 소프트웨어, 정보통신, 바이오, 환경 등 차세대 산업으로 각광받는 분야에서 주로 벤처기업이 활발하게 활동함에 따라 지식경제시대에 적합한 산업구조의 고도화를 선도하고 있다고 할 수 있다. 또한 벤처기업은 기존 산업의 R&D 투자 비율에 비해 평균 30%가 넘는 높은 R&D 투자를 통해 기술집약산업을 발전시키고 있다(Leiponen & Helfat, 2010).

한편, 균형적 산업발전을 위해서는 벤처기업과 대기업 간의 관계를 적대적인 경쟁관계로 보기 보다는 협력적 보완 관계로 발전시켜 나갈 필요가 있다. 벤처기업의 발전은 벤처캐피탈을 비롯해 금융부문의 확대와 전체 자본시장의 발전을 가져오며, 선진 금융시스템의 발전을 촉진하는 동시에 기술과 아이디어를 기업경쟁력의 원천으로 삼고 있다. 따라서 기존 부동산이나 물적담보를 요구하던

금융기관의 관행을 깨뜨리고 성장가능성을 염두하여 미래 가치에 따른 투자 분위기를 조성함으로써 선진 금융시스템의 발전을 촉진한다(Wallsten, 2000).

벤처기업은 신규고용창출 및 전직 인력의 흡수에 대해 대기업이나 기존의 중소기업에 비해 고용창출효과가 크게 나타나는데, 특히 고부가가치 분야에서 성장률이 높고 아웃소싱을 통한 관련 산업의 파급효과가 크며, 새로운 관련 분야의 시장 수요를 증대시키므로 장기적인 관점에서 보면, 대기업보다 고용 유발 효과가 클 것으로 생각된다(David, Hall, & Toole, 2000). 이처럼 벤처기업의 고용 창출 효과는 양적인 고용비 비중 증대에 못지않게 질적인 고용 구조의 변화측면에서도 평가받을 수 있다. 예를 들면, 능력 위주의 인재 활용이라는 벤처기업 문화의 특성에 따라 경쟁력을 갖춘 인재를 요구하고 있으며, 벤처문화가 대기업 부문으로 파급되어 최근에는 대기업도 과거의 연공서열식 직급을 폐지 또는 축소하고 있고, 우수인력을 확보하거나 유지하기 위해 능력 위주의 풍토와 업적에 따라 성과 보상이 늘고 있다(Shrader et al., 2000). 이처럼 벤처기업은 기술집약산업을 발전시키고 있을 뿐만 아니라, 선진 금융시스템 발전을 촉진하는 등 다양한 역할을 하고 있다.

한편, 국내 시장 규모가 작고, 경쟁도가 높은 한국은 장기적인 생존과 지속가능한 성장을 위해서 해외 진출이 필수적이다. 그러나 해외시장에서 경쟁우위를 확보하기 위해서는 벤처기업의 역량이 중요한데, 대표적으로 마케팅 역량, 기술혁신 역량, 국제화, R&D 협력, 신제품 개발 성과, 외부협력, 네트워크 역량 등이 있다.

1) 마케팅 역량

마케팅 역량은 기업이 지식, 숙련 기술 및 자원을 결합하여 이를 시장의 니즈에 적용하고 상품 또는 서비스에 가치를 부여하는 역량으로 정의되며(Day,

1994), 중소벤처기업이 창업한 이후 시장에서 성공할 확률을 높이는 중요한 요인이라 할 수 있다(Yi, Lee, & Ji, 2014). 관련 선행연구(Hooley, Saunders, & Piercy, 1998)에서는 기업 간 경쟁에 있어 다른 조건들이 동일할 경우 우수한 마케팅 역량을 보유한 기업이 그렇지 않은 기업에 비해 더 높은 국제화 성과를 달성한다는 것을 밝혔다. 또한, 국내 선행연구(Yun & Kim, 2009)를 살펴보면, 해외에 진출한 한국의 중소벤처기업들의 경우, 마케팅 역량이 시장점유율, 글로벌화 정도, 재무적 성과에 긍정적인 영향을 미치는 것으로 나타났다.

2) 기술혁신역량

기술혁신역량은 R&D를 포함하는 개념으로 조직이 경쟁 우위를 유지하고 획득하기 위한 기업의 능력을 강화할 수 있는 지식 창출과 활용을 포함하는 역량으로 정의된다(Suh, Ryu, & Park, 2012). 기술력을 기반으로 한 혁신을 통해 경쟁 우위를 창출하는 벤처기업에 기술혁신역량은 성공을 위한 필수적인 역량이며, 기술혁신역량을 확보하기 위해서는 적극적인 연구개발 활동이 수반되어야 한다 (Zahra, 1996; Hyun, Lee, & Lee, 2013). 구체적으로 기업 고유의 내부 자원과 역량이 독립 벤처기업의 R&D에 중요한 영향을 미친다는 것을 밝힌 연구(Zahra, 1996)가 있다.

혁신과 지식, 역량은 벤처기업의 전략과 성과에 있어 핵심 주제이다(Knight & Cavusgil, 2004; Tsai, 2004). 벤처기업은 경쟁기업보다 빠르게 신기술을 개발하거나 외부로부터의 신기술을 도입하여 신제품이나 새로운 서비스로 사업화할 수 있는 기술 및 서비스 사업화 역량이 필요하다. 이러한 혁신 역량은 기존 대기업이나 중소기업보다 태생적으로 혁신지향성을 갖는 벤처기업의 경쟁 우위와 본원적인 경쟁력을 결정하는 중요한 요소이다(Knight & Cavusgil, 2004; 최종열, 2015).

혁신 역량은 기업의 지식, 기술, 인력, 자금이나 네트워크 등을 결합하여 새로운 아이디어를 제품, 서비스, 프로세스 등에 도입하여 적용시키는 역량이다 (Azar & Ciabuschi, 2017; Camison & Villar-Lopez, 2014). 이러한 혁신 역량은 비즈니스 가치사슬관점에서 연구개발역량, 자원배분역량, 생산역량, 마케팅역량, 전략계획역량, 학습역량과 조직역량 등으로 유형화할 수 있다(Guan et al., 2006; Wang, Lu, & Chen, 2008). 관련 선행연구(최종열, 2015)에서는 혁신 역량을 세부적으로 연구개발능력, 생산능력, 마케팅능력, 전략계획능력, 학습능력, 조직관리능력, 자원배분능력으로 유형화하고 혁신 활동을 위한 외부 협력을 크게 정보 탐색과 기술개발협력으로 구분한 후, 이를 기반으로 벤처기업의 혁신 역량과 외부 협력이 기술혁신성과에 대한 유의한 영향을 실증적으로 규명하였다.

기업의 혁신 역량 중에서도 기술혁신은 새로운 제품이나 서비스를 개발하거나 제조공정을 개선하는 것을 의미하는데, 박근호(2007)는 중소벤처기업을 대상으로 한 연구에서 벤처기업의 신속한 해외시장진출에 가장 큰 영향을 미치는 것이 기술적 역량이라고 제시하였다. 또 다른 연구(McEvily, Eisenhardt, & Prescott, 2004)에서는 지식경영관점에서 기술혁신역량이 기술지식을 습득하고 활용하는 것뿐만 아니라, 지적재산권 보호, 전략적인 정보공유, 인적자원의 보유 등으로 경쟁자와 지속적인 차별화를 강화하는 과정도 포함된다고 주장하였다. 기술혁신역량은 통상적으로 경쟁자들이 쉽게 모방하기 어려운 무형자산(Intangible asset)으로 제품이나 공정의 가치 있는 성과를 제고할 수 있는 역량이며, 기술혁신에 의한 경쟁우위는 높은 수준의 인과적 모호성(casual ambiguity)을 가진다(Coombs & Bierly, 2006). 지식경영관점에서 보면, 기술혁신역량은 기업이 경쟁우위를 위해 다양한 형태의 학습을 통해 이루어지며, 이는 내부의 연구개발 활동과 함께 외부의 협업과정을 통해 지식을 습득 및 학습하므로 이는 주로 암묵적 지식(Tacit knowledge)의 속성을 가진다(Belderbos, Carree, & Lokshin, 2004; Flor & Oltra, 2005; Liao, Fei, & Chen, 2007).

기술혁신역량의 정의와 범위에 대한 주요 선행연구는 광의의 시각에서 혁신

역량과 유사하거나 기술혁신역량을 혁신 역량에 포함하여 가치사슬관점의 주요 기능으로 접근, 제품과 공정 혁신으로 분류하거나 또는 연구개발이나 특허 영향도 지수 등을 포함한 기술혁신역량으로 접근하는 등 연구자 관점에서 다양하게 접근함을 이해할 수 있다.

혁신 역량을 광의적 관점에서 살펴본 연구(Guan et al., 2006; Wang et al., 2008)에서는 가치사슬 프로세스 차원의 다차원적 활동으로 체계적으로 인식하고 기술혁신역량을 연구개발역량, 혁신결정역량, 마케팅역량, 제조역량 및 자본역량의 5가지 역량을 토대로 평가하였다. 또 다른 연구(이유림·정재은·정소원, 2017)에서는 국내 수출중소기업을 대상으로 기술혁신역량을 제품혁신역량과 공정혁신역량으로 구분하여 접근하여 국제화 성과에 미치는 영향을 규명하였다. 한편 Coombs & Bierly(2006)은 기술혁신역량을 자원기반, 동적역량 및 지식경영관점에서 연구개발, 특허, 기술영향지수, 기술주기, 기술연계 등으로 제시하고 경영성과에 미치는 영향을 규명하였다. 동적역량관점에서 기술혁신역량을 살펴본 이유는 기업이 보유한 내부자원을 효과적으로 결합, 재구성하는 동적역량을 갖추고 있다면, 빠르게 변화하는 시장 환경에 적극적으로 대응할 수 있을 뿐만 아니라 경쟁사가 쉽게 모방할 수 없는 가치를 창출하여 시장에서 경쟁우위를 확보할 수 있기 때문이다(Teece et al., 1997; Zaidi & Othman, 2014).

최근 개방형 혁신이 확대됨에 따라 기업은 다양한 외부와의 협업을 통해 지식을 습득하여 혁신 원천을 확보하고 이를 활용할 수 있는 역량을 강화하여 지속적이고 창의적인 혁신을 이루어내야 한다(Blomqvist & Levy, 2006). 일반적으로 벤처기업은 규모가 작고 내부보유자원과 역량이 취약하므로 외부 조직과의 협업을 통해 혁신 성과를 높일 수 있다(Baum, Calabrese, Silverman, 2000; Rosenbusch, Brinckmann, & Bausch, 2011). 실제 관련 연구(최종열, 2015)에서는 벤처기업이 협력적 혁신을 통해 제품 개발 성과를 높이고 개발된 기술을 자산화하여 시장을 선도함으로써 기술혁신성과에 영향을 미치는 것으로 나타났는데, 이때 기업이 대학이나 연구소 등과의 상호협력이 유의미한 관계인 것으로 나타났다. 이처럼 벤처기업의 외부 협력은 대상, 협력 내용, 외부자원 활용수준에 따라 기술혁신성과에 대한 영향에도 차이가 있으므로 내부 기술개발 역량을 포함한 혁신 역량이 높은 기업이 기술개발 협력을 이끌어야 한다. 혁신 역량의 결과로 나타나는 혁신적인 제품은 고객들에게 보다 매력적으로 보이므로 시장에서 경쟁 우위를 확보할 수 있고, 이는 혁신 성과로 이어져 높은 수익 창출로 이어진다(Camison & Lopez, 2010).

3) 국제화

기업의 국제화는 수출, 라이센싱, 해외직접투자 등 다양한 해외진출활동을 단계적으로 수행함으로써 경영활동의 지리적 범위가 국경을 넘어 대상 국가로 확대되는 것이다(Johanson & Vahlne, 1977). 벤처기업이 국제화가 되기 위해서는 연구개발이나 기술특허 등의 전략적 자산이 중요할 뿐만 아니라, 이러한 전략적 자산은 독점적 우위요소로서 벤처기업의 국제화 성과에 직접적인 영향을 미친다(Knight & Cavusgil, 2004).

벤처기업은 국내 시장의 한계를 극복하고자 핵심역량을 토대로 해외시장진출을 적극적으로 추진해오고 있다. 기업의 국제화 수준이 증가한다는 것은 우선 해외 시장에 대한 핵심적인 자원의 투입, 즉 전략적 몰입(strategic commitment)의 강도가 높아진다는 것으로 이를 통해 해외시장에서의 경영성과 비중이 높아지거나 진출하는 국가의 범위가 증가함을 의미한다(김정포, 2015; 임재오·윤현덕, 2013; Knight & Cavusgil, 2004).

벤처기업은 대기업에 비해 규모가 작지만, 신생기업의 열위 또는 비용(liability of newness)을 첨단기술로 무장한 경쟁 우위로 극복하여 현지시장에 진입함으로써 선도자의 우위(First mover advantage)의 포지션을 구축할 수 있다(조대우

·제혜금·임성범, 2009). 특히 첨단기술형 벤처기업은 연구중심형 조직을 바탕으로 연구개발투자나 전문인력을 통한 기술혁신역량이 차별적 경쟁우위를 확보하고 유지하는 데 있어 중요한 역할을 할 것이다. 기술혁신역량은 경쟁우위를 창출하는 기술자원으로서 해외시장에 진출하기 위해 높은 경쟁력을 갖추는 데 필수적이므로 기술기반 기업의 국제화에 기술혁신역량은 중요한 역할을 수행한다 (Lawson & Samson, 2001; Welter, Bosse, & Alvarez, 2013).

4) R&D 협력

산업기술진흥협회에 따르면 R&D 협력은 기업, 대학 등 둘 이상의 연구 개발 수행 주체들이 상호 간에 보유하고 있는 자원을 공동으로 활용하여 기술적 지식을 구체화하고 결과물을 창출하는 활동이다. 이를 통해 기업은 내부적으로 수행해온 R&D 활동을 조직외부로 확장하여, 필요한 보완 자산에 대한 접근과 점유를 확보할 수 있다(Blomqvist, Hurmelinna, & Seppanen, 2005). R&D 협력에 관한 선행연구는 크게 협력동기를 규명하는 연구와 협력─성과 간의 영향 관계를 살펴보는 연구로 구분된다. 우선, 협력동기는 산업조직, 거래비용, 자원기반관점의 이론으로 설명되는데, 산업조직이론에서는 산업 주체 간 지식과 정보의 비대칭성을 해소하기 위해 협력 관계가 형성된다고 설명하고 있다(Czarnitzki, Ebersberger, & Fier, 2007). 거래비용이론에서는 R&D 협력을 기술혁신에 따른 위험과 정보수집 및 지식축적을 위한 비용을 파트너와 분담하기 위한 전략으로 파악한다(Tripsas, Schrader, & Sobrero, 1995). 마지막으로, 자원기반관점에서는 기업 간 특수자원(interfirm─specific resources)을 개발하여 경쟁우위를 확보하기 위한 목적으로 R&D 협력이 형성된다고 설명하고 있다(Todeva & Knoke, 2005). 기업이 자체적으로 확보하기 어려운 기술자원이 경쟁우위의 원천이 될 경우, 외부주체와의 협력을 통해 해당 기술을 신속히 개발할 수 있기 때문이다.

전문 기술과 지식의 상업적 활용을 추구하는 벤처기업의 경우, 외부자원의 접근과 조달을 통해 혁신활동의 범위를 확대하기 위한 목적으로 R&D 협력에 참여한다. 자원 투입량이 높은 대기업과 달리, 벤처기업은 제한된 자원을 집중하여 특정 기술 영역에서 핵심 역량을 유지하기 위해 R&D 협력을 활용할 필요가 있다(Narula, 2004). 뿐만 아니라, R&D 협력에 관한 여러 선행연구(Ahuja, 2000; Becker & Dietz, 2004)를 살펴보면, R&D 협력 범위가 넓은 기업일수록 특허 및 혁신 활동을 강화되며, R&D 협력이 연구개발 투자집중도, 생산성, 신제품 개발과 제품 혁신성에 긍정적인 영향을 미치는 것을 확인하였다. 이 외에도 R&D 협력이 제품 혁신을 강화시키고, 기업 생산성을 증가시켜 신제품/서비스의 신속한 출시와 기능 개선에 기여한다는 것을 발견하였다(Arvanitis, 2012; Un, Cuervo-Cazurra, & Asakawa, 2010). 이에 따라, 해당 자원을 보유한 외부 주체와의 R&D 협력을 통한 자원 공유는 그 어느 때보다 중요한 기술혁신전략으로 인식되고 있다.

그러나 협력파트너 간 사회적 요소에 대한 이해가 결여된 상황에서 벤처기업의 R&D 협력은 기회주의, 무임승차, 기술유출 및 부정행위 등의 위험에 노출되어 있다(Blomqvist et al., 2005; Hurmelinna et al., 2005; Omta and van Rossum, 1999). 이는 높은 협상·감시·거래비용으로 연결되어 재무적 부담을 야기하며 기대된 협력성과의 달성을 어렵게 만든다(Tripsas et al., 1995). 즉, R&D 협력과 같이 지식 교환이 수반되는 전략적 제휴에서 협력 주체 간 사회적 요인은 성과 창출의 핵심 요인이다. 이러한 사회적 요인에는 협력 주체 간 연결 강도, 상호 신뢰와 이해 형성, 협력 규범의 설정 및 공동 목표에 대한 가치/비전의 공유 등과 같은 다양한 요인이 포함된다(Adler & Kwon, 2002; Yli-Renko, Autio, & Sapienza, 2001). 이러한 사회적 요소가 강화된다면, R&D 협력의 단점을 충분히 억제할 수 있다(Omta & van Rossum, 1999). 뿐만 아니라, 자신의 이익만을 추구하기 위해 R&D 협력 관계를 악용하려는 기회주의적 행동을 억제하기 위해서는 R&D 협력에서 협력 주체 간 신뢰가 강화될 필요가 있다(Blomqvist et al., 2005; Bogers, 2011; Hurmelinna et al., 2005).

5) 신제품 개발 성과

신제품 개발 성과는 기업의 기술기획 활동이 경영성과로 이어지기 위한 수단이라 할 수 있다. 신제품개발의 성과는 신제품의 기술적 부분과 제품개발 부분 등으로 나눌 수 있다. 기업성과의 서로 다른 특성을 나타내는 성과 척도에 대한 요인 분석을 통하여 독립적인 성과 차원을 도출하면 크게 3가지로 구분된다. 첫째, 신제품의 기업 전체에 대한 영향도, 둘째, 신제품 개발 과제의 성공률, 셋째, 목표나 경쟁사 대비 상대적 성과가 있다(Cooper, 1984). 이와 같은 신제품 개발로 인한 성과는 벤처기업의 수입 증대와 직접적으로 연결되며, 이는 다시 중소벤처 기업의 생존 및 지속적인 성장에 기여한다.

신제품 개발 과정에서의 성과는 특정 신제품에 대한 개발 프로젝트가 얼마나 효율적이고 효과적으로 실행이 되었는지 측정하는 것으로, 신제품 개발기간(speed to market), 신제품의 혁신성(new product innovativeness), 신제품의 품질, 신제품 개발비용과 같은 변수들을 포함한다. 또한, 이러한 신제품 개발 과정과 관련하여, 아이디어의 창출, 예비적인 평가, 개념의 설계, 개발, 시장시험, 예비적 출하, 시장출하의 7단계를 포함한다(Cooper, 1984).

신제품 개발과정에서의 제품 개발 성과에 미치는 영향을 설명하는 이론적 토대를 기본으로 신제품 개발 과정에서 기업이 가치 있는 지식을 잘 받아들이고, 이를 기업 내부에 효과적으로 전달하여 기업 내부 지식과 잘 통합하여 신제품에 적용할 때, 신제품의 성과가 극대화될 수 있을 것이다(Cui & Wu, 2017).

6) 외부 협력

기업은 문제 해결을 위한 기술 습득을 위해 외부 협력을 한다(Birou et al., 1998). 기업은 외부 기관과의 협력을 통해 기업이 보유한 한정된 내부 자원의 한계를 최소한의 비용으로 극복할 수 있다. 외부 협력은 외부 유관 기관으로부터 기술 혁신 관련 정보를 활용하는 외부 지식 탐색 활동과 다양한 외부 협력 기관 들과 기술 개발 업무를 협력하여 수행하는 기술 개발 협력 활동으로 구분할 수 있다.

외부 지식 탐색 전략은 혁신 성과에 영향을 미친다(Laursen & Salter, 2006). 외부지식 탐색 전략과 기술 혁신성과의 관계를 분석한 연구(Frenz & Ietto-Gillies, 2009; Grimpe & Sofka, 2009; Leiponen & Helfat, 2010)를 살펴보면, 외부 지식 탐색이 새롭게 출시된 제품 또는 서비스에 미치는 영향에 중점을 두었다. 나아가 외부 지식 탐색 활동은 기업에 신규 도입된 시스템, 정책, 프로그램 등 조직 및 공정 혁신 등을 모두 포함한다(Damanpour, 1991; Damanpour & Evan, 1984; Zaltman et al., 1973). 외부 지식 탐색 수준은 다양성과 깊이로 측정하고, 광범위하고 깊이 있 는 외부 지식 탐색이 기업의 혁신 성과에 긍정적인 영향을 미친다(Laursen & Salter, 2006).

깊이 있는 외부 지식 탐색은 급진적 혁신 성과에 긍정적인 영향을 미치며, 광범위한 외부 지식 탐색은 점진적인 혁신 성과에 효과적이다(Chiang & Hung, 2010). 공급업체 및 대학과 같은 기술 원천의 탐색은 첨단 산업군의 혁신 성과에, 수요 고객 및 경쟁자와 같은 시장 원천의 탐색은 비첨단 산업군의 혁신 성과에 긍정적인 영향을 미치는 것으로 나타났다(Grimpe & Sofka, 2009). 기업의 내·외부 지식 원천은 혁신 성과에 긍정적인 영향을 미치며, 그룹 계열사로부터의 지식 탐 색은 그룹 계열사의 수가 많을수록 혁신 성과에 효과적이다(Frenz & Ietto-Gillies, 2009). 또한 외부 지식 탐색의 범위가 넓고 혁신 대상의 수가 많을수록 혁신 성과 가 높다(Leiponen & Helfat, 2010). 한편 기술개발 협력은 기술구매, 공동연구개발, 위탁연구개발, 합작기업설립, M&A, 벤처투자, 연구컨소시엄 참여 및 사용자 혁 신 등 다양한 활동을 통해 이루어진다(Laursen & Salter, 2006). 이처럼 다양하고 성 공적인 기술 개발 협력 활동을 통해 기술 혁신 성과를 거둘 수 있다. 일반적으로 내부 자원의 활용을 통해 혁신 성과를 도출하기 위해서는 상당 기간 동안의 지속적인 투자가 필요하다. 그러나 벤처기업은 규모가 작고 내부 자원이 취약해 그 활용에 한계가 있어 외부 조직과의 협력을 통해 혁신 성과를 높일 수 있다 (Hagedoorn, 1993; Shan, et al., 1994; Baum, et al., 2000).

국내 벤처기업은 외부 협력을 통해 기술 혁신을 촉진시키며(Park & Lee, 2006), 기업가가 적극적으로 외부와 협력할수록 기술 혁신 성과가 높게 나타나고 (Kang et al., 2012), 외부 협력의 규모와 다양성이 높을수록 제품 혁신 성과가 높게 나타난다(Bae & Chung, 1997). 외부 기관과의 기술 개발 협력은 신속한 기술 개발과 함께 혁신적 아이디어 발상 및 사업화를 용이하게 해줄 수 있다. 뿐만 아니라, 시장의 니즈가 적절하게 반영된 기술 및 검증된 기술들을 활용함으로써 기술 개발 실패 위험을 낮추고 비용도 효과적이다.

벤처기업의 외부 협력은 대상, 협력 내용, 외부 자원의 활용에 따라 혁신 성과에 영향을 미치는 것으로 나타났다(Bae & Chung, 1997; Belderbos et al., 2004; Kwon & Kim, 2006). 벤처기업의 외부협력은 기술개발 전문인력 비중, 지적재산권과 기술우수성을 포함하는 기술혁신성과에 영향을 미치고(Seo et al., 2012), 생산집약 및 과학기반산업 기업의 경우 대학이나 연구소와의 협력이 혁신성과에 유의한 긍정적 영향을 끼치는 것으로 나타났다(Hwang et al., 2010). 기업과 기업 간 연구개발협력이 기업과 연구기관 간 협력보다 기술적·경제적 성과가 더 높다 (Yang & Kim, 2010). 경쟁자 및 공급자와의 기술협력은 점진적인 혁신활동과 생산성 향상에 영향을 주며, 대학 및 경쟁자와의 협력은 제품의 매출증대에 영향을 미친다(Belderbos et al., 2004).

외부와의 기술 개발 협력에 있어 지속성을 유지한 기업은 그렇지 않은 기업에 비해 혁신의 참신성이 높고, 단일 자원과의 협력보다는 다양한 자원과의 협력이 더 효과적이며, 경쟁자와의 협력보다는 공급자, 고객, 연구 기관과의 협력이 더 높은 혁신 성과를 창출할 수 있다(Nieto & Santamaria, 2007). 외부 협력이 성공적으로 수행될 때, 투자 규모 및 위험 분산의 효과, 협력을 통한 서로 다른 기술·지식 간 시너지 효과 창출, 신규 시장 진출 및 표준 설정 등을 통해 취약한 내부 자원 능력의 한계를 극복하고, 급변하는 외부 환경에 효과적으로 대응할 수 있다.

7) 네트워크 역량

네트워크이론은 기업 외부자원의 활용에 초점을 두고 있는데, 네트워크역량은 한 기업이 보유하고 있는 네트워크상의 다른 기업들로부터 지식을 흡수, 결합하여 이를 통합하는 역량으로 정의된다(Lorenzo & Lipparini, 1999). 자원과 자본이 부족한 중소벤처기업의 경우, 기업이 가지고 있는 네트워크를 사용하여 새로운 기술 및 시장에 대해 학습할 수 있으며(Chai, Choi, & Huh, 2014), 이를 통해 태생적 한계를 극복하여 보다 신속하고 성공적인 국제화를 이룰 수 있다. 따라서 해외 네트워크 형성 및 활용은 해외시장을 타깃으로 하고 있는 신생 벤처기업의 경우 네트워크역량이 필수적이라고 할 수 있다(Coviello & Munro, 1995; Rasmussen & Madesen, 2002). 또한 기업의 해외 현지 네트워크 보유 여부가 기업의 국제화에 영향을 주며(Coviello & Munro, 1995), 네트워크는 기업의 주관적, 재무적 수출 성과에 긍정적인 영향을 미치는 것으로 나타났다(Yoon, Kwak, & Seo, 2012).

표 3-2 벤처기업의 역량

역할	내용	참고문헌
마케팅 역량	• 다른 조건이 모두 동일할 경우, 우수한 마케팅 역량을 보유한 기업이 그렇지 않은 기업에 비해 더 높은 국제화 성과를 이룸 • 해외에 진출한 한국 중소기업의 경우, 마케팅 역량이 시장점유율, 글로벌화 정도, 재무적 성과에 긍정적인 영향을 미치는 것으로 확인됨	• Hooley, Saunders, & Piercy, 1998 • Yun & Kim, 2009
기술혁신 역량	• 중소 벤처 기업을 대상으로 한 연구에서 벤처기업의 신속한 해외 시장 진출에 가장 큰 영향을 미치는 것은 기술적 역량이라고 밝혀짐 • 기술혁신역량은 경쟁자와 지속적인 차별화를 강화하는 과정 • 기술혁신역량은 빠르게 변화하는 시장 환경에서 경쟁 우위를 확보할 수 있게 할 뿐만 아니라 높은 수익 창출로 이어짐	• 박근호(2007) • McEvily et al., 2004 • Camison & Lopez, 2010; Teece et al., 1997; Zaidi & Othman, 2014
국제화	• 벤처기업의 국제화를 위해서는 연구개발이나 기술특허 등의 전략적 자산이 중요 • 신생기업의 열위 또는 비용을 첨단기술로 무장한 경쟁 우위로 극복하여 현지 시장에 진입함으로써 선도자의 우위 포지션 구축 가능	• 조대우 외, 2009 • Knight & Cavusgil, 2004
R&D 협력	• 벤처기업은 제한된 자원을 집중하여 특정 기술 영역에서 핵심 역량을 유지하기 위해 R&D 협력을 활용할 필요가 있음 • R&D 협력 범위가 넓은 기업일수록 특허 및 혁신 활동이 강화되며, R&D 협력이 연구개발 투자 집중도, 생산성, 신제품 개발, 제품 혁신성에 긍정적인 영향을 미침	• Narula, 2004 • Ahuja 2000; Becker & Dietz, 2004
신제품 개발 성과	• 신제품 개발로 인한 성과는 중소벤처기업의 수입 증대와 직접적으로 연결되며 이는 다시 중소벤처기업의 생존 및 지속적인 성장에 기여	• Cooper, 1984
외부 협력	• 외부 지식 탐색 수준은 기업의 혁신 성과에 긍정적인 영향을 미침 • 벤처기업의 외부 협력은 대상, 협력 내용, 외부 자원의 활용에 따라 혁신 성과에 영향을 미침 • 외부 협력이 성공적으로 수행될 때, 투자 규모 및 위험 분산 효과, 시너지 효과, 신규 시장 진출 등이 가능해짐	• Laursen & Salter, 2006 • Kwon & Kim, 2006
네트워크 역량	• 자원과 자본이 부족한 중소벤처기업의 경우, 기업이 가지고 있는 네트워크를 사용하여 새로운 기술 및 시장에 대해 학습할 수 있음 • 해외 네트워크 형성 및 활용은 해외 시장을 타깃으로 하고 있는 신생 벤처기업에게는 필수적임	• Lorenzo & Lipparini, 1999 • Coviello & Munro, 1995; Rasmussen & Madesen, 2002

③ 벤처기업의 운영 활성화

일반적으로 벤처기업의 인적 자원 부족과 자금 확보의 어려움은 작업 환경 개선과 능력제에 의한 보수 지급, 수평적인 기업 분위기, 적극적인 홍보 등을 통해서 해결할 수 있다. 신생 벤처기업일수록 작업 환경이나 근무 여건 등은 아주 열악한 편이고, 보수 또한 기업의 자금 사정에 따라 유동적으로 지급되는 경우가 없지 않다. 그러므로 작업 환경이나 근무 여건 등을 개선하고, 보수의 능력과 실적에 따른 차등 지급, 가족과 같은 기업 분위기 조성 등은 조직 구성원의 이직을 방지할 수 있다. 또한 지속적인 채용 박람회나 전시회 등을 통해 기업을 꾸준히 홍보함으로써 아직 발굴되지 않은 고급 인력을 개발하고 유치할 필요가 있다(황혜란·김경근·정형권, 2015; Shrader et al., 2000).

자금 확보에서 어려움을 겪을 때는 외형적인 성장보다는 내적인 성장에 치중해서 성장 가능성과 미래에 대한 증거를 제시하여 신뢰감을 구축함과 동시에 일반 투자자들과 기관 투자자들의 투자를 유치하는 등 적극적인 벤처캐피탈로의 투자 활성화를 유도해야 한다. 또한, 투명한 경영을 통해 입수된 자금에 대한 출처와 사용 내역을 분명히 밝히는 것도 투자자들의 신뢰도를 확보할 수 있을 것이다(이병헌, 2005).

경쟁력과 수익 모델의 부재와 CEO의 도덕적 해이에 대한 해결방안의 경우, 경쟁력 구축이 중요하며, 이것은 기업만의 특화된 기술을 가지는 것일 뿐만 아니라, 현재 상황에 만족하지 않고 지속적인 연구개발을 실시하여 국내 시장뿐 아니라 해외 시장으로의 진출을 모색함으로써 해결할 수 있을 것이다(O'Regan et al., 2006).

한편, 수익 모델이 부재할 경우, 일반적으로 사람들은 벤처 기업에 있어 기술만을 중시할 뿐 그 외의 마케팅이나 영업 등을 등한시하는 경우가 있는데, 이러한 경우에는 새로운 기술을 바탕으로 한 제품을 개발하더라도 판매망이 확보되지 않거나 인지도가 낮다면 판매는 힘들어진다. 또한, 기술 그 자체를 통해 수익을 올리기보다는 그 기술을 활용하여 수익을 올리는 것이 바람직하다. 그러므로 벤처기업은 연구나 개발도 중요하지만 그 외의 요소들, 예를 들면, 마케팅이나 영업, 판매망 확보, 다양한 수익 모델 등과 같은 분야에도 관심을 가질 필요가 있다(이병헌, 2005; McDougall et al., 1992).

벤처기업 현황

1 벤처기업 수와 종사자 현황

국내 벤처기업은 2021년 말 기준 전체 벤처확인 기업인 38,319개사에서 휴·폐업 등으로 확인된 633개사를 제외하면 총 37,686개사가 존재한다. 2021년 말 기준으로 약 3.7만개의 벤처기업에서 고용한 종업원 수는 전체 834,627명으로 집계되었다. 2020년 말 기준 39,101개사가 고용한 전체 종업원 수인 817,297명보다 17,330명이 증가(약 2.1% 증가)한 수치이다.

삼성, 현대차, LG, SK 4대 그룹의 전체 고용인력은 약 72만 명[2]인데, 국내 전체 벤처기업이 고용하고 있는 종업원 수의 규모가 이 보다 약 11만여 명이 더 많은 규모이다. 국내 기업체 고용시장에서 벤처기업이 큰 비중을 차지하고 있는 것을 확인할 수 있다.

국내 전체 벤처기업은 2021년에 17,330명을 신규로 고용하였으며, 기업당 평균 종사자 수는 22.1명으로 전년 대비 5.7%나 증가한 수치이다.

한편, 국내 벤처기업은 1998년 2,042개사를 시작으로 2022년 말 기준으로 35,123개의 벤처기업이 존재한다. 2020년에 39,511개사로 벤처기업수가 가장 많은 해였지만, 그 후로 소폭 감소한 추이를 보인다.

---

[2] 2021년 말 기준 4대 그룹 상시근로자(출처: 기업집단포털): 72만명(삼성 26.7만명, 현대차 17.5만명, LG 16.0만명, SK 11.8만명

표 3-3 국내 전체 벤처기업 종사자 현황(2020년, 2021년)(단위: 개사, 명, %)

구분	2020년	2021년
조사대상 기업 수(휴폐업 제외)	39,101	37,686
총 종사자	817,297	834,627
총 종사자 증감률	0.8	2.1
평균 종사자	20.9	22.1
평균 종사자 증감률	△5.9	5.7

자료: 중소벤처기업부

그림 3-1 연도별 벤처기업 수 추이(2022년)(단위: 개사)

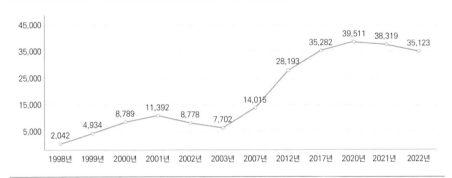

자료: 중소벤처기업부

2 벤처기업 매출액 현황

국내 벤처기업의 2021년 기준 총매출액은 223조 원으로 나타나 전년 대비 7.8% 증가하였고, 벤처기업당 평균 매출액은 59.19억 원으로 나타나 전년 평균 52.91억 원 보다 11.9% 증가하였다. 국내 전체 벤처기업의 총 매출은 재계 기준 2위 수준이며, 2010년도부터 삼성에 이어 2위 수준을 지속적으로 유지하고 있다.[3]

___

3) 2021년 대기업 매출액은 삼성 311조원, 벤처기업 223조원, 현대차 204조원, SK 169조원,

표 3-4 국내 전체 벤처기업 경영성과 현황(2021년, 2022년)(단위: 백만원, 명, %)

구분	2021년	2022년	증감(증감률)
총 매출액	206,891,971	223,063,092	16,171,121 (7.8)
총 영업이익	6,517,187	9,912,220	3,395,033 (52.1)
총 당기순이익	3,165,152	6,461,203	3,296,051 (104.1)
기업당 평균 매출액	5,291	5,919	628 (11.9)
기업당 평균 영업이익	167	263	96 (57.5)
기업당 평균 당기순이익	81	171	90 (111.1)

자료: 중소벤처기업부

　　국내 전체 벤처기업의 총 영업이익은 9.91조 원으로 나타나 전년 대비 52.1% 증가했고, 총 당기순이익은 6.46조 원으로 전년 대비 104.1% 증가한 것으로 나타났다. 벤처기업 당 평균 영업이익은 2.63억 원으로 나타나 전년 대비 57.5%, 평균 당기순이익은 1.71억 원으로 나타나 전년 대비 111.1% 증가하였다.

3 　벤처기업 해외 수출 및 진출 현황

　　벤처기업의 2022년 기준 해외 수출과 진출 현황을 살펴보면 다음과 같다. 법인기업의 원자재 및 부품에 대한 해외 사업 방식은 직접수출이 10.4%, 직간접 수출이 5.9%, 간접 수출은 2.7%로 구성되어 있다.

　　벤처기업의 직·간접 수출 국가는 동남아시아 21.1%, 중국 20.2%, 미국 19.7%, 일본 14.4%, 유럽 13.2%이며, 수출 비중은 14% 내외로 높은 수준에 속한다.

LG 147조원이다.

그림 3-2 국내 벤처기업의 해외 수출 및 진출 현황(2022년)

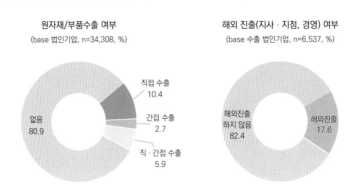

자료: 중소벤처기업부

그림 3-3 국내 벤처기업의 직·간접 수출 국가 현황(2022년)

자료: 중소벤처기업부

4 벤처기업 연구개발 현황

국내 전체 벤처기업의 매출액 대비 연구개발비율은 3.2% 수준이며, 대기업 대비 1.9배, 중견기업 대비 3.2배, 중소기업 대비 4.6배 높은 것으로 나타났다. 이는 벤처기업이 다른 기업군에 비해 연구개발 활동이 활발한 것을 의미한다.

국내 전체 벤처기업이 보유한 지식재산권은 약 177,675건으로 국내 지식재산권 전체 592,615건의 약 30% 수준으로 나타났다. 이는 벤처기업당 평균 4.7건 해당된다. 기업 부설 연구소를 보유하고 있는 벤처기업은 전체의 59.5% 수준이며, 주력제품·서비스에 관한 세계 유일의 기술을 확보하고 있다고 스스로 평가한 벤처기업도 11.8%나 된다.

표 3-5 기업군별 매출액 대비 연구개발투자금액 비중(단위: %)

구분	대기업	중견기업	중소기업	벤처기업
2021년 말 기준	1.7	1.0	0.7	3.2
2020년 말 기준	1.8	1.2	0.8	4.4

출처: 중소벤처기업부

5 벤처기업 일반 현황

국내 벤처기업을 산업별로 구분하면, 제조업이 20,750개사로 전체의 59.1%를 차지하고 있어서 대부분의 벤처기업은 제조산업에 속해 있다. 그 다음으로 정보처리S/W 분야가 7,614개사(21.7%), 연구개발 서비스가 1,295개사(3.7%)이며, 도소매업, 건설·운수, 농어업광업, 기타 순으로 비중을 차지하고 있다. 벤처기업은 기술집약 기업이 많기 때문에 대부분 기업이 제조업과 정보처리S/W분야에 속해 있음을 알 수 있다.

벤처기업의 평균 업력은 약 10.6년이며, 예비벤처를 제외하고 업력 3년 미만이 15.5%, 3~7년 미만이 32.9%, 7년 이상이 51% 수준으로 나타났다.

그림 3-4 업종별 벤처기업 현황(2022년)

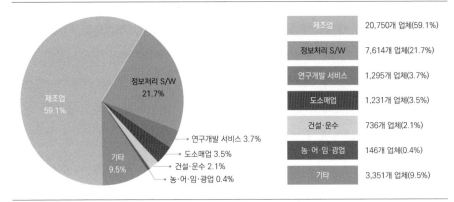

제조업	20,750개 업체(59.1%)
정보처리 S/W	7,614개 업체(21.7%)
연구개발 서비스	1,295개 업체(3.7%)
도소매업	1,231개 업체(3.5%)
건설·운수	736개 업체(2.1%)
농·어·임·광업	146개 업체(0.4%)
기타	3,351개 업체(9.5%)

자료: 중소벤처기업부

그림 3-5 업력별 벤처기업 현황(2022년)(단위: 개사)

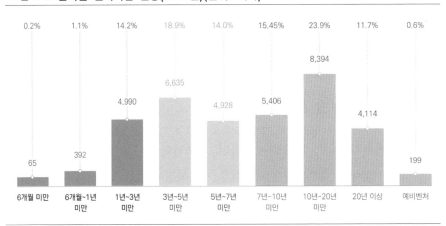

자료: 중소벤처기업부

벤처기업을 지역별로 살펴보면, 서울·인천·경기가 약 60%, 비수도권에 약 40%가 소재한다. 비수도권 중에는 대전·세종·충청·강원 지역이 12.2%, 부산·경남·울산 지역이 11.2%, 대구·경북 지역이 8.7%, 광주·전라·제주 지역이 7.9%가 소재하는 것으로 나타났다.

그림 3-6 지역별 벤처기업 현황(2022년)(단위: 개사)

	29.1%	31.1%	4.5%	1.8%	2.5%	0.5%	3.2%	4.0%	3.6%	3.5%	2.2%	3.7%	1.2%	4.7%	1.8%	1.9%	0.6%
	10,217	10,936	1,593	625	874	174	1,125	1,419	1,252	1,231	757	1,303	421	1,662	644	664	226
	서울	경기	인천	강원	충북	세종	충남	대전	경북	대구	전북	경남	울산	부산	광주	전남	제주

자료: 중소벤처기업부

벤처캐피탈

벤처투자의 이해

벤처투자는 기술력 있는 벤처기업에 자본을 투자하고 경영자적인 역할과 조언을 수행하는, 자본 공여와 컨설팅 제공의 특성을 가지는 투자 형태라고 정의된다(Warne, 1988). 즉, 벤처투자란 성장성이 높은 창업기업, 벤처기업, 중소기업 등에 투자하는 행위로써, 엔젤투자, 벤처캐피탈 및 창업기획자의 투자를 의미한다.

벤처투자와 함께 자주 언급되는 벤처캐피탈(Venture Capital, VC)은 투자자들이 장기적으로 성장 가능성이 있는 스타트업이나 소규모 기업에 제공하는 자금이나 전문 지식과 함께 주식투자 형식으로 벤처기업에 투자하는 기업 또는 그 자본 자체를 의미하기도 한다. 이러한 VC(벤처캐피탈)는 기업벤처캐피탈(Corporate Venture Capital: CVC)과 독립벤처캐피탈(Independent Venture Capital: IVC)의 두 가지 유형으로 나뉜다(박지영·신현한, 2020). CVC는 피투자기업과 동반성장을 하기 위해 피투자기업의 운영을 모니터링하고 상호 간 지식교환이 이루어지도록 노력하며 IVC는 피투자기업의 IPO 또는 인수합병과 같은 회수과정을 통해 자본이익을 추구한다. VC와 함께 언급되는 AC는 Accelerator(액셀러레이터)의 약자로, 초기 스타트업에 투자와 함께 종합적인 조력으로 스타트업 성장을 가속화하는 투자자를 말한다. 액셀러레이터는 벤처캐피탈, 엔젤 투자자, 인큐베이터 등과는 다르게 초기의 벤처기업에 대한 투자와 다양한 형태의 지원을 제공한다는 특징을 가진다(Cohen&Hochberg, 2014). 다음으로 엔젤 투자자(Angel Investor)는 기술력은 있으나 자금이 부족한 창업 초기 벤처기업, 스타트업에 자금 지원과 경영

지도를 해주는 개인투자자를 뜻한다. 벤처투자와 관련된 용어를 정리하면 [표 4-1]과 같다.

표 4-1 벤처투자 관련 용어 설명

용어		정의
벤처투자		• 성장성이 높은 창업기업, 벤처기업, 중소기업 등에 투자하는 행위로서, 엔젤투자, 창업기획자 및 벤처캐피탈의 투자를 의미
주체자	업무집행조합원(GP)	• General Partner의 약자로 조합의 운영과 채무에 무한책임을 지는 조합원
	창업기획자	• 초기창업기업(사업을 개시한 날부터 3년이 지나지 아니한 창업기업)에 대한 전문보육 및 투자를 주된 업무로 하는 자
	벤처투자회사	• 벤처투자를 주된 업무로 하는 회사로 '벤처투자 촉진에 관한 법률'에 따라 등록한 회사
	유한책임조합원(LP)	• Limited Partner의 약자로 투자조합을 구성하는 출자자 중 출자액 한도로 유한책임을 지는 조합원
	중소벤처기업부	• 「벤처투자 촉진에 관한 법률」에 의하여 벤처투자에 관한 정책, 관리, 감독, 지원 등의 역할을 하는 정부기관
	피투자기업	• 벤처캐피탈의 투자를 받는 기업
	수탁은행	• 조합 출자자 보호를 위하여 벤처투자조합의 재산을 예치받고 투자자산을 보관 및 관리하는 금융기관
조합 형태	벤처투자조합	• 「벤처투자 촉진에 관한 법률」에 따라 중소·벤처기업 등에 투자를 주목적으로 결성하는 조합
	개인투자조합	• 「벤처투자 촉진에 관한 법률」에 따라 개인 등이 초기 기업 등에 투자를 주목적으로 결성하는 조합
회수 유형	IPO	• 코스피, 코스닥, 코넥스 등 장내 매각을 통한 자금 회수 유형
	M&A	• 자산가치가 높은 기업을 인수한 뒤 매각을 통한 차익 획득을 하는 자금 회수 유형
	상환	• 상환주식 등이 기한이 되어 발행회사가 투자자에게 원금을 돌려주는 행위
	장외매각	• 세컨더리펀드, 구주매매 등 장외매각을 통한 자금 회수 유형
창업		• 창업자가 어떤 목적을 가진 사업을 하기 위해 구체적인 수단을 정의하는 것, 이윤 창출을 위한 사업의 기초를 세우는 것 • 구체적으로는 기업가정신과 경영능력이 있는 창업자가 고객과 시장매력이 있는 사업 아이디어를 바탕으로 자본, 인력, 기술력, 경영 노하우를 잘 활용하여 기업으로서 면모를 갖추는 것
사업 아이디어		• 무엇을 사업 대상으로 할 것인지, 어떤 물건(유·무형 솔루션, 서비스 등)을 생산할 것인지, 어디에 어떻게 서비스할 것인지에 대한 아이디어
자본		• 사업 운영에 필요한 인력, 사업장, 설비, 장비, 자재 등 한정된 자원을 바탕으로 사업의 기회를 획득하려는 것

용어	정의
기업가정신	• 신념, 끈기, 통찰력 등을 통해 판매 및 마케팅을 위한 영업조직 구축
벤처창업	• 기업가정신과 경영능력이 있는 창업자가 고객과 시장매력이 있는 사업 아이디어를 바탕으로 자본/인력/기술력/경영 노하우를 잘 활용하여 기업가로서 면모를 갖추고 활동하기 위한 기초를 구축하는 것
벤처캐피탈(VC)	• Venture Capital, 투자자들이 장기적으로 성장 가능성이 있는 스타트업이나 소규모 기업에 제공하는 자금이나 전문 지식의 일종 • 위험성은 크나 높은 기대수익이 예상되는 사업에 투자하는 자금 • 벤처기업에 주식투자 형식으로 투자를 하는 기업 또는 그 자본 자체 • 장래성은 있으나 자본과 경영기반이 취약하여 일반 금융기관에서 융자받기 어려운 기업의 창업 초기 단계에 자본 참여로 위험성을 기업가와 공동 부담하고 자금, 경영관리, 기술지도 등 종합적인 지원을 제공함으로써 높은 이득을 추구하는 자본 또는 금융활동을 의미
IR(Investor Relations)	• 기업이 자본시장에서 정당한 평가를 얻기 위하여 주식 및 채권 투자자들을 대상으로 실시하는 홍보 활동 • 벤처캐피탈의 투자를 받은 기업이 투자유치를 위해 투자사를 대상으로 회사의 비즈니스모델, 사업전략, 매출, 투자/회수 계획 등을 소개하는 행위
액셀러레이터(AC)	• 액셀러레이터(Accelerator)는 초기 스타트업에 투자와 함께 종합적인 조력으로 스타트업 성장을 가속화하는 투자자를 말함 • 액셀러레이터의 특징은 벤처캐피탈, 엔젤, 인큐베이터 등과는 다르게 초기의 벤처기업에 대한 투자와 다양한 형태의 지원을 제공한다는 것임(Cohen & Hochberg, 2014) • 초기 벤처/스타트업에 대한 재정적 지원을 주목적으로 하나, 액셀러레이터는 투자뿐 아니라 경영컨설팅, 후속투자자(VC) 판로 개척을 위한 주요 이해관계자와의 네트워크 형성 등 성장요소 전반을 지원하는 것을 목적으로 함
엔젤투자자(AI)	• Angel Investor, 기술력은 있으나 자금이 부족한 창업 초기 벤처기업, 스타트업에 자금 지원과 경영 지도를 해주는 개인투자자를 뜻함
팁스(TIPS)	• 세계시장을 선도할 기술아이템을 보유한 창업팀을 민간주도로 선발하여 미래 유망 창업기업을 집중 육성하는 프로그램

자료: 러닝메이트(2018), 벤처투자종합포털, 이택경(2021)을 기초로 보완하였음.

벤처투자자 유형

　벤처투자자 유형은 관련 법규에 근거하여 필요한 자본이나 규모, 기타 요건, 투자 분야에 대한 제약, 세제 혜택 등에 규정상 차이가 있고, 투자 규모와 단계에 따라 조금씩 다르게 나타난다. 투자자 유형은 크게 전문엔젤투자자, 액셀러레이터(창업기획자), 벤처투자회사, 신기술사업금융회사, 유한책임회사(LLC) 등으로 구분할 수 있다. 엔젤투자자는 한국엔젤투자협회에 등록된 전문투자자(「벤처투자촉진법」)를 말하며, 액셀러레이터는 초기 창업자에 대한 전문보육 및 투자를 주된 업무로 하는 단체를 말한다. 엔젤투자자와 액셀러레이터를 소형 VC로 분류한다면, 벤처투자회사와 신기술사업금융회사, 유한책임회사(LLC) 등은 일반 VC로 분류할 수 있다. 신기술사업금융회사는 모두 일반 VC 역할을 하는 것은 아니고 상당수는 스타트업이 아닌 다른 분야에 투자를 진행하는 일반금융기관에 가깝기도 하다. 이외에도 벤처캐피탈 유형에는 일반금융권, 공공기관, 공공기관 직접투자, 일반법인 회사 등도 투자자 유형에 포함된다. 즉, 투자자금의 유형에 따라 개인이면 엔젤투자자나 액셀러레이터고, 일반 기업이나 기관투자자면 법인, 기관투자자가 결성한 펀드에 따라 벤처투자자 유형을 분류할 수 있다. 이러한 벤처투자자 유형과 관할기관을 정리하면 [표 4-2]와 같다.

　엔젤에는 개인 엔젤, 전문개인투자자, 엔젤 클럽(엔젤 네트워크)과 같이 개인 혹은 그룹으로 엔젤 투자를 하거나, 투자형 크라우드 펀딩처럼 온라인 플랫폼을 통해 개인 투자자들이 그룹으로 투자하는 방식이 포함된다(이택경, 2021). 대체로 개인 판단에 따라 투자가 결정되지만, 엔젤 클럽은 조직적으로 의사결정을 하기

표 4-2 벤처투자자 유형 및 관할 기관

조직	분류	투자 규모	투자자 유형	관할 기관
개인	엔젤	대체로 아래로 갈수록 투자금이 큰 편임	개인 엔젤	중소벤처기업부
			전문개인투자자	중소벤처기업부
			투자형 크라우드 펀딩	금융위원회
			엔젤 클럽(엔젤 네트워크)	중소벤처기업부
조직	소형 VC		창업기획자(액셀러레이터)	중소벤처기업부
			산학연협력기술지주회사	교육부
			창업-벤처 전문 경영참여형 사모집합투자기구 운용사	금융위원회
	일반 VC		중소기업벤처투자회사	중소벤처기업부
			유한책임회사(LLC)	중소벤처기업부
			해외펀드 운용사	국적에 따른 관할 국가 기관
	일반금융권		신기술사업금융전문회사(신기사)	금융위원회
			기타 금융기관(은행, 증권사, 자산운용사, 캐피탈, 보험사)	금융위원회
			경영참여형 사모집합투자기구 운용사 (경영참여 PEF운용사)	금융위원회
	공공기관 직접 투자		한국벤처투자(KVIC)	중소벤처기업부
			기술보증기금	중소벤처기업부
			신용보증기금	금융위원회
	일반 법인		일반 주식회사	(별도로 없음)

자료: 이택경(2021)

도 한다. 소형 VC는 일반 VC와 비교시 작은 규모의 펀드를 운용하며, 창업기획자(액셀러레이터), 산학연협력기술지주회사, 창업－벤처 전문 PEF 운용사가 이에 속한다. 창업기획자(액셀러레이터)는 일종의 소형 VC이며, 기술지주회사는 투자에 있어 보다 유연한 투자자 유형인 창업기획자가 되기도 한다. 창업－벤처 전문 PEF 운용사는 일반 VC나 소형 VC 역할을 한다. 다음으로, 일반 VC에는 중소기업벤처투자회사, 유한책임회사(LLC), 해외펀드 운용사가 속한다. 신기술사업금융전문회사(신기사)는 중소기업벤처투자회사보다 최소한 자본금 요건이 더 높으며 규제 사항에는 차이가 있다. 신기사 모두가 일반 VC의 역할을 하진 않지만, 상당

수가 스타트업이 아닌 다른 분야에 대해 투자를 진행하는 일반 금융기관에 가깝다. 일반 금융권은 모험자본 성격이 약해서 스타트업이 주 투자대상은 아니다(이택경, 2021). 스타트업에 투자한 경험이 많은 기관은 VC와 유사한 형태로 투자를 진행하기도 하나 다른 곳은 투자 의사 결정 과정, 투자 기준 등 운용 구조가 일반 VC와는 다르며 더 빠른 투자금 회수를 원하기도 한다. 일반 금융권에 속하는 경영참여 PEF(사모펀드)는 주로 일반 기업이나 크게 성장한 스타트업에 한정하여 투자를 진행하는 편이다. 공공기관의 직접 투자는 한국벤처투자, 기술보증기금, 신용보증기금이 스타트업에 직접 투자를 진행하는 것을 포함한다. 한국벤처투자의 주 업무는 한국모태펀드를 통한 간접 투자이며, 기술보증기금과 신용보증기금은 중소기업과 스타트업 대출에 대한 보증이 주 업무이다. 마지막으로, 일반 법인이 펀드 결성을 대체할 목적을 가지고 일반 주식회사 형태로 설립하여 스타트업에 투자하는 경우에는 일반 VC와 큰 차이가 없는 편이다. 기업 중에서 전략적 투자 경험이 많은 경우, 일반 VC와 비슷한 투자 의사결정과정, 투자 기준을 갖춘다. 하지만 스타트업 투자 경험이 부족한 일반 기업은 일반 VC와는 의사 결정 과정에 차이가 있으며 VC가 먼저 투자를 결정하고 리드해야 공동 투자가 진행되는 경우가 많다.

다음으로, 투자자금 유형은 ICO(Initial Coin Offering)와 같은 예외적인 경우를 제외하면 세 가지로 나뉜다. 투자 자금 유형 및 투자 계약 주체별 사례를 정리하면 [표 4-3]과 같다. 먼저, 투자 자금 유형과 투자 계약 주체가 개인이면 개인 엔젤 투자, 엔젤 클럽의 개인별 투자, 투자형 크라우드 펀딩이 포함된다. 다음으로, 투자 자금 유형이 법인이고 투자 계약 주체가 일반 기업, 기관투자자이면 펀드 결성 대신 법인을 설립해 투자하거나 자기자본 투자 사례에 속한다. 마지막으로, 투자 자금 유형이 펀드이고, 투자 계약 주체가 기관투자자가 결성한 펀드인 경우에는 펀드(투자조합/합자회사) 투자가 포함된다.

표 4-3 투자 자금 유형 및 투자 계약 주체별 사례

투자 자금 유형	투자 계약 주체	사례
개인	개인	• 개인 엔젤 투자 • 엔젤 클럽의 개인별 투자 • 투자형 크라우드 펀딩
법인	일반 기업 기관투자자	• 펀드 결성 대신 법인을 설립해 투자 • 자기자본 투자
펀드	기관투자자가 결성한 펀드	• 펀드(투자조합/합자회사) 투자

자료: 이택경(2021)

엔젤투자자와 벤처캐피탈 공통점과 차이점

벤처캐피탈은 기술력은 있으나 자본과 경영능력이 부족한 초기기업에 지분 투자를 통하여 설립 초기부터 자금 투자와 경영/기술적 자문, 업계 네트워킹 등의 지원을 하여 기업을 성장시킨 후 투자금을 회수하는 금융방식 또는 투자기관이다. 기발한 아이디어나 기술이 있어도 창업하고 실제로 수익을 내기까지 적지 않은 시간이 필요하다. 이 기간에 필요한 것이 자금이다. 초기 창업 자금을 확보했다 해도 사업을 수행하다 보면 예상치 못한 추가 자금을 투입해야 하는 상황이 생긴다. 이러한 자금 문제로 인하여 기술개발이나 사업 진행 자체가 불가능할 수도 있는데, 실제로 스타트업 종사자들이 가장 큰 고민으로 자금 문제를 꼽는 이유다. 그러나 설립 초기기업이 안정적인 자금을 유치할 수 있게 된다면 새로운 기술이나 제품을 개발하는 등의 연구개발에 도움이 되며, 적극적인 인력 채용, 생산 시설 구축, 홍보 및 마케팅을 통한 매출 극대화도 가능하다. 이러한 자금유치 활동을 통해 스타트업은 빠른 속도로 성장할 수 있으며 새로운 제품이나 기술을 시장에 출시할 수 있다.

벤처캐피탈은 기존 금융기관과는 달리 투자기업과 함께 높은 위험을 부담하는 대신 투자기업의 경영성과를 나누는 수익 구조를 가지고 있으며, 투자기준도 기업의 담보, 재무상황보다는 미래가치, 수익가치를 반영한 기술력, 경영능력, 미래성장 가능성을 중심으로 투자 이후 능동적인 경영지원 기능도 수행한다는 특징이 있다.

그림 4-1 벤처캐피탈의 개요

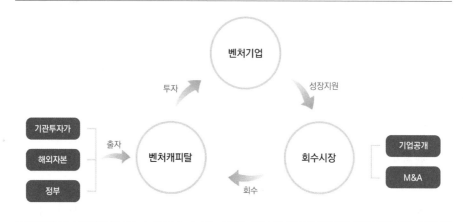

자료: 한국벤처캐피탈협회

일반적으로 벤처캐피탈의 투자기간은 평균 5년 이상이며, 피투자회사가 속해있는 시장과 성장 전망에 큰 관심을 가지고 투자의사결정을 진행한다. 투자형태도 융자가 아닌 지분참여(주식) 형태이고, 회수방법도 원리금상환보다는 IPO, M&A 등을 추구한다는 차이점이 있다. 반면에 은행과 같은 일반 금융기관의 경우는 대출금을 정상적으로 회수할 수 있을지 여부에 관심이 있다. 만기 때 대출금을 갚을 수 있을 정도로 현금흐름이 안정적인지, 현금흐름에 문제가 있어 대출금을 제대로 갚지 못할 경우 이를 대신할 만한 담보 자산을 보유하고 있는지를 판단한다.

표 4-4 벤처캐피탈과 일반금융기관의 차이

구분	투자형태	회수방법	성과보수	리스크
벤처캐피탈	투자	IPO, M&A 등	경영성과에 따라 큰 차이	높음
일반금융기관	융자	일정기간 후 원리금 회수	일정금리	낮음

자료: 한국벤처캐피탈협회

엔젤투자와 벤처캐피탈(Venture Capital)은 기업의 초기 단계 투자를 위한 자금 지원 방식으로, 투자 단계, 투자 대상, 투자 금액, 투자 주체 등에서 차이가 있다. 엔젤투자자들은 벤처캐피탈과는 달리 초기 기업 중 발전 가능성이 높은 기업에 투자하는 개인 투자자 또는 투자회사로 정의된다. 일반적으로 벤처캐피탈은 비상장기업에 대하여 지분참여 형식의 투자를 진행하고, 공개시장 상장을 통해서 투자금을 회수한다. 벤처캐피탈의 투자금 회수 방법은 M&A나 기업공개(IPO)를 통하여 회수하는데, 우리나라의 회수 경향을 보면, M&A보다는 IPO를 통하여 투자금을 회수하는 경우가 대부분이며, 경영참여도 가급적 배제하는 경우가 많다. 즉, 국내 벤처캐피탈은 주로 early-stage 기업의 투자를 통한 기업성장으로 M&A로 자금을 회수하는 전략보다는 IPO 직전의 매출이나 이익이 증가하는 기업에 투자하는 Mezzanine 투자로 IPO를 통해 투자자금을 회수하는 사례가 대부분이다. 따라서, 초기 스타트업의 경우, 창업공간과 보육기능 프로그램이 제공되지 않기 때문에 벤처캐피탈의 투자단계와 투자규모로 비추어 봤을 때 적합하지 않다고 볼 수 있다. 엔젤투자는 기업의 초기 설립 단계에서 매우 중요한 역할을 한다. 기업가들이 아이디어를 구체적인 사업 모델로 만들고 구체적인 계획을 세우고 사업모델을 검증하는 주로 설립 3년 이하의 단계에서 엔젤투자자들은 자금지원을 한다. 최근에는 엔젤투자와 멘토링, 교육 등을 전문적으로 하는 투자기관을 액셀러레이터라고 지칭하기도 한다. 이들은 초기기업 단계에서 부족한 경영관리, 업계 네트워크, 자원을 채워주고 벤처캐피탈로부터 투자를 받도록 징검다리 역할을 한다(Regmi et al., 2015). 액셀러레이터는 유망기업에 투자를 하고 '데모데이를 마지막으로 하며 정해진 기간 동안 기수 기반으로 진행되며 멘토링과 교육과정을 포함하는 프로그램(Cohen&Hochberg, 2014)'으로 정의하고 있으며, 국내에서도 2020년 8월 제정된 벤처투자촉진법에 '창업기획자'로 '초기창업자에 대한 전문보육 및 투자를 주된 업무로 하는 자(법인)'로 정의하고 있다. 투자단계 및 투자재원 등의 차이는 다음과 같다.

그림 4-2 기업가치단계별 벤처투자기관 투자선호영역

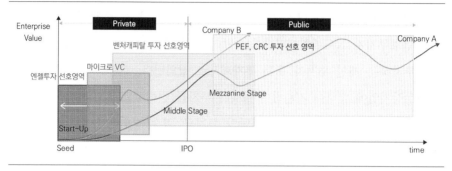

투자 단계: 엔젤투자의 목적은 창업자가 개발한 아이디어를 실현하기 위해 초기 자금이 필요할 때 주로 지원하며, 창업 초기 단계에 있는 기업을 타깃으로 하지만, 벤처캐피탈은 주로 이미 수익성이 검증된 기업에 고도의 성장을 위해 추가 자금이 필요할 때 지원한다.

투자 동기: 엔젤투자와 벤처캐피탈 모두 초기 기업의 리스크를 감수하고 미래 고수익을 얻기 위하여 투자를 한다는 공통점이 있다. 그러나, 엔젤투자자의 투자단계 특성상 사업검증이 되기 전이라서 대부분이 창업가의 가족, 지인인 경우가 많은 것이 특징이다.

투자 재원: 엔젤투자는 주로 개인이나 투자그룹을 통한 개인 자산으로 소액투자를 통하여 지분 또는 대출과 같은 형태로 지원하지만, 벤처캐피탈은 투자전문회사들이 전문 투자펀드를 조성하여 기업의 초기 성장단계에서 금액을 투자한다.

벤처캐피탈 투자펀드 구조

벤처캐피탈의 투자펀드 구조는 [그림 4-3]과 같이 나타낼 수 있다. 모태펀드, 산업은행, 정부, 지자체 등의 기관출자자와 금융기관, 일반법인, 개인 등의 민간출자자가 출자를 하면 투자조합(펀드)이 피투자기업에 자금을 투자한다. 투자조합(펀드)은 창업기업, 벤처기업, 중소기업 등에서 투자받은 돈을 회수하여 출자자(LP)에게 배분한다. 이러한 과정은 '투자기회 발굴 및 투자검토→IR→투자조건 확정→투자검토보고서 작성→실사→투자심의위원회→투자계약 체결 및 납입'의 순으로 진행된다.

그림 4-3 벤처투자펀드 구조

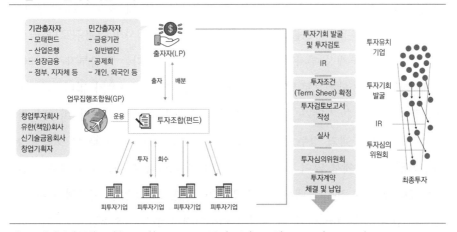

자료: 벤처투자종합포털(https://www.vcs.go.kr/web/portal/contents/M020200)

일부 신기술금융사와 LLC형 창업투자회사인 유한회사, 일부 시중은행을 제외하면 국내 대부분의 벤처캐피탈은 창업투자회사형태이다. 각 회사 형태마다 적용되는 법률이 다르고 운용형태에도 차이가 있는데 「벤처투자 촉진에 관한 법률」의 적용을 받는 창업투자회사의 경우, 최소설립 자본금은 20억원으로 중소벤처기업부에 등록이 되어야 투자활동을 할 수 있다. 창업투자회사의 투자재원은 회사 본계정과 투자 조합의 이중적 구조로 이루어져 있는데, 본계정은 자본금을 비롯한 회사 내부자금을 운영하는 방식이고, 일반인이 흔히 투자 조합은 외부 출자자의 출자를 받아 투자목적으로 결성한 투자 펀드 형태이다.

투자조합(펀드)는 외부기관 출자자, 모태펀드, 창업투자회사 내부자금 등으로 구성되어 있고 그 출자비율은 각 투자조합마다 상이하다. 투자조합을 구성하는 외부 출자금은 대표적으로 유한책임조합원(Limited Partners, LP)이라고 불리는 공공기금, 금융기관기금, 연기금, 일반 법인자금 등이 참여하며, 정책금융(모태펀드, 산업은행, 성장금융, 기타)과 민간출자(금융기관, 연금/공제회, VC, 일반법인, 기타단체, 개인, 외국인) 등도 LP로 참여한다. 펀드를 운용하는 벤처캐피탈은 업무집행조합원(General Partners, GP)으로서 직접 본 계정으로 펀드에 출자도 하고 투자 펀드를 운용하여 운용수수료를 받는 구조이다. 창업투자회사의 운용규모나 리스크관리 측면에서 본계정 투자를 진행할 경우 단독투자보다는 조합투자시 여러 펀드에 분산하여 소액건으로 출자하여 투자가 이루어지는 경우가 많다. 최근에는 성공적인 투자회수 사례가 많아 본 계정의 규모가 커져 민간출자 비중이 점차 높아지는 추세로 과거 정부 주도의 모태펀드와 정책펀드를 중심으로 조합결성이 이루어졌던 양상에서 많이 다양해지고 있다. 우리나라 투자조합의 경우 일반적으로 7년 만기인 경우가 대부분으로 만기가 되면 투자조합을 해산해야 하기 때문에 조합결성 후, 1~2년 안에 투자가 이루어져서 투자 이후 5년 안에 회수하는 것을 전제로 투자의사결정을 진행하게 된다. 만약, 조합 청산 전까지 투자금을 회수하지 못한 경우, 투자회사의 지분을 패키지딜을 통해 처분하거나, 출자자들에게 현물로 배분하고 벤처캐피탈 본계정에서 인수하는 방법 등을 통하여 조합을 청산한다. 일반적으로 투자조합은 수십억 원부터 1천억원 수준까지 다양한 규모로 결성되며 업체당 평균 투자금액은 25~30억원 정도로 연간 1,000~1,600개 정도의 업체에 투자가 이루어지는 수준이다.

표 4-5 벤처캐피탈 투자조합 LP

구분	상세분류		분류기준
정책 금융	모태펀드		한국모태펀드
	산업은행		한국산업은행
	성장금융		한국성장금융
	기타정책기관		정부, 지자체, 기타모펀드(출자목적의 모펀드), 기금(국가재정법 제5조에 따른 정부기금 등 공적 기금)
민감 출자	금융기관 (산은 제외)		은행법에 따른 은행(산업은행 제외), 보험회사(보험업법에 따라 보험업을 영위), 증권회사(자본시장법에 따라 투자매매·중개 등의 업무를 영위), 기타금융업(상호저축은행법에 따른 저축은행 등)
	연금/ 공제회	연금	국민연금, 기업연금 등
		공제회	관련법령에 따른 공제회
	벤처캐피탈(VC)		창투자, 신기술, LLC 등 업무집행조합원
	일반법인		영리목적의 법인
	기타단체		협회, 학교법인, 종교단체, 재단, 민간모펀드
	개인		일반개인, 특정금전신탁
	외국인		외국소재 개인 및 법인

자료: 한국벤처캐피탈협회

section 05
벤처기업의 성장과 벤처캐피탈의 투자

에어비앤비, 우버, 테슬라, 넷플릭스, 구글 등 실리콘밸리를 대표하는 글로벌 빅테크 기업들의 공통점은 바로 벤처캐피탈 등의 외부 투자유치를 통해 급격한 성장을 이루어 내고 시장을 장악했다는 점이다. 이는 국내 유니콘 기업이 된 쿠팡, 마켓컬리, 우아한형제들, 야놀자 등도 같은 자본조달 방식을 통하여 큰 성공을 거두었다. 이러한 기업들은 수조원~수백조원 이상의 기업가치를 가지고 있으며, 창업자들뿐만 아니라 초기 투자자들도 큰 부를 얻었다. 이러한 큰 성공을 거둔 유니콘 기업들은 모두 창업 초기의 시절이 있었으며, 단계별 성장하는 과정을 거치는데 이 과정에서 외부 투자자들로 부터의 투자유치를 통하여 성장을 가속화시킨다. 아무리 기술력과 비즈니스모델이 좋고 창업가의 뛰어난 의지와 열정이 있더라도 이를 현실화시킬 수 있는 자본이 충분히 뒷받침되지 못하면 성공할 수 없다. 왜냐하면 자금이 있어야 직원을 고용하고, 기술에 대한 연구 개발을 할 수 있고, 이를 제품화 할 수 있기 때문이다. 따라서 스타트업은 제품 및 서비스를 개발하고 출시하는 과정 매출이 성장하고 시장이 확장하는 단계까지 적절한 성장 단계에서 적절한 규모의 투자유치를 성공하여야 살아남을 수 있다.

초기기업의 성장단계에 따라 투자단계를 구분하여 시드(Seed), 시리즈A(Series A), 시리즈B(Series B), 시리즈C(Series C)로 표현하는 용어를 사용한다. 일반적으로 시드와 시리즈로 구분하는 투자 라운드는 미국의 실리콘밸리 벤처캐피탈의 투자업계에서 쓰던 용어가 넘어온 것으로 우리나라에서도 보통 투자 회차나 투자 유치 규모에 따라 시리즈를 구분하고 있다. 투자 라운드는 일반적으로 시드 단계(Seed money) → 시리즈 A(Series A) → 시리즈 B → 시리즈 C 로 이어지며, 투자자가 IPO나 M&A로 투자금을 회수엑시트(exit)할 때까지 투자유치가 추가적으로 일어나는 경우 시리즈 D, E, F로 표현하기도 한다.

1 시드(Seed) 단계

시드(Seed)라는 단어 그대로 기술 또는 사업 아이디어라는 씨앗만 있는 극초기(창업 1~2년 이내) 기업에 투자하는 것을 시드단계 투자라고 한다. 보통 엔젤투자자나 액셀러레이터가 창업가의 경력, 기술, 아이디어만 갖고 있는 상태에서 미래의 성장 가능성만 보고 주로 최소 수천만 원에서 5억원 이하의 정도의 금액을 투자한다. 규모가 작은 펀드를 운용하는 마이크로 VC나 초기기업을 전문으로 하는 투자조합을 가진 벤처캐피탈(VC)이 시드 투자를 하기도 한다. 이때의 투자 당시의 기업가치는 투자자와 창업자의 투자 협상에 따라 일반적으로 수억 원에서 30억원 정도 이하 수준의 기업가치 기준으로 보통주 방식의 투자가 이루어지거나, 투자규모에 따라 상환전환우선주(RCPS) 투자방식으로 진행될 때도 있다. 이때 시드 투자를 받은 스타트업은 주로 프로토타입의 제품 및 서비스를 개발하는 데 사용한다.

2 시리즈 A 단계

시리즈 A(Series A) 단계는 시드투자를 받은 금액으로 프로토타입의 제품 및 서비스가 출시되어 시장 검증을 마친 후 정식 서비스를 오픈하기 위해 준비하는 단계에서 받는 투자를 의미한다. 이 단계의 기업들은 아직 매출이 나오지 않은 단계이지만 시리즈 A 투자를 받는다는 건 기술이나 아이디어가 시장에서의 상업화가능성을 검증 받았다는 의미로 해석될 수 있다. 이때의 기업가치는 일반적으로 수십억 원에서 100억 원 정도로 되며, 시리즈 A 단계에서 벤처캐피탈의 투자가 일반적으로 이루어진다. 시리즈 A에서의 투자규모는 일반적으로 최소 5억 원에서 50억 정도 수준의 투자가 이루어지며 업계의 특성이나 상황에 따라 시리즈 A단계에서도 수백억원대의 투자가 이루어질 때도 있다. 투자방식은 주로 상환전환우선주(RCPS) 투자방식이나 조건부 인수계약(SAFE) 방식으로 진행된다.

3 시리즈 B 단계

시리즈 B 단계에서는 시리즈 A 투자를 통해 상업화에 성공한 제품이나 서비스 모델을 확장하는 단계에서 자금이 투입된다. 시장에서 매출이 발생하기 시작한 제품이나 서비스가 시장에서 인정받은 단계로 한 단계 성장하기 위해 대규모 인력 채용, 마케팅, 연구 개발 등을 위해 투자유치를 하는 단계이다. 이때 서비스는 이용하는 고객이나 매출액 등의 정량적 지표로 회사의 가치를 어느 정도 평가할 수 있는 단계로, 기업가치가 100억원에서 수백억원 규모로 평가받는게 일반적이다. 따라서 기업가치가 증가한 만큼 시리즈 B에서의 투자금액도 50억에서 300억 정도 수준으로 이루어지며, 역시 시리즈 A와 같이 상환전환우선주(RCPS) 방식으로 투자가 이루어진다.

4 시리즈 C 이후 단계

시리즈 C 단계는 주로 시장의 주도권을 잡기 위하여 점유율을 높이고 스케일업을 가속화하는 단계에 이루어진다. 이때는 검증된 비즈니스모델을 글로벌시장으로 확대하거나 추가적인 매출확대를 위하여 사업확장을 하기 위하여 투자를 유치하게 된다. 시리즈 C 단계까지 오면 이미 시장에서는 어느 정도 제품이나 기업이 시장의 검증을 마쳐 투자자나 일반 소비자들도 인식이 된 단계로 기업의 실패에 대한 리스크는 어느 정도 사라진 상태이기 때문에 기업가치도 수천억 원의 평가를 받으며, 투자 금액도 최소 수백억 원에서 최대 수천 억 원에 이르게 되어 대형투자은행이나 사모펀드, 대기업 등이 주요투자자로 참여하기 시작한다. 투자 규모가 크기 때문에 펀드운용자산이 큰 벤처캐피탈들이 공동투자를 하는 경우가 대부분이다. 이 단계에서는 상환전환우선주(RCPS)와 함께 전환사채(CB), 신주인수권부사채(BW) 등의 주식연계형 투자방식도 주로 이용된다. 이후, 기업의 사업규모나 시장의 성장 속도에 따라 시리즈 D, E, F로 이어지는 추가투자를

그림 4-4 벤처기업의 성장단계별 투자유치 단계

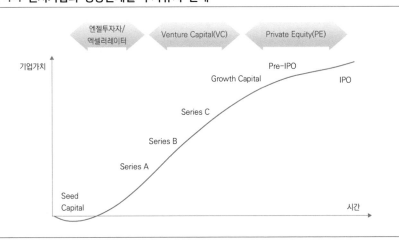

자료: 벤처투자종합포털(https://www.vcs.go.kr/web/portal/contents/M020200)

유치하다가 기업공개(IPO)나 M&A를 통하여 공개적인 자본시장에서 자본을 유치하는 단계로 성장하게 된다.

벤처금융 실무

벤처캐피탈의 일반적인 투자방식은 신주인수를 통한 지분출자이다. 신주인수방식의 위험성을 줄이기 위해 전환사채, 신주인수권부사채와 같은 사채인수방식도 병행되고 있으며, 신주인수방식에 있어서 각각의 장단점을 고려한 우선주 인수 방식이 선호되고 있다. 한편, 국내 벤처캐피탈 업계에서 많이 투자하고 있는 영화, 음반, 게임 등의 컨텐츠 산업에서는 각각의 프로젝트별로 투자가 이루어지는 프로젝트 투자방식이 주를 이루고 있다.

1 지분출자

벤처캐피탈이 일반 타 금융기관과 가장 큰 차별성을 갖는 부분은 기업의 자금 지원방법이 융자가 아닌 지분출자를 통한 방식이라는 점이다. 지분출자는 벤처캐피탈이 피투자기업의 주주가 됨으로써 회사의 경영에 상황에 따라서 참여할 수도 있고, 투자 이익과 손실에 대해 출자한 만큼 유한책임을 가지는 창업자와 같은 주주가 된다는 의미이다. 이때 지분출자는 보통주 또는 우선주 방식으로 주식형태로 지분을 보유하게 된다. 보통주를 통한 투자 방식은 일반적으로 상장시장에서 거래되는 주식은 보통주로 기업의 이익 또는 배당, 청산시 잔여재산의 분배 등과 같은 재산적 권리와 주식수만큼 비례한 의결권을 가지게 되는 장점이 있지만, 초기기업에 보통주로 투자하는 것은 투자자의 입장에서는 회수방법이

굉장히 제한적이고 쉽지 않아서 타 투자방식에 비해 불리한 점이 많기 때문에 선호도가 낮다.

　보통주 투자방식의 회수 불확실성을 줄이기 위하여 우선주 투자방식이 많이 이용되고 있다. 특히, 상환전환우선주라고 부르는 원리금 상환의 의무 및 향후 보통주로의 전환 권리가 있는 우선주를 통한 투자방식이 많이 이용된다. 상환전환우선주는 기업입장에서는 자본계정에 포함되는 주식으로 분류되어 기업의 자본 구조상 전환사채를 발행하는 것보다 부담이 덜하며, 주로 이익잉여금의 한도만큼 조건에 따라 상환권이 부여되어 기업이 자금적으로 여유가 있을 때 상환의무가 생긴다. 또한, 투자자 입장에서는 보통주에 비해 청산, 배당, 유상증자 등에 우선권리가 있어 우선주의 기본적인 특성을 가지며, 상환과 전환에 대한 권리만 추가되어 좀 더 유리한 투자조건을 가진 투자방식이라 볼 수 있다. 즉, 투자기업이 성장하여 IPO(Initial Public Offerings) 이후에 거래가 될 경우, 일정계약조건에 따라 우선주에서 보통주로 전환이 보장되므로 투자금 회수 관점에서 업사이드가 열려 있어 전환사채와 보통주의 이점을 일부 가지고 있다. 다만, 상환전환우선주를 발행하기 위해서는 정관에 발행근거가 명시되어 있어야 하기 때문에 이사회에서 신주발행결의 시 발행조건을 정하는 과정이 필요하다. 따라서, 투자유치 전에 정관변경 및 관련 절차를 준비하는 과정이 필요하다. 상환전환우선주의 여러 가지 투자 조건들은 기업입장에서는 일부 불리한 계약으로 보여질 수 있으나, 창업자와 동일한 위험을 부담하면서 초기 단계에 막대한 자금을 투자하는 벤처캐피탈의 입장에서는 투자회수 가능성에 대한 리스크를 줄이기 위한 안전장치로써 미국에서는 이미 일반화된 투자 방법이다.

2 주식연계채권

벤처캐피탈의 투자회수 방법은 최종적으로 보통주 매매를 통한 회수이다. 따라서, 초기에 투자를 채권형태로 한다고 하더라도 보통주를 받을 수 있는 주식연계채권 투자방식을 선호하며 대표적인 주식연계채권의 형태로는 전환사채(Convertible Bond; CB)와 신주인수권부사채(Bond with Warrant; BW)가 있다. 전환사채는 채권자가 전환기간내에 주어진 전환조건에 따라 발행회사의 주식으로 전환할 수 있는 권리가 부여된 채권으로 전환권을 행사하기 이전에는 확정 이자와 만기시 원금을 받을 수 있어 유리한 장점이 있다. 한편, 발행회사의 주가가 전환가격보다 높게 형성될 경우에는 전환권을 행사하여 주식으로 전환될 수 있다. 원금과 이자를 받을 수 있는 채권으로 투자수익의 다운사이드는 제한되어 있으나, 향후 잠재적으로 주식으로 전환할 수 있어 투자수익의 업사이드가 열려 있어 투자자들에게 매우 유리한 투자형태이다. 전환사채는 사채의 형태로 표면금리, 만기 등이 있으며 발행 시 발행회사는 이사회결의 또는 정관에 따라 주주총회의 결의로 발행되며, 사채의 일반적인 발행사항 외에 전환사채의 총액, 전환조건, 전환으로 인하여 발행한 주식의 내용, 전환을 청구할 수 있는 기간 등의 세부사항에 대하여 정관의 규정이 없으면 이사회에서 결정할 수 있다. 전환사채는 발행시 투자자들이 전환가 재조정(Refixing) 권리와 조기상환을 요구할 수 있는 권리인 풋옵션(Put Option)을 요구하는 형태가 많고, 반대의 경우인 콜옵션(Call Option)은 흔하지 않다.

신주인수권부사채는 채권과 함께 신주를 인수할 수 있는 권리인 신주인수권(Warrant)을 같이 보유하여 채권과 인수권에 대하여 각각에 대한 권한 행사가 가능하다는 차이점이 있다. 또한 전환사채는 사채가 주식으로 전환되어 소멸되는데 비해 신주인수권부사채는 사채의 상환 후 신주가 발행된다는 차이점이 있다. 역시 전환사채와 마찬가지로 기업의 회계항목상에 부채로 잡혀 있어서 발행 회사 입장에서는 후속투자유치에는 불리한 점이 있다.

3 프로젝트 투자방식

프로젝트 투자는 주로 영화, 게임, 음반 등의 서비스 산업에서 주로 이용되는 투자 방식으로 투자기업의 장기적인 성장을 통한 지분매각, 투자금회수보다는 단기적인 특정 프로젝트가 끝난 뒤 수익배분을 통하여 투자금을 회수하는 경우가 많다. 따라서 프로젝트 투자는 프로젝트의 성격에 따라서 다양한 수익 배분 구조가 가능하다.

4 조건부 인수계약(SAFE)

조건부지분인수계약(SAFE: Simple Agreement for Future Equity)은 기업의 가치를 정하기 어려운 초기기업에게 우선적으로 자금을 지급하고, 투자에 따른 지분율은 후속 투자자의 기업가치 산정에 따라 결정되는 투자방식이다. 이러한 방식은 미국 실리콘밸리에서는 기업가치 측정이 어려운 초기창업기업 투자에 널리

5-1 벤처캐피탈 투자방식

구분	보통주	우선주	주식연계채권	프로젝트투자	SAFE
회계항목	자본	자본	부채	부채	-
이자/배당/잔여재산우선권	가장 후순위	최우선(배당)	최우선(이자/잔여재산)	매출 또는 이익의 배분	없음
상환권(중도상환)	없음	제한적으로 있음	있음	약정가능	없음(원칙)
전환권	-	보통주	보통주, 우선주	계약에 따라 가능	-
의결권	있음	부여가능	없음	없음	-

자료: 한국벤처캐피탈협회

활용되어 왔으나, 우리나라의 경우에는 2020년 8월부터 시행된 「벤처투자 촉진에 관한 법률」에 반영되면서 최근에 적용되기 시작하였다.

벤처캐피탈 투자검토기준

1 투자의사 결정단계

벤처캐피탈의 투자기업에 대한 심사과정은 일반적으로 다음과 같은 몇 단계의 심사과정을 거친다. 먼저, 벤처캐피탈리스트는 향후 성장가능성이 높은 시장에서 잠재력이 있는 기업들을 발굴하고 사업계획서들에 대하여 예비심사를 한다. 보통 우리나라의 벤처캐피탈들이 투자기업을 발굴하는 방법은 직접적인 사업계획서 검토요청도 간혹 있긴 하지만 대부분 업계 네트워크를 활용하여 예비심사를 진행할 기업을 발굴한다. 둘째로, 예비심사를 통하여 향후 성장 가능성이 높다고 생각되는 벤처기업에 대하여 정밀심사(Due Diligence)를 하게 된다. 이때 투자심사역은 기업의 미래가치 및 산업 및 기술적 리스크에 대한 분석은 물론이며, 경영자의 경영철학 및 태도, 경력 등 다양한 요소에 대한 평가를 통해 투자결정이 이루어진다. 이러한 과정은 투자기업과 창업가와 관련한 정보를 다양한 네트워킹을 통하여 평가함으로써 투자 가능성을 검증한다. 투자대상으로 고려되는 벤처기업들은 벤처캐피탈로부터 투자를 받기 위해서 수주일 또는 수개월간의 정밀기업실사(Due Diligence)와 벤처캐피탈의 내부 투자심의위원회 등의 투자 의사결정절차를 거쳐야 한다. 마지막 투자를 하기로 결정을 하였다면, 벤처캐피탈과 벤처기업은 세부적인 투자조건을 협상하게 된다. 벤처캐피탈리스트들은 정밀심사단계와 투자협정서(Negotiation of Terms)를 작성하는 단계에서 많은 시간과 검증을 통해 가장 잠재적 가능성이 있는 기업을 선별하고자 한다.

그림 5-1 벤처캐피탈 투자심사단계

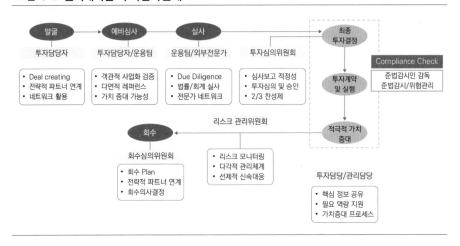

2 투자 의사결정 요인

우리나라 벤처캐피탈은 스타트업에서 상장법인, 영화, 게임 컨텐츠 프로젝트까지 투자 수익성이 있는 모든 법인들을 투자 대상으로 하고 있다. 이와 같이 투자 대상이 매우 광범위한 만큼 기업의 성장단계와 기업의 산업적 기술적 특성에 따라서 투자의사결정요소도 다양하다. 특히, 초기 창업기업에 대한 투자의사결정은 투자대상의 높은 리스크와 정보비대칭에 의한 불확실성으로 상장기업과 비슷한 방식으로 기업가치를 평가하고 투자결정을 하는 데 많은 어려움이 있다. 투자의사결정요인에 관한 기존 문헌들을 분석하면, 초기기업의 경우에는 기업이 가진 기술적 우수성 및 사업 성장가능성, 또한 창업자의 경력에 큰 비중을 두게 되고, 기업 업력이 오래되었거나 장외시장과 상장을 추진 중에 있는 후기 단계에 있는 기업은 현재 시장에서의 주식가치평가요소를 중요시한다. 따라서, 벤처캐피탈의 투자의사결정 요인은 평가자의 지식과 경험에 의한 직관적이고 주관적인 판단에 좌우되기 쉬우므로 객관적인 평가기준을 적용하기는 어렵다. 그러나, 국내외 많은 연구자들이 기업의 어떠한 요소들이 벤처캐피탈의 투자의사결정에 영향을 미치는지 연구해왔으며, 주요 문헌을 살펴본 내용은 다음과 같다. 한주형·황보윤(2020)은 스타트업 기업에 국내 액셀러레이터가 고려하는 투자의사결정 기준으로 창업자의 기업가적인 특성, 제품 또는 서비스에 대한 창업자의 전문성, 투자회수 시 잠재적 수익률을 제시했다. Wells(1974)은 VCs의 투자의사결정 과정에서 창업팀, 시장과 제품, 기업의 재무적 특성을 기준을 처음으로 언급하였으며, Tyebjee & Bruno(1984)는 투자의사결정 기준을 시장성, 제품 또는 서비스의 특성, 경영진의 능력, 환경적 위협과 같은 4가지 범주로 분류하였다. 황병선 외(2017)는 초기 투자유치를 성공한 창업가를 대상으로 중요한 투자의사결정 요인으로 창업자의 투자유치 경험, 기술개발 경험이 초기 투자유치에 유의한 영향을 미친다고 주장하였다. 또한, 초기기업의 재무, 인적, 기술 자원이 투자유치에 긍정적인 영향을 준다고 분석하였다.

이와 같이 의사결정 기준과 관련된 선행 연구에서 초기기업에 투자하는 투자자들의 주로 사용하는 의사결정 기준은 학자들마다 다양하게 제시하였음에도 불구하고, 많은 선행연구에서 엔젤투자자와 벤처캐피탈들의 투자결정에서 관심을 두고 있는 주요 공통 요인은 크게 4가지로 요약되는데, 상품 및 서비스의 매력도, 시장 환경, 투자수익률, 창업가의 역량이다(Maxwell et al., 2011). 그중에서도 연구자들이 초기 창업기업투자에서 가장 관심을 가지고 연구를 한 요인은 창업자의 기업가적 특성이다. 스타트업은 대부분의 초기 자원이 창업자의 역량에 영향을 받기 때문에 창업가의 사회적, 기술적, 기업가적 특성에 의해 기업의 성과가 결정되는 경우가 많다(N Bosma 외, 2004; 최윤수·김도현, 2016; 강만구 외 2018). 한편, 벤처캐피탈은 엔젤투자자와 액셀러레이터보다는 보다 성장한 기업에 투자하는 경우가 대부분으로 기술 분야에 대한 대표자의 학력, 경력 등의 전문성, 기업가적 특성 등을 함께 고려하여 투자의사결정을 하는데, 이때는 기업실사와 투자심의위원회 등과 같은 검증 과정을 충분히 거친다(반성식·송경모, 2004; 구경철 외 2008). 이외에 투자수익률과 기업의 지분과 주주 현황 등이 초기 투자자들이 고려하는 의사결정요인이다(윤영숙·황보윤, 2014).

표 5-2 밴처투자 결정요인에 대한 선행연구

연구자	대상 및 방법	투자 결정요인
Tyebjee & Bruno(1984)	VC 46명, 전화 및 설문	경력관리능력, 제품의 차별도, 환경변화 저항력, 시장매력도, 현금화 가능성
Zacharakis & Meyer(2000)	VC 53명, 의사결정 실험	경력관리능력, 제품의 차별도, 환경변화 저항력, 시장매력도, 현금화 가능성
Monika & Sharma(2015)	VC 108명, 설문	창업자 특성, 재무적 사항, 제품/서비스의 특성
MacMillan et al.(1985)	VC 102명, 설문	창업가 특성, 창업자 경험, 제품/서비스 특성, 시장 특성, 재무 상황, 밴처팀
Muzyka et al.(1996)	VC 31명, 인터뷰, 설문	경영진 팀, 역량, 제품/시장, 재무, 전략적 경쟁자금, 거래 요인
반성식 외(2002)	VC 89명, 설문	기업가의 시장 정통성, 창업 경험, 소유권 보호, 리더십 능력, 시장규모, 시장 성장성, 경쟁자 수, 경쟁 강도 등 미국과 비교 분석
반성식·송경모 (2004)	VC 53명, 설문	8개 기준의 의사결정 실험을 통하여 밴처기업의 성공 가능성 실증분석
구경철 외(2008)	VC 20명, 설문	(상위) 성장성, 수익성 (세부) 경영진과 고용인의 능력, 마케팅 능력, 시장변화 대응력, 경쟁상황, 기술력, 제품 차별성
차명수(2009)	VC 32명, 설문	의사결정 기준에서 가중치가 부여된 기준은 시장 상황, 창업자 (팀)의 능력, 잠재적 수익률 적용
윤영숙·황보윤 (2014)	전문엔젤 15명, 설문	기업가적 특성 기준 하위요인 10가지
허주연(2020)	AC 55명, 설문	상위레벨인 제품/서비스, 내부인력, 시장/고객, 재무 및 전략, 투자자 5개 기준 하위레벨 26개 분석
한주형·황보윤 (2020)	AC 43명, 설문, 인터뷰	창업가(팀)의 기업가적 특성, 창업가(팀)의 전문성, 성공 시 잠재적 수익률
Seong & Kim (2021)	VC 15명, 창업전문가 15명 설문	상위계층인 창업가(팀) 특성, 제품/서비스 특성, 재무적 특성 4개 기준 9개 평가항목 분석

자료: 고병기 외(2022)를 기초로 보완하였음.

벤처기업 가치평가의 이해

　　스타트업과 같은 초기기업의 경우에는 대부분 상당한 기간 동안 현금흐름의 유입과 회계상의 이익이 발생하지 않을 가능성이 크다. 따라서, 초기 기업을 가치평가하는 것은 기존의 전통적인 가치평가방법으로 평가를 일괄적으로 적용하기에는 미래 현금흐름의 발생시점과 그 금액의 크기 등에 대한 추정의 불확실성이 크다. 통상적인 재무관리나 투자론 관련된 교과서를 보면 벤처캐피탈리스트들이 실제로 투자하는 방법론에 대하여 특별히 언급하지 않고 있는데 이는 일반적으로 이러한 초기기업 등의 미래 현금흐름을 신뢰성 있게 예측하는 것은 어렵고, 이를 통한 정량적 재무지표를 사용하여 공정가치를 측정하는 전통적인 재무적 접근이 힘들기 때문이다. 즉, 초기 벤처기업의 시장 특성상 미래 매출액에 대한 전망이 불확실하기 때문에 현금흐름에 대한 시나리오 분석이나 마일스톤을 활용한 가치평가기법을 사용하여 공정가치를 측정하는 것이 합리적일 수 있다. 또한, 시장자료와 기업공개 사례, 인수합병, 청산 등과 같은 투자금을 회수할 수 있는 잠재적인 미래 시나리오의 가정에 대한 시장참여자의 이해관계를 근거로 복잡한 구조의 투자 수단과 계약방식을 통하여 미래시점의 공정가치를 측정하는 가치평가기법을 추구한다.

1 전통적인 가치평가 기법의 적용

1) 현금흐름 할인법(Discounted Cash Flow: DCF)

경영학부 시간에 재무관리나 기업재무를 배워본 적이 있는 사람이라면 벤처기업의 미래에 창출할 현금흐름의 현재가치의 합(PV)에 기업이 자금을 조달할 때 적용되는 자본비용, 또는 투자자의 요구수익률을 적용하여 할인한 순현재가치(Net Present Value)를 통한 현금흐름 할인 평가방법을 알고 있을 것이다. 현금흐름할인법 중에서 대표적인 방법이 수익접근법(Income Method)이다. 이는 초기기업이 가진 기술이나 특허권을 활용하거나 소유함으로써 미래에 얻게 되는 현금흐름을 예측하고 이를 현재가치화하는 방법이다. 즉 해당 기술이 상품화되었을 때의 예상 매출액 및 수익을 현재의 현금 가치로 환산하는 기법으로 기술의 수익성을 추정하여 기술의 경제적 편익과 비용을 계산하고 일정 시점으로 할인하여 순현재가치를 구하게 된다. 이 기법의 적용에는 현금흐름할인법(Discounted Cash Flow: DCF)을 이용하여 기술의 순현재가치(Net Present Value: NPV)의 산정에 초점을 맞추고 있다. 이러한 분석방법의 과정은 다음과 같다.

① 연도별 매출 및 비용을 추정하여 추정손익계산서를 작성
② 향후 자본지출과 필요 순운전자본 등에 대한 계획 수립
③ 연도별 영업현금흐름을 계산
④ 기술상업화 자본조달비용(할인율) 또는 기업의 가중평균자본조달비용(할인율) 산정
⑤ 미래현금흐름, 자본지출, 순운전자본투입을 계산하여 현재가치로 할인

현금흐름할인법(DCF)를 이용한 기업가치를 평가할 때에는 현금흐름, 영구가치, 할인율 등 주요 투입 변수들의 영향을 받는다. 따라서 가장 큰 영향력을 미

치는 변수인 할인율과 영구성장률(또는 시가배수)의 민감도에 따라 기업가치가 어떻게 변화는지에 대한 고려가 필요하다. 특히, DCF 평가를 적용할 때는 시나리오별 변수의 민감도 분석을 병행하여 분석하고, 보수적 관점에서 가치 추정치를 결정해야 한다.

현금흐름할인법(DCF)은 미래의 기대수익을 기업이나 기술의 가치 산정방식의 기준으로 하고 있으며, 특정기술 또는 프로젝트로부터 발생하는 수익을 비교적 용이하게 객관적으로 결정할 수 있는 경우, 이론적으로 가장 타당한 방법이라고 할 수 있다. 따라서 시장이 이미 형성되어 있으며, 향후 성장성이 예측이 가능한 기업이나 기술에 적용이 가능하다. 그러나 현재 또는 가까운 미래에는 현금흐름을 창출하지는 못하지만 기업에 가치를 제공할 수 있는 잠재력을 갖고 있는 기술이나 초기기업의 가치를 제대로 반영하지 못한다는 단점이 있다. 즉, 현재는 시장이 형성되어 있지 않아 매출이 발생하지 않으나 미래에 대규모 현금흐름을 창출할 가능성이 있는 기술이나 기업에 대해서는 그 가치가 과소평가될 우려가 있어 벤처기업의 가치평가 방법으로는 적합하지 않다. 따라서 매우 엄격한 정량적 분석을 통해 기술의 수명을 파악하거나 기업이 창출한 시장의 규모를 예측해야 한다. 그 이유는 미래에 발생할 수익을 현재가치로 환산하기 위해 필요한 할인율 등을 계산해야 하기 때문에 객관적으로 인정받을 만한 미래의 성장 시나리오를 만들어야 하여 정밀한 계산이 어려워지기 때문이다. 즉, 아직 시장에 형성되지 못한 신기술을 가진 초기 벤처기업에 적용하려 할 때 미래를 예측하는 데 필요한 수익·원가 및 이에 따른 리스크 요인 등의 자료의 부족, 이해관계자들 간의 견해의 차이로 이 분석 방법은 현실적이지 않다.

2) 마일스톤 접근법

마일스톤 접근법은 현금흐름할인법을 적용하기 위하여 초기기업이 속한 산업에 적용되는 일반적인 마일스톤을 적용하여 시나리오별로 분석하는 방법을 의미한다. 즉, 마일스톤 달성에 따른 진행 상황을 시나리오화함으로써 시나리오별 발생확률과 그 결과에 따른 현금흐름을 추정하는 것이다. 일반적으로 벤처투자 자들은 초기 기업에 투자를 결정할 때, 창업자와 협의하여 기업의 성장 단계별로 마일스톤을 설정하고, 설정한 마일스톤의 달성 여부에 따른 시나리오별로 기업 가치를 보정한다. 이러한 마일스톤은 기업의 업종에 따라 다양한 항목들이 포함 될 수 있지만, 일반적으로 매출 및 수익성, 현금소진율과 같은 재무적지표, 기술 개발단계, 특허권 승인여부와 같은 기술적 지표, 시장점유율과 같은 영업관련 지 표들이 포함된다.[1]

3) 비용접근법

비용접근법이란 기업가치의 평가방법보다는 기업이 보유하고 있는 특정 기 술자산의 개발이나 획득에 소요된 비용을 측정함으로써 기술자산의 가치를 평가 하는 방법이다. 주로 제품의 대체원가(Replacement Cost)로 기술의 가치를 평가한 다. 이 접근법은 해당 기술의 시장 출시 여부가 불분명한 기술개발 초기 단계기 업에 주로 적용하는데, 특허권이나 기술력만 가지고 있는 초기 기업의 경우 미래 기술의 경제적 수익성, 시장성에 대한 불확실성이 높고 해당 기업의 다른 정보가 매우 한정되어 있는 경우 사용이 가능하다.

비용접근법은 기술개발에 소요된 제반 비용을 기초로 하여 경과기간 동안의 생산원가 변동과 감가상각 요소 등의 가치하락분을 차감하여 기술의 자산가치를 산정한다. 비용접근법은 현금흐름할인법인 수익접근법, 시장의 거래가격을 기반 으로 하는 시장접근법 두 가지 가치 평가방법에 비하면 이론적 근거가 부족하며, 이미 투입된 매몰 비용이 향후에 경제적 편익이 없음에도 불구하고 자산의 가치

---

1) 제약바이오업체들은 핵심 파이프라인 개수 및 임상진도상황, 모바일 플랫폼 업체들은 누 적가입자수, 주문건수, 성장속도 등을 마일스톤으로 설정하기도 한다.

를 인정하고 있어 매우 제한적으로 사용되는 평가기법이다.

4) 시장접근법

시장접근법은 특정기술이나 기업이 창출할 미래수익의 가치를 이미 시장의 거래정보를 가진 당사자 간에 정상적으로 형성된 매매가격, 즉 시장가치를 이용하여 평가하는 방법이다. 이는 비교가능한 유사 기술자산이 거래된 가격 또는 유사한 기업이 인수합병된 가격을 근거로 하여 기존의 거래자료와 당시의 시장상황 및 현재의 시장상황 평가를 바탕으로 기존거래와의 이익배수(PER), 매출배수(PSR)와 같은 비교배수(Multiples)를 산정한다. 이익 배수는 기업의 상대 차기 비교시 가장 일반적으로 사용되는 비율이나 초기 기업의 경우 대부분 순손실을 가지고 있기 때문에 적용하기 힘든 문제가 있다. 또한 미래 예상 수익을 가정하고 이익배수를 통한 기업가치를 산정할 경우 앞에서 언급한 DCF 모형과 동일한 문제점이 발생할 수 있다. 따라서 초기 벤처기업은 매출이 발생하더라도 적자인 경우가 많기 때문에 이익배수(PER) 대신 매출배수(PSR)를 이용하는 경우가 많다. 이 때 평가 기술이나 기업이 속한 시장이 존재하며, 최소한 아주 유사한 거래가 다수 선행되어야 안정적인 가치예측이 가능하다. 예를 들어, 기술 자산의 비교 평가가 가능하기 위해서는 우선 업종이 동일하거나 유사해야 한다. 또한 기술의 수익성, 시장의 진입장벽, 기술의 영향력, 특허보호범위 등에서도 유사한 조건이 요구된다. 기업의 가치평가의 경우에는 유사 기업의 거래가격에 대하여 상세하고도 충분한 정보가 존재해야 한다. 비교대상으로 하는 기업체의 산업, 제품, 기업의 규모, 매출액 규모 등을 고려하여 대상기업을 면밀히 선별하여야 한다.

2 벤처캐피탈 관점에서의 기술기반 벤처기업의 가치평가법

일반적으로 대부분의 사람들은 '기술기반기업의 시장가치가 기존의 비슷한 기업보다 과대평가 되어 있는 것 아닌가'라고 생각하는 사람이 많다. 이는 동일한 산업에 있음에도 불구하고 신생벤처기업이 기존의 업력이 오래된 기업보다 고평가 되는 경우가 많기 때문이다. 기존의 기업의 가치평가 관점에서 보면 맞는 말이나 벤처캐피탈리스트 입장에서 보면 기술기반의 기업은 고평가 될 수밖에 없는 성장성과 수익성을 가지는 특징이 있다.

새로운 기술이 가지는 혁신성이나 기술의 파급력을 볼 때 이러한 기술력이나 지적재산권을 보유한 벤처기업들은 시장을 급속히 장악하고 주도적 플레이어가 될 수 있는 가능성이 매우 높다. 기존 시장에 존재하지 않던 서비스나 제품을 가지고 새로운 시장을 만들어서 독점적 지위를 가져가는 것이다. 자율주행기술을 가진 전기차제조업체 테슬라, 공유숙박 서비스를 처음 선보인 에어비앤비의 시가총액은 기존의 자동차산업, 호텔산업의 플레이어와 다르게 높은 기업가치를 평가받고 있다. 이러한 기술 독점적 사업지위를 가진 기업들은 기존기업과 차별화된 수익성과 사업확장성을 가지고 있다. 따라서, 초기기업에 투자하는 투자자들은 미래 시점에 성장한 기업에 대한 기대가치를 기준으로 투자원금의 최소한 10~20배 정도의 투자수익을 기대하고 투자의사결정을 진행한다. 이때 가장 중점적으로 평가하는 요소가 기업의 미래가치다. 즉, 기업의 가치를 평가할 때 회수 시점에서의 기업의 잠재 가치를 기준으로 미래가치를 분석하고, 이를 기준으로 다른 투자자와의 경쟁에서 투자 건(Deal)을 성사시킬 수 있는 현재의 할인 가치를 결정한다. 현재의 할인 가치는 리스크가 높은 기술기반의 기업에 대하여 투자할 때 회수 시점에서 10배 이상의 수익을 회수할 수 있는 할인율을 적용한다. 이때 회수 시점이 향후 다른 투자 라운드의 투자 유치가 가능한 수준에서의 기업 가치도 고려해야 한다. 즉, 차기 투자자금 유치를 위한 단기적 미래 가치와 회수 시점의 장기적 투자관점의 기업가치 사이에서 적정한 가치를 찾고자 한다.

1) 회수시 잠재 기업가치 측정

투자자들은 기업이 IPO 또는 인수합병이 되었을 때 평가 받을 수 있는 기업가치에 대하여 대부분의 투자자들이 동의하는 일관된 기업가치수준을 판단하는데, 이는 이들이 목표하는 회수 시점에서 평가하고자 하는 기업과 유사한 기업들이 이미 상장되어 시장에서 적정한 가치를 평가받고 있거나 비상장상태라고 하더라도 유사한 거래 사례가 존재하는 경우가 많기 때문이다. 대부분의 벤처투자자들은 투자한 기업의 주식이 IPO가 되었을 때는 목표로 기대 되는 기업가치를 판단한다. 만약 IPO가 아닌 타기업의 인수합병으로 지분을 매각하는 경우에는 회수가치를 IPO보다 높게 받을 수 없는 경우가 많다. 따라서, 향후 IPO 가능성을 기반으로 시장규모와 향후 성장률, 유사기업의 시장가치와 성장성, 자본투자수익률 등을 분석하여 잠재적 가치를 판단한다. 이때 초기기업에 투자하는 벤처투자자들은 향후 잠재 가치의 이익 배수를 기준으로 약 10~20배 정도로 기대하는데 초기 단계기업의 투자자들은 대략 회수시 기업가치 기준으로 최소 500억~1,000억 사이를 목표 잠재가치로 투자결정을 고려한다. 일반적으로 벤처캐피탈의 회수시 목표 기업가치는 1,000억~3,000억 사이를 선호하며 이를 충족시킬 수 있는 성장잠재력이 높은 시장에 속한 기업에 투자를 선호한다. IPO 직전 이미 시장에서 사업성이 검증된 후기 성장단계에 있는 기업에 투자하는 벤처캐피탈들은 초기 기업투자자들보다는 기업의 향후 매출 성장률, 그리고 기업이 상장이 되었을 때 시장에서 평가받는 주식 가치평가에 더 많은 분석을 한다. 이때에는 투자수익의 이익배수를 낮게 설정하고 확실하게 수익을 낼 수 있는 기업을 중심으로 투자를 진행하게 된다.

2) 다음 투자라운드의 예상 가치 측정

초기 기업의 투자자들은 항상 다음 투자라운드에서의 가치가 지금 투자되는 가치에 비하여 얼마나 성장할 수 있을지 반드시 고려하여야 한다. 후속 투자가 이어지지 않는다면 기업은 더 이상 성장하지 못하고 실패하는 경우가 대부분이기 때문이다. 일반적으로 Series A 단계에서 Series B 단계로 이어지는 투자라운드에서 기업가치는 일반적으로 최소 100% 이상 성장하는 것을 전제로 투자가 고려된다. 다음 투자라운드에서 기업가치에 영향을 미치는 중요한 요인은 직전 투자라운드에서 유치한 자금을 통해 당시에 계획했던 목표를 얼만큼 달성했느냐의 실적과 현재의 해당 기업이 속한 경쟁사, 시장 환경이다. 벤처투자자들은 향후 1~2년 뒤 시점에 있을 기업의 성장실적과 시장 환경을 예상하여 기업가치를 측정한다. 예를 들어 IPO 시점의 잠재 가치를 3,000억으로 산정하였다면, Series A 단계에서는 기업가치를 150억~300억 사이를 산정하여 창업자와 협상을 하고, Series B 단계에서 기업가치가 600억~800억 사이가 될 것으로 가정하여 투자금액과 규모를 역산하는 식이다. 상장직전의 후기단계의 투자라면 1,200억~1,800억 수준의 기업가치가 도출된다. 이러한 방식에 정해진 규칙이 있는 것은 아니지만 벤처캐피탈리스트들은 이러한 각 투자라운드별 적정 투자규모에 따른 기업가치를 가늠하고 측정한다. 이때 각 투자라운드 별로 투자를 할 때 기업의 가치는 Pre Value(Pre-money Valuation, 투자 전 기업가치)와 투자 금액을 통해 Post Value(Post-money Valuation, 투자 후 기업가치)라는 용어를 사용한다. 일반적으로 투자 전 기업가치 또는 투자 후 기업가치를 기준으로 투자규모를 계산하면 투자자들이 받는 회사의 지분율을 역산해볼 수 있다.

- Pre Value + 투자 금액 = Post Value
- 투자 금액 / Post Value × 100 = 지분율(%)
- 투자 금액 / 지분율 = Post Value

예를 들어, Pre Value가 16억원인 회사가 4억원을 투자 받는 경우, 이 회사의 Post Value는 20억원(16억원 + 4억원)이며, 투자자는 이 회사의 20%(4억원/20억원)의 지분율을 확보하는 셈이다. 즉, 창업자와 투자자가 기업가치 산정을 통하여 'Pre Value로 16억원을 인정받아 4억원을 투자 받았다'는 말과 '4억원을 투자받고 회사의 지분 20%를 팔았다'는 말은 같은 의미이다. 투자를 받을 때 스타트업에 대한 가치평가는 당연히 이루어지게 되는데, 스타트업과 투자자가 Pre Value로 회사 가치를 평가하는 것인지, 아니면 Post Value로 회사 가치를 평가하는 것인지를 명확히 하지 않아서 추후 불필요한 논쟁이나 분쟁이 발생하는 경우가 많다. 그러므로 스타트업과 투자자는 회사 가치를 평가할 때 Pre Value 또는 Post Value 중 어느 가치로 평가하는 것인지를 명확히 할 필요가 있다.

벤처투자계약서 견본

부록 첨부

(pp.219~254)

벤처기업 성공과 실패 사례

section 01
벤처기업 성공 및 실패 분석 이론

벤처기업의 성공과 실패를 정의 내리기가 쉬운 일은 아니다. 무엇이 성공이고, 무엇이 실패인지 그것을 가늠하기가 어렵기 때문이다. 성공한 벤처기업이라고 해도 어느 시점에는 실패기업으로 전락한 경우가 많고, 반대로 지금은 실패한 기업으로 보일지라도 위기를 극복하고 다시 성공한 기업으로 성장하는 벤처기업도 많이 나타나기도 한다.

하지만, 우리가 일반적으로 성공한 기업이라고 할 때는 혁신과 기술 개발 등으로 지속 성장하여 시장 점유율이 높으면서 나름대로 성장의 핵심 요인을 내세울 수 있는 기업인데, 이를 성공한 벤처기업으로 분류한다. 실패 기업은 혁신 부족, 기술 개발 미흡 등으로 계속 성장하지 못하고 결국 도산하거나 사라지는 기업인데, 이는 실패 벤처기업이라고 볼 수 있다.

벤처기업 성공의 정의는 다음과 같이 분류할 수가 있을 것이다.
첫째, 첨단기술을 갖고 기존에 없던, 다른 기업과 차별화된 기술을 보유하고 혁신적인 신기술 사업을 펼쳐 창의적으로 성장하는 경우다. 기존 시장에서 없었던 새로운 혁신 제품을 출시하여 새로운 비즈니스 영역을 개척하며 성장하는 기업의 경우다.

둘째, 벤처기업으로서 R&D 비율이 업계 평균대비 1배 이상(혹은 총매출액에 대한 연구개발비의 합계가 차지하는 비율이 100분의 10 이상), 매출 및 이익 증가율이 업계 평균대비 2~3배 이상 지속적으로 증가하면서 미래에도 경쟁력을 갖춘 혁신기업(기술 혁신성, 사업 혁신성)의 경우다.

셋째, 국내 시장 점유율 상위권(1~5위권)을 유지하거나 세계 시장 점유율 10위 권 정도로 시장에서 제품을 인증 받아 매출이 꾸준하게 성장하여 시장 우위 지배력을 갖고 있는 벤처기업의 경우이다.

넷째, 벤처기업으로서 꾸준하게 성장하여 20년 이상 기업을 지속하면서 승계를 통해 장수할 뿐 아니라 글로벌 강소기업, 나아가 유니콘 기업으로 성장하는 경우이다.

반대로, 벤처기업 실패의 정의는 다음과 같이 분류할 수가 있다.

첫째, 사업을 중단하는 경우다. 벤처기업으로 성장하다가 일정 시점에 여러 가지로 이유로 사업체를 매각하거나 소유 구조를 변경하며, 때로는 벤처인의 개인적 이유로 비즈니스를 중단하거나 사업을 접는 경우다.

둘째, 공식적으로 파산하는 경우다. 벤처기업을 경영하다보면 다양한 위기에 직면하게 된다. 자금과 관련된 사례가 대표적이다. 경영에 필요한 자금을 금융기관 등으로부터 조달하였지만, 상환 기일에 갚지 못해, 즉 채무관계 불이행으로 인해 부도나기도 한다. 또는 기업을 경매처분하거나 법정관리 혹은 워크아웃에 들어가는 경우도 있다. 아니면 3자에게 매각되기도 한다.

셋째, 사업을 처분하는 경우다. 벤처기업이 이익을 계속 내기가 어렵다. 어떤 경우는 개발하면서 매출이 전혀 없어 연속 적자를 내는 사례도 있다. 손실이 커지면서 더 이상 버티기 어려운 경우에 비즈니스를 중단하는 경우다.

넷째, 지속적인 사업운영에 실패하는 경우다. 벤처기업의 경우 단일 제품이나 아이디어로 매출을 올린 후, 후속 제품을 통해 수익을 내지 못할 경우가 발생한다. 시장에 실패하여, 수익이 발생하지 않아 벤처기업은 존재하나, 죽은 것과 마찬가지인 경우다.

　벤처기업의 흥망성쇠는 근본적으로 기업이 갖고 있는 경쟁력 우위에 의해 좌우된다. 경쟁환경이 급속하고 다양하게 변화하고 있는 치열한 경쟁여건에서 벤처기업의 생존과 성공의 핵심 요소는 기업의 경쟁력 우위 확보 여부에서 찾을 수 있다.

　벤처기업의 성공은 전략, 경영자, 산업의 특성, 핵심 역량 등의 요인에 의해 좌우된다. 일반적으로 기업의 성공요인에 대한 분석은 1940년대 게임이론에서 도입된 경영 전략 연구에 그 뿌리를 두고 발전해 왔다. 초기에는 논리적인 프로세스에 주력하였으나, 전후(戰後) 호황기를 거치고 60~70년대에 시장 지향적인 사고가 발전하였다. 기업을 '외부에서 내부'로 바라보는 산업 분석과 마케팅이 태동하게 되었다. 1990년대 들어서는 기업을 '내부에서 외부'로 바라보는 연구가 시작되면서 핵심 역량을 파악하고 경쟁 우위를 지속시키는 원천으로서 자원에 대한 연구가 이루어졌다. 최근에는 기업의 성공요인을 분석하는 방안으로 이러한 시장 지향적 사고와 자원 지향적 사고가 결합되고 있는 추세이다.

　마이클 포터의 5 Forces Model(산업구조분석모형)은 가장 표준적인 산업 분석 방법론이다. 산업구조를 정확하게 분석해야 미래에 대한 예측을 할 수 있고 방어와 공격, 진입과 퇴출을 결정할 수 있다. 5요인 모형은 다섯 가지 경쟁요인을 통해 특정 산업분야의 현황과 미래를 분석하는 기법으로, 기업의 경영전략을 수립하는 데 활용된다. 공급자, 구매자, 잠재적 진입자, 대체재 사이에서 기존 기업의 경쟁 정도를 나타내는 모형이다.

　가치사슬 분석은 기업의 부가 가치를 창출하기 위한 제반 활동들을 분석해서 기업 경쟁 우위가 어디에서 유래하는지 밝혀내는 것이다. 마이클 포터는 기업의 가치사슬을 구분하고 있다. 제품의 생산 및 판매하는 본원적 활동과 그 본원적 활동이 원활하게 수행될 수 있도록 지원하는 활동으로 나누었다.

그림 6-1 마이클 포터의 5 Forces Model

벤처기업의 성공 요인을 분석할 때 일반적으로 산업의 전반적인 특성과 개별 기업이 경쟁 우위를 확보하는 원천을 분석하는 것으로 접근한다. 하지만 기업이 장기적으로 경쟁 우위를 지속하기 위해서는 조직 내부가 효과적이고 합리적으로 운영되어야 한다.

맥킨지 컨설팅의 7S 모형은 기업조직의 변화 대처 능력에 영향을 끼치는 7가지 경영요소로부터 조직을 진단하고 전략수립, 실행, 평가하는 내부역량 분석 모델이다. 즉, 조직의 효과 정도를 결정짓는 7가지의 요인과 그 상호관계를 모형화한 것이다. 7S Model은 짧은 기간에 문제를 수정할 수 있는 Strategy(Hard S－전략), Structure(조직 구조), Systems(제도)와 수정하는 데 오랜 시간이 필요한 Soft S－Style(경영자 특성), Staff(직원 역량), Skills(기술 역량), Shared Values(조직 문화와 공유 가치)로 구분된다.

우리나라에서는 5개 중소기업에 대한 분석을 통하여 중소기업의 성공 및 실패요인이 기업가, 조직의 자원과 역량, 산업 환경, 경쟁 전략 요인에 의해 결정된

그림 6-2 맥킨지 컨설팅의 7S 모형

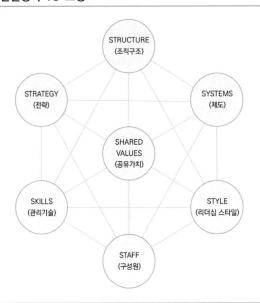

그림 6-3 ERIS 모델

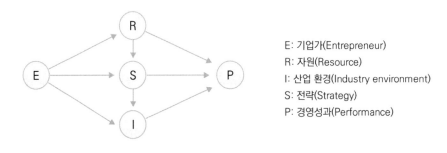

E: 기업가(Entrepreneur)
R: 자원(Resource)
I: 산업 환경(Industry environment)
S: 전략(Strategy)
P: 경영성과(Performance)

자료: 중소기업은행(2014), 2013 success story

다고 보고 ERIS 모델을 제시하였다. 이들 요소들은 개별 기업의 경영성과에 중요
한 영향을 미칠 뿐만 아니라 각 요소가 상호작용을 하면서 복합적으로 영향을
미친다.

벤처라는 용어조차 생소했던 1980년대 초반, 젊음과 두뇌로 무장한 모험적인 기업들이 하나 둘 이름을 알리기 시작했다.

『한국벤처산업발전사』에 따르면 1980년대 초부터 1990년대 초까지 창업한 벤처 1세대 기업인은 20여 명 정도다.

사실 이 땅의 벤처기업 1호는 1980년 창업한 '삼보컴퓨터(구 삼보전자엔지니어링)'라 할 수 있다. 당시 미국 유학에서 돌아온 이용태 전 회장은 서울 청계천의 허름한 사무실에서 자본금 1,000만원으로, 7명의 직원과 함께 의기투합해 퍼스널 컴퓨터를 선보였다.

큐닉스컴퓨터도 1981년 서울 안암동 작은 셋방에서 시작하여 우리나라 벤처 황무지를 개척하기도 했다. 한국과학기술원 전산공학 박사 1호인 이범천 전 회장이 창립자다. 이 회장은 동료와 후배 5명을 모아 당시로는 획기적인 워드프로세서 개발에 나서며 초기 벤처업계를 이끌었다.

언론에서도 벤처기업(Venture Business) 대신 '모험기업'이라 직역해 표기할 만큼 용어 자체가 낯설 시대였다.

벤처기업은 국제적으로 확립된 개념이 없었다. 미국과 유럽 등지에서 1970년대 후반부터 등장하기 시작한 것으로 볼 수 있다. 신기술을 기반으로 컴퓨터·전자·정보통신·화학·생명공학·환경·의료·산업기기 등 신규 사업 부문에서 창업해 모험적인 경영을 하는 기업이라 여겼다. 성공할 경우 높은 기대수익이 예상되는 기술집약적 중소기업이었다. 국내에선 '벤처기업 육성에 관한 특별조치법' 등에 자격요건이 규정되면서 의미가 정립됐다.

YG-1(구 양지원공구)는 송호근 회장이 창립하여 꾸준하게 성장해 온 벤처 1세대를 상징하는 기업이다.

그 이후 1983년에 조현정 회장이 '비트컴퓨터'를 창업해 급성장했다. 당시 조 사장은 대학생이었다. 정문술 전 카이스트 이사장은 반도체 검사장비업체인 '미래산업'을 1983년에 창업하였다. 정 이사장은 당시 늦은 나이라고 여기는 40대 나이에 벤처업계에 도전장을 던져 세간의 화제가 되기도 했다.

정 이사장은 이후 라이코스코리아를 설립하는 등 기업가 정신을 발휘했다. 정부·학계·언론계 인사들이 모여 벤처 관련 네트워크 '벤처리더스클럽'을 만들어 초대회장을 맡기도 했다.

1985년에는 '메디슨'이 설립됐다. 벤처업계의 대부라 불리는 이민화 회장이 창립한 것이다. 카이스트 초빙교수였던 이 교수는 카이스트에서 초음파 진단기 연구로 박사학위를 받은 뒤 6명의 동료와 함께 자본금 5,000만원으로 창업을 했다. 초음파 영상 진단 의료기 분야에서 메디슨은 국제적 명성을 얻으며 수많은 국가에 제품을 수출하면서 '메디슨 신화'를 이루었다. 이 회장은 벤처기업협회 초대회장을 맡아 국내 벤처생태계 조성에 주도적 역할을 하기도 했다. 저울업체로 알려진 'CAS'와 특수자동차업체인 '광림특장차'도 벤처 초창기에 창업한 기업에 속한다.

벤처기업협회(1995년)가 출범하고 코스닥 설립(1996년)과 벤처기업특별법 제정(1997년)을 통해 한국은 벤처 발전의 주요 인프라를 구축할 수 있었다.

코스닥이 벤처기업의 자금조달을 맡았다면, 벤처기업특별법은 세계 최초로 제정된 것이며, 창업·벤처 지원의 토대가 됐다.

코스닥을 통해 연간 수조원의 벤처투자자금이 투입되면서 국내 시장에 벤처의 꿈이 꽃을 피우게 되었다. 2000년 이전에 창업한 'NHN', '다음', '엔씨소프트', '휴맥스', '주성엔지니어링', '다산네트웍스' 등 한국을 대표하는 벤처기업들은 코스닥이 없었다면 큰 기업으로 성장하지 못했을 것이라고 전문가들은 평가한다.

벤처기업특별법은 자금·인력·입지를 포괄한 총체적인 벤처 창업지원정책을 담고 있는 획기적인 지원법이었다.

스톡옵션 제도는 벤처로 인재를 유치하는 결정적인 통로가 됐다. 1999년 당시 연간 상장기업수(180개)는 코스피(10개)보다 높았다. 당시 한국의 코스닥은 미국의 나스닥에 이은 세계 두 번째 이머징마켓(신시장)으로 일본의 자스닥이나 독일의 노이에 마켓보다 3년이나 앞서 형성됐다. 이처럼 1999년에 시작된 벤처붐은 일반인은 물론 벤처캐피털 업계 전문가들도 예상치 못할 정도로 울림이 매우 컸다.

벤처기업에 자금을 조달해줄 벤처캐피탈(벤처금융)도 바로 이 시기에 형성되기 시작했다. 1974년 국책연구소의 연구 결과를 사업화할 목적으로 설립된 한국기술진흥주식회사(KTAC)가 그 출발점이었다. 오늘날 우리가 말하는 벤처캐피탈은 1981년에 설립된 한국종합기술금융(KTB, 구 한국기술개발주식회사, KTDC)이 그 효시라고 볼 수 있다.

그 이후 시간이 지나면서 한국투자개발금융(KDIC), 한국기술금융(KTFC) 등 기술사업금융회사들이 속속 만들어졌다. 우리 정부도 하루가 멀다 하고 명함을 내미는 벤처기업들의 자금조달에 숨통을 터주기 위해 정책 수립과 제도적인 지원에 적극 나섰다. 우리 정부는 그동안의 일률적인 대기업 위주 정책에서 벗어나 창업기업에 대한 지원정책을 적극 추진했다.

'중소기업창업지원법'(1986년 4월)과 '신기술사업 금융지원에 관한 법률'(1986년 12월)이 제정됐다. 이 법이 제정됨으로써 벤처캐피털을 설립하고 벤처기업을 지원할 수 있는 법과 제도 등 다양한 정책적인 수단이 도입됐다.

1980~1985년 초창기 벤처기업들이 산발적으로 나타나던 것이 1986년 서울아시안게임과 1988년 서울올림픽을 계기로 벤처기업들이 다양한 분야에서 집단

적으로 등장하게 된다. 그 당시에는 대형 스포츠 이벤트 속에 실물경기가 급상승했을 뿐만 아니라 3저 호황 속에 벤처캐피탈이 속속 설립되며 벤처업계의 자금조달에 숨통이 트였고, 정부의 벤처기업 지원정책이 가시화되며 벤처 창업환경이 훨씬 유리해졌다.

1986년에는 김익래 회장이 큐닉스에서 기업을 분할하여 '다우기술'을 창업했다. IT 솔루션 전문업체인 다우기술은 온라인 증권사 '키움증권'을 설립하며 중견기업으로 성장했다. 1989년에는 이찬진 현 드림위즈 대표가 '한글과컴퓨터'를 설립했다. 당시 이대표는 '한국의 빌 게이츠'라 불리었다. 이 대표는 대학시절 컴퓨터 동아리 멤버들과 함께 문서작성 프로그램을 개발하였고, 이어 '한글과컴퓨터'를 창업해 이른바 '한컴신화'의 주인공이 됐다. '셋톱박스 신화'의 주인공 변대규 회장도 그 당시 '휴맥스'를 설립하고 시행착오 끝에 아시아 최초로 디지털 셋톱박스 개발에 성공한다. 휴맥스는 설립 21년 만에 매출 1조원을 돌파했다. 1990년에 들어서는 〈나눔기술〉, 〈로커스〉, 〈두인전자〉, 〈가산전자〉, 〈한광〉 등이 잇달아 설립되었다. 〈팬택〉을 비롯해 〈한아시스템〉, 〈아펙스〉 등도 벤처 업계에 이름을 올렸다.

1995년에는 안철수 교수의 '안철수바이러스연구소'와 황철주 회장의 '주성엔지니어링'이 설립됐다. 서울대 의과대학에서 박사과정을 마친 안철수 교수는 당시 컴퓨터바이러스 백신 연구를 시작하며 국내 최초로 백신 연구소를 설립한 한국 컴퓨터 백신의 개척자다. 설립 이후 반도체 장치 분야에서 국제적으로 기술력을 인정받아 온 주성엔지니어링은 디스플레이와 태양전지장치분야로 사업을 다각화해 커다란 성과를 올렸다.

벤처라는 신세대 사업가는 2000년에만 2,000억원의 기부활동을 하고 전국대학에 인큐베이터를 설립하는 등 벤처·창업을 확산하는 데 앞장섰다. 벤처로의 인재 유입과 성공의 선순환 기반이 구축되면서 이공계 대학의 선호도도 점차 증가했다. 투명한 기업문화 구축에도 한몫했다. 벤처의 기본은 개방과 공유로 핵심 역량을 집중하고 주변 역량과 제휴하는 것이다. 이를 위해선 무엇보다 투명한 경영이 필요했다. 결론적으로 창조, 도전, 기업가정신, 혁신, 나눔 등을 바탕으로 성장한 벤처문화는 신세대 기업가와 새로운 기업문화를 이끌어냈다.

하지만 늘 봄날은 아니었다. 벤처 업계에 어두운 그림자도 드리웠다. 진승현 게이트, 이용호 게이트, 정현준 게이트 등 각각 2,000억원대, 1,000억원대, 2,000억원대의 불법 대출과 횡령에 의한 주가조작으로 벤처에 대한 잘못된 인식이 형성되고 생태계마저 파괴되기도 했다.

2001년엔 전 세계에 IT버블이 붕괴하면서 미국의 나스닥과 함께 한국의 코스닥도 동반 하락했다. 전 세계가 고전했지만 우리나라에선 '묻지마 투자', '무늬만 벤처' 등의 용어가 난무하며 벤처 거품설이 제기됐다.

이러한 사회적인 분위기에 벤처 규제 정책이 쏟아져 나왔다. 이른바 '벤처 건전화 정책'으로 업계의 성장세가 멈추기도 했다. 일례로 이 시기 이후 창업에 필요한 초기 엔젤투자는 2000년 5,000억원 규모에서 2014년 300억원대로 대폭 축소됐고, 벤처캐피탈 업계도 2000년 2조원이 넘던 규모가 1조원대로 줄어들었다.

하지만, 업계 관계자들은 " 여전히 오늘날 벤처는 살아 있다"고 말한다. 〈네이버〉와 〈다음〉, 〈카카오〉처럼 아예 벤처기업을 졸업하고 한국경제 성장을 주도하는 기업이 적지 않다는 것이다. 빙하기를 거쳤음에도 국내 벤처캐피탈 투자액은 여전히 전 세계 4위권 수준이란 점도 벤처 희망을 뒷받침하고 있다. 앞으로도 혁신적인 벤처 기업이 생겨나 우리나라 경제를 이끌어 갈 것이다.

벤처기업 성공 사례

1 (휴맥스) 사람 중시와 변혁기를 기회로 벤처1세대 신화 창조

'벤처 신화' '대한민국 벤처 1세대'

디지털 셋톱박스 제조업체 휴맥스 앞에는 항상 이 같은 수식어가 따라다닌다. 척박한 벤처 환경에서 기적적으로 살아나 매출 1조가 넘는 기업으로 성장한 휴맥스는 모든 벤처기업의 롤 모델이다.

1989년 선후배 7명이 창업, 1억원 매출액은 '10년 1조원을 돌파, 대한민국 벤처 1세대의 신화로 성공했다.

변대규 대표가 가요 반주기를 개발 및 생산하는 건인 시스템 설립이 시초였다. 가요 반주기 개발을 통해 사업성과를 달성하였으나 디지털 가전사업 분야의 성공을 예상한 창업가의 디지털 셋톱박스로 과감한 사업 전환을 추진했다. 1996년 자체 기술력을 기반으로 셋톱박스를 개발하여 유럽 수출에 성공하였고, 이후 미국, 일본, 중동 등의 시장을 중심으로 빠르게 해외로 진출하며 성장했다.

설립초기부터 적극적인 해외진출을 통해 총 매출액의 대부분이 해외매출에서 발생했다. 총 매출액 중 해외매출의 비중이 90% 이상을 차지하고 있으며, 최근 해외매출의 비중은 약 97%를 차지했다.

해외진출 위해 기술력 성장을 통한 수출판로를 자체적으로 개척하였고, 해외 소수 주문에도 불구하고 단가 인하 및 적극적인 현지화를 위해 공장, 현지법인, 지사를 적극적으로 설립했다.

1996년 자체 기술력으로 첫 유럽 수출 성공 이후 제품 리콜 및 반품 발생으로 기업운영의 최대 위기에 직면하였으나 기존 리콜 및 반품 제품의 보완을 통해 기업의 성장세를 다시 회복했다.

차세대 성장 동력을 계속 모색했다. 셋톱박스, 브로드밴드 게이트웨이, 카셰어링 사업, 주차장 운영 사업을 주력에서 모빌리티 플랫폼 분야로 사업 영역을 확장했다. 차량용 안테나 생산업체 위너콤을 인수('17), 카셰어링 솔루션 제공 업체 디지파츠와 렌터카 서비스 플랫폼 휴맥스모빌리티를 인수('18), 주차장 서비스 사업 진출을 위해 하이파킹을 인수했다('19).

주차와 관련된 다양한 서비스, 전기차 충전 및 관리에 대한 서비스, 카셰어링 서비스 등을 제공하여 부가가치를 추구, 차세대 모빌리티 사업을 추진했다.

표 6-1 휴맥스 매출 실적(십억원, %)

	1993	2001	2010	2018	2019	2020	2021
매출액	4	315	1,005	1,475	1,275	1,332	1,424
영업이익				-39	28	33	42
영업이익률				-2.6	2.2	2.5	2.9

자료: 휴맥스 내부자료 및 각종 인터넷 정보

휴맥스의 성공 비결은 여러 가지 있겠지만, 다음 몇 가지로 정리할 수가 있다.

기업의 철학이 근본에 깔려 있다. '휴맥스(Humax)'는 '사람(Human)'을 '최대화(Maximization)'한다는 의미다. 사람을 최대화한다는 건 사람을 세우는 기업이 되겠다는 것이다. 휴맥스 전신인 '건인(建人)시스템'의 사명도 결국 같은 의미다.

경영측면에서는 산업의 변혁기에 새로운 기회를 포착하고, 기존 경쟁력 없는 사업을 접고 셋톱박스와 같은 한 분야에 집중한 것이다. 또한 경쟁기업이 관심을 두지 않는 틈새시장을 전략적으로 공략했다. 무엇보다 철저한 현지화 전략이 주효했다. 현지 법인 설립을 통해 자신의 눈으로 시장변화를 파악한 것이었다.

2 (에스디(SD)→에스디바이오센서) 차별화된 제품 개발로 신속진단시약 선점

인체 및 동물용 신속진단시약의 개발 및 판매 기업 에스디(SD)로 1999년 2월 설립된 신속진단시약 제조업체다.

조영식 회장은 GC녹십자에서 10여 년간 진단시약을 연구한 경험을 살려 1999년 진단기업 에스디(SD)를 설립한 것이다.

에스디(SD)는 세계 최초로 말라리아, 조류인플루엔자, 사스 진단시약을 개발해 시장을 장악했다. 코스닥 시장 상장 첫해(2003) 90억원이던 매출은 673억대(2009)로 뛰었다. 경쟁업체들의 견제가 뒤따랐고, 결국 2009년 미국 엘리어에 적대적 인수합병(M&A)을 당했다.

그 이후 엘리어가 무리한 확장 여파로 구조조정에 들어가자 '11년 에스디(SD)의 바이오센서 사업부문을 인수했다. 조회장은 에스디바이오센서의 차별화된 경쟁력을 '남들보다 빠른 제품 개발'과 '신뢰할 수 있는 품질'로 삼고 역량을 집중했다.

에스디바이오센서는 신속하고 정확한 질병 진단으로 삶의 질 향상에 공헌하고자 하는 체외 진단 전문 기업이다. 동 회사는 신속진단, 면역진단, 분자진단, 자가혈당 측정 시스템을 연구·개발하고 있다. 주로 혈당측정기, 당화혈색소분석기 및 콜레스테롤 분석기를 전 세계적으로 공급하여 글로벌 진단기업으로의 성공적인 발판을 마련하였다. 최근 언론보도에 따르면, 질병의 정성적 분석뿐만 아니라 정량적 분석까지 가능한 진단 제품을 개발 및 공급하고 있다.

코로나19 팬데믹에 7억 개 이상의 진단키트를 팔아 업계 '신데렐라'로 떠올랐다. 2020년 초 코로나19가 발발하자 수 십 억원 투입해 진단키트 양산체제를 갖춰 주문이 들어오지도 않은 상황에서 내린 과감한 결정 덕분에 시장 선점이 가능했다.

코로나19 진단키트 개발 당시 대부분의 회사들이 항체진단키드 개발에 집중했지만 에스디바이오센서는 수요가 결국 항원진단키트에 있을 것이라고 보고 초기부터 항원진단키트를 개발하였고, 남들보다 더 빠르게 시장에 선보인 것이다.

에스디바이오센서의 실적 고공행진은 코로나19 팬데믹이란 특수한 상황이 영향을 끼친 것은 맞지만, 사실, 코로나 이전부터 감염병 진단에 대해 혁신적인 연구를 시작했다. 코로나 19 이전에 사스, 메르스, 신종플루 등 다양한 감염병을 진단 할 수 있는 기술을 개발했고 휴대용 혈당 측정기 등의 270여 개의 품목을 생산했다.

기술 개발에 대한 지속적인 투자를 통해 새로운 기술·제품 라인업을 확장해 나가고 있다. 혈당 측정 시스템부터 면역분석 방법, 중합효소 연쇄반응(PCR) 방법을 이용한 다양한 진단 시스템까지, 우수한 체외진단 시스템을 개발하기 위하여 연구개발진이 연구 역량 강화에 집중하고 있다.

에스디바이오센서는 보유한 유동성을 토대로 해외시장에서의 보폭을 넓히고 있다. 글로벌 진출 지속, 2023년 미국 체외진단 업체 메리디언 바이오사이언스 인수합병 등 글로벌 체외진단 업체의 모습을 갖추는 중이다.

성공적인 해외 시장 개척 비결에는 해외 7개국에 설립된 법인과 독점 딜러망 체계가 있다. 2021년 기준 회사 전체 매출의 94.6%가 해외에서 발생하고 있으며, 에스디바이오센서는 이 두 가지 전략을 적절히 활용해 시장 내 점유율을 빠르고 효율적으로 증가시켰다.

에스디바이오센서의 성공 요인을 여러 가지로 분석한다. 창업 초기 회사 규모가 너무 작아서 완제품이 아닌 핵심 원천 원료 제조에 집중했던 것이 오히려 강력한 성장 무기가 됐다. 누구보다 빨리 시작했던 코로나19 진단키트 개발, 자동화 시스템을 갖춘 선견지명, 뛰어난 가격경쟁력 등을 들 수 있다.

표 6-2 에스디 & 에스디바이오센서 매출 실적(억원, %)

	2000	2005	2009	~	2020	2012	2022
매출액	90	150	673	-	16,862	29,300	29,320
영업이익	0.6	36	321	-	7,383	13,877	13,877
영업이익률	6.7	24.3	44.0	-	43.8	47.4	39.1

자료: 서보영(2019), SD BIOSENSOR IR자료

3 (슈프리마) 지문인식 등 세계 최고의 바이오인식 원천기술 기업

슈프리마 세계 최고의 바이오인식 원천 기술을 보유하고 있다. 업계를 선도하는 지문인식 기술과 얼굴 인증 기술을 기반으로 출입통제, 근태관리, 모바일 인증 등 다양한 영역에서 고객사가 가장 혁신적으로 도약할 수 있는 제품과 솔루션을 제공하고 있다. 동사는 뛰어난 품질에 기반한 프리미엄 브랜드를 바탕으로 세계시장 점유율 2위, EMEA(유럽, 중동, 아프리카) 점유율 1위, 국내시장 점유

율 1위를 달성하였다. 세계 50대 보안제조사 랭킹에 등재된 바이오인식-보안 전문 기업이다.

벤처열풍이던 2000년 창립 후, 2년에 걸친 독자기술 개발에 성공했으나 국내시장의 외면으로 해외시장을 공략해 글로벌 판매망 구축을 성공했다.

선후배 관계의 공학박사 창업팀을 구성, 정부 연구개발과제를 수행하거나 다른 회사의 기술 용역을 수주하여 회사를 운영했다. 기술력만으로 국내시장에 인정받기 어려워 세계무대에서 인정받기 위해 세계 지문인식 경연대회에 참여 (2002) 아시아 1위 입상, 2004년, 2006년 연속 1위 입상하기도 했다.

R&D에 전체 매출액의 15%를 투자하고 우수인재 확보, 직원 90명 중 60% 이상이 연구개발에 종사하는 연구원이다.

공공부문 시장에서 세계 최고의 인증을 획득했다. NIST(미국 국립기술표준원) 주관 MINEX(특징적 상호호환성 교환테스트) 인증, 국제표준 지문 데이터 규격인증 평가를 받았다. 아시아 최초 미 FBI 국제 인증을 취득(2009)하고 전자여권판독기 시장에서 ARINC(Aeronautical Radio Inc. 미 항공운송업자 안정성) 인증받았다.

바이오인식 알고리즘과 모듈 등 각종 솔루션 제품을 비롯해 바이오인식 단말기, 소프트웨어 등 다양한 응용 시스템 등을 제조한다. 세계 최소형 지문 인식 센서를 지원할 수 있는 지문인식 솔루션 바이오 사인을 개발해 스마트폰 제조사 및 센서업체에 바이오인식 통합솔루션을 공급해왔다. 특히 차세대 센서로 주목받고 있는 인디스플레이용 알고리즘 BioSign 3.0을 개발했다.

고부가가치 제품 포트폴리오를 구축했다. 바이오 인식 기술을 활용한 다양한 응용제품 개발, 지문인식 모듈을 기반으로 한 디지털 도어록, 출입통제기, 금고, 신원확인기기 등이다.

해외시장의 다변화 및 글로벌 파트너십 구축, 해외 매출처 다변화했다. 미국 라스베가스 세계 최대 보안전시회인 'ICE WEST' 참가, Google 최초 "Fingerprint" 키워드 광고 등록, 글로벌 파트너십 프로그램, 110개국 950여 거래처 다변화를 통한 매출 안정성을 확보했다.

업체는 새로운 도전을 하고 있다. 2010년부터 다중 바이오 인식 분야로 사업을 다각화하였고, 국내외 얼굴인식 기업과의 전략적 제휴 및 인수합병 진행을 통하여 지문인식과 얼굴인식을 융합한 최첨단 바이오인식 등 다양한 제품을 출시했다.

슈프리마의 성공 방정식은 '혁신적인 기술력'으로 압축된다. 해외시장을 성공적으로 개척하고 있는 영업력의 원천도 기술력이 작용했다. 슈프리마 지문 기술은 경쟁사 대비 인식률이 높고 속도가 빠르다. 국내 시장에 안주하기보다 수출을 염두에 두고 기술 개발에만 매진한 결과다. 성공 비결은 고급 기술 인력을 통해 기술경쟁력을 확보한 점이며, 과감한 해외 진출 및 판매처 다각화, 적극적인 마케팅 전략도 주효했다.

표 6-3 **슈프리마 매출 실적(억원, %)**

	2003	2008	2013	2018	2019	2020	2021
매출액	12	225	539	528	721	578	726
영업이익	1	101	154	122	246	106	162
영업이익률	8.3	44.9	28.6	23.1	34.1	18.4	22.3

자료: 슈프리마 내부자료 및 인터넷 정보

4 (휴롬) 끊임없는 혁신과 기술개발로 세계시장 점유율 1위

중소기업은행(2016)에 따르면, 휴롬은 김영기 휴롬 회장(69)이 1974년 창업한 TV부품업체 '개성공업사'가 첫 시작이다. 김 회장은 이후 업종을 바꿔 1979년 주방가전 제조업체 '판정정밀'을 차렸다. 건강을 생각하는 식문화에 관심이 많았던 김 회장은 오랜 시행 착오 끝에 착즙기를 개발했고, 그렇게 원액기의 대명사 '휴롬'이 탄생했다.

휴롬이 오늘날 세계 주스기 시장의 제품 표준이 될 수 있었던 것은 창업자의 인내와 불굴의 의지가 있었기 때문이다. 저속 착즙 방식 기술이라는 세상에 없던 기술을 만들어 내면서 성공 신화를 이루고 있다.

휴롬 원액기는 창업자의 40여 년간 수행해온 연구와 거듭된 시행착오를 통하여 축적된 기술 역량이 통합되어 탄생한 것이다. 기술력을 증명하듯 휴롬은 100여 건이 넘는 특허 출원과 인증을 보유하고 있다. 전자 부품 및 식기 제조를 통해 확보한 기초 기술을 녹즙기와 음식물 처리기에 적용된 수준 높은 기술로 진화시킨 것이다. 이는 김 회장의 끊임없는 도전정신과 이들을 기막히게 접목한 탁월한 발명가적 기질이 빛을 발했다고 할 수 있다.

하지만 탁월한 경영 철학과 경영전략이 없었다면 이러한 기술은 꽃을 피울 수 없었을 것이다. '건강'이란 가치를 사업의 지향점으로 삼아온 경영자의 집념이 있었다. 휴롬은 '사람(Human)'과 '이로움'의 합성어로 '사람에게 이로움을 준다'라는 의미를 담고 있다. 사람을 이롭게 하는 기술과 건강한 식생활 문화 조성을 통해 세계 인류 건강에 이바지한다는 것이다.

김 회장은 아무리 좋은 제품을 만들어도 자사만의 브랜드를 소비자들에게 각인시키지 못할 경우 경영상 심각한 문제가 발생할 수 있음을 인식하고, 브랜드 구축에 적극 나서게 되었다.

독창적인 기술을 기반으로 한 차별화·집중화 전략과 중소·중견기업에서는 생각하기 어려운 브랜드 전략이 바로 그것이다. 주스기라는 한 우물을 깊게 파면서 나만의 기술을 축적하되 시장만큼은 넓은 글로벌 시장을 목표로 하였고, 제품 출시에서부터 소비자들 머릿속에 최상위 제품으로 포지셔닝[2]함으로써 휴롬을 프리미엄 브랜드로 키워냈다.

회사 이름에서도 드러나듯이 사람에게 이로움이 되는 기업이라는 핵심 가치는 모든 임직원이 다 함께 한 방향을 바라 볼 수 있게 하는 '별'이 되었다. 테팔의 특허 라이센싱 제안을 거절하면서 편안함보다는 미래를 향한 도전을 택하였던 김 회장의 기업가정신과 직원들의 입장에서 필요한 것을 미리 살피는 사려 깊은 리더십은 이제 휴롬의 기업 문화가 되었다.

휴롬의 매출은 한창 상승곡선을 그리다 2016년 2,000억원으로 정점을 찍은 후 급락했다. 전체 매출의 절반을 차지하는 해외시장, 그중 비중이 가장 큰 중국이 한국 정부의 '사드(THAAD·고고도 미사일 방어체계)' 배치에 보복조치를 취하면서 직격타를 입은 것이다. 바이어에만 의존하던 해외시장의 오랜 문제도 곪아 터졌다. 당시 많은 직원이 회사를 떠났고, 남은 사람들은 생존을 위해 몸부림칠 수밖에 없었다. 김 대표는 "뼈를 깎는 노력으로 기존 원액기의 불편함을 개선하고, 해외 현지법인 직접영업 체제를 구축했다"며 "코로나 팬데믹으로 건강 가전을 찾는 수요가 늘었고, 온오프라인 마케팅을 강화하면서 매출이 회복됐다"고 말했다. 휴롬은 2019년 매출액 반등에 성공하며 2021년에는 1,325억원을 기록했다.

휴롬은 신시장을 점차 넓히며 휴롬은 전 세계 대표 건강주방가전 브랜드로 자리매김한다는 목표다. 중국, 미국, 유럽, 일본 등 해외 현지 법인과 유통 채널을 통한 해외 진출에도 속도를 내고 있다. 전 세계 소비자에게 건강한 주스 문화를 전파한다는 것이다.

---

2) 소비자들의 머릿속에 특정 위치를 잡아 제품의 이미지를 인식시키는 것을 뜻한다.

고난과 인내의 산물인 독창적인 기술, 탁월한 전략적 선택, 그리고 사람을 생각하는 기업 문화가 있었기에 오늘의 휴롬이 세계 속에 우뚝 설 수 있게 된 것이다.

휴롬은 혁신에 한창이다. '착즙기 시장 1위' 주방가전기업 이미지를 뛰어넘어 '건강기업'으로 우뚝 서겠다는 목표다. 이미 '국민건강 프로젝트' 등 다양한 실천에 돌입했다.

5 (한국도자기) 끊임없는 차별화 전략으로 지속 성장

중소기업은행(2016)에 따르면, 1943년 청주의 한 시골 공장에서 설립된 한국도자기는 한 우물을 파며 업종 대표기업으로 성장했다. 60년대까지 가내수공업 형태를 벗어나지 못했던 국내 도자기 업계는 한국도자기의 기술 성장과 함께 산업화할 수 있었다고 업계는 평가한다. 76년이라는 세월 동안 품질제일주의라는 경영 철학 아래 내실경영을 다지면서 최고급 본차이나(Bone China)만을 고집해왔다.

한국도자기(주)는 제품 개발에 더욱 집중하여 영국 본차이나(Bone China) 개발에 착수하여, 결국 동양권에서는 유일하게 영국 정통 본차이나의 상품화에 성공하였으며, 1991년도에는 세계 최초로 전자레인지, 오븐, 세척기 등에 넣어도 깨지지 않는 초강자기인 슈퍼스트롱(Superstrong)을 개발하였다.

이를 바탕으로 1977년 11월 도자기 업체 최초로 FDA(미국 식품 의약국)의 생체무공해 위생 식기(FDA)승인을 받았으며, 해외 시장에도 발길을 넓히기 시작 LA, 뉴욕, 프랑크푸르트(전시관) 등에도 지사를 설립, 1984년에는 1억 달러 수출이라는 쾌거를 이루게 되었다.

한국도자기는 1997년 외환위기 직전 무리한 투자로 사업 확장을 노린 기업들이 경제위기에 속수무책으로 무너지는 것을 보면서 안정적 재무관리로 내실을 다지며 품질 경영을 동력으로 고수하고 있다.

한국도자기(주)가 현재와 같이 발전하는 데는 새로운 제품 개발에 대한 노력 외에도 적극적인 연구개발과 끊임없는 품질개선의 노력이 있었다.

국내시장에서는 차별화전략, 국제시장에서는 저원가 전략에 기반을 둔 것으로 해석된다. 국내에서는 해외선진기업들의 기술과 제품을 눈여겨보며 그들과의 격차를 줄여가는 과정에서 경쟁제품들과 차별화를 추진하였고, 국제적으로는 아직 선진기업들과 동등한 반열에 오르지 못한 상태에서 원가를 철저히 관리함으로써 가격경쟁력을 확보하는 노력에 중점이 주어졌기 때문이다

한국도자기가 소비자에게 제공하는 기본적 고객가치는 '아름답고 품질 좋은 생활도자기'로 집약되고, 이러한 고객가치를 창조하기 위하여 한국도자기(주)가 선택해온 본원적 경영전략은 국내시장에서는 '차별화 전략'이며 국제시장에서는 '저원가전략'이었다. 그러나 세인트 제임스와 프라우나 등의 자사브랜드 출범 및 강화노력과 더불어 이제는 국제시장에서도 '차별화 전략'을 본격 추진하고 있다.

본원적 경영전략을 뒷받침하기 위한 세부 경쟁전략으로서 한국도자기(주)는 다양한 방식으로 '지속적 품질추구' '끊임없는 혁신' '고객중심경영' '효율성 확보'의 노력을 치밀하게 경주하여 왔으며, 이러한 노력으로 핵심역량이 확보되었기에 가능하였다.

한국도자기(주)의 핵심역량으로서는 '유능한 마케팅 시스템' '뛰어난 연구개발 및 선진생산시스템' '특출한 디자인 개발능력' '안정된 원료공급원' '탁월한 국제경영능력' 및 '출중한 전략적 리더십'을 들 수 있다. 지속성 있는 경쟁적 우위는 각각의 중요한 경영요소들을 효과적으로 개발 관리함과 더불어 이들 요소들

간의 상호작용 관계도 원활하게 이루어지도록 하는 것이라는 걸 한국도자기의 경영사례는 잘 제시하고 있다.

80년간 오랜 전통을 이어오며 성장해 장수한 배경으로 품질에 대한 변치 않는 신념과 트렌드를 리드하는 안목, 소비자와 소통하는 노력이 아우러져 가능했다.

section

03 벤처기업 실패 사례

1 (M社) 무리한 사업 확장으로 유동성 위기

M사는 초음파 진단기 전문업체이다.

1983년 한국과학기술원에서 초음파 진단기 개발 프로젝트에 참여했던 대표이사는 기술의 상품화를 위해 자본금 5,000만원으로 창업했다. 창업 2개월 만인 1985년 9월 자체 개발 초음파 진단기를 국제 의료기기전에 출품했으며, 1986년 녹십자 병원에 납품을 성공했다. 1987년 터키, 홍콩, 파키스탄, 이탈리아, 멕시코, 인도 등 수출시장을 확대했다.

※ 수출총액 : 5억('88) → 15억('89) → 37억('90)

세계시장을 공략했다. 1992년 미국, 러시아, 독일에 합작 법인을 설립하였으며, 1994년 싱가포르 등 조인트벤처와 독립법인 형태로 글로벌 진출했다.

M사는 매년 신제품을 출시하면서 연평균 50% 이상의 높은 성장세를 보였다.

※ 매출액 : 15억('87) → 45억('89) → 73억('90) → 343억('93) → 475억('94)

1995년 주식시장 상장 성공, 초음파 시장 성장세 둔화와 경쟁 격화로 새로운 전략방향 전환 및 조직구조 개편했다. 중저가형 시장전략에서 기술 우위 고가제품을 선도적 출시 전략으로 전환, 1996년 오스트리아 초음파 진단기 업체 Kretztechnik AG 인수, 3차원 초음파 원천기술 확보, 세계 최초 3차원 초음파 진단기 출시로 고성장했다.

※ 매출액 : 793억('96) → 1,907억('98) → 2,600억('99) → 3,600억('00) → 5,000억 ('01)

사업 다각화 전략으로 스핀아웃, 조인트 벤처, 엔젤투자 등 기술 및 마케팅 능력이 있는 외부 협력사와의 협력으로 시너지를 추구했다. 50여 개 벤처기업에 800억원을 대규모 투자해 벤처연방(패밀리), M사는 한글과컴퓨터를 인수 후 주가가 100배 정도 급등해 투자이익 획득했다.

'M사 연방'을 주창한 M사는 한때 자회사−관계사를 50여 개로 늘리기도 했다. 지난 96년 상장한 M사는 한때 시가총액이 3조원을 웃돌기도 했다.

하지만, 은행에 주식을 담보로 대출을 받아 사업 확장에 나섰던 M사는 2000년 들어 벤처 거품이 꺼지면서 주식가치가 10분의 1로 떨어졌고, 이로 인해 투자수익이 손실로 바뀌면서 유동성 위기를 직면했다. 강도 높은 구조조정에도 불구하고 2002년 최종 부도처리 됐다.

※ 매출액 2,074억('00) 순손실 1,167억, 유동부채 2,800억

M사 실패에서 배우는 교훈이 있다. M사는 고유사업에 그치지 않고 소위 '벤처연방제'라는 기치 하에서 벤처자본으로 사업영역을 확대하여 한 때는 23개 계열사와 42개 관련사에 투자한 지주회사로까지 변신했다. 이 과정에서 발생한 차입금의 누적과 코스닥시장의 거품 붕괴로 인하여 유동성 위기에 직면하게 됨으로써 부도사태에까지 이르게 되었다. 이러한 실패 사례에서 우리는 아무리 성공한 벤처기업이나 의미 있는 사업모형이라도 차입에 의존하는 방만한 경영과 환경변화에 기민하게 대응하지 못하는 기업은 살아남을 수 없다는 것을 알 수 있다.

카이스트 정태용 교수는 "우리나라 벤처기업의 원조라 할 수 있는 M사가 한순간 무너진 원인은 다름 아닌 기술경영의 부재 때문이다. M사는 세계적인 기술을 보유하고 있었으나 기업 전반에 걸친 프로세스와 자산, 경로(Path) 등에서

역동적인 기술혁신이 이뤄지지 않았다"고 지적하고 있다. 기술 벤처기업들이 성공하기 위해서는 기업 전반에 걸친 프로세스와 자산 및 역량, 경로 등이 역동적으로 맞물려 시너지 효과를 창출할 때 비로소 성공할 수 있다.

2 (B社) 판로가 막혀 결국 도산

B사는 휴대용 피부관리기 전문업체이다.

1998년 설립, 중소기업기술혁신사업으로 선정돼, 대학과 함께 연구하여 초음파 미용기기를 개발하여 홈쇼핑에 납품해 고성장했다.

지속적인 연구개발을 통해 쌓은 기술력으로 과학기술원 환경 공학과와 공동으로 음이온 공기청정기를 개발, 2001년 이후 중국, 일본, 미국 등 세계 시장으로 확대했다.

제품 품질개선과 생산성 향상을 위해 ISO9001, 국제품질인증 및 국제환경통합인증, 미국 UL 안전인증 등 획득, 제품의 성능과 신뢰를 인정받았다.

2003년 광반도체 연구소와 생명과학기술연구소를 설립, 2004년 산업자원부 공통핵심과제를 지원받아 국내 최초로 OCT(optical coherence Tomography) 개발에 성공했다.

※ 매출액 : 7억('98) → 14억('99) → 25억('01) → 82억('02) → 110억('03)

2003년 본격적인 사업다각화로 공기청정기, LED, 영상진단 시스템(OCT) 개발에 박차를 가했다. 2004년 피부미용기는 홈쇼핑 채널에서 단일 품목으로 5년 연속 히트상품으로 선정, 대표적인 생활가전업체 반열에 올랐다. 중국, 일본 등 시장 개척, KOTRA의 지사화 사업 활용했다.

2004년 판매업체 D사에 미니가습기를 납품하는 상황에서 D사의 영업중단으로 판로가 막히는 어려움을 겪었다. LED 사업 과투자와 수요정체로 생산중단 등 매출액은 110억원에서 35억원으로 급감했다. 2005년 K방송사 '안방의 오존경보' 프로그램의 공기청정기 유해성 논란으로 인한 판매 중단 사태 등으로 결국 2010년에 폐업했다. 여기서 얻을 수 있는 교훈은 기술력과 마케팅이 뛰어나도 거래처 관리를 잘 못하면 하루아침에 무너질 수 있다는 것이다.

3 (D전자社) 경쟁심화 제품인데도 후속 연구 소홀

D사는 PC비전 TV 수신용 영상카드 제조업체이다.

차세대 모범 기업을 만들어 보자고 모인 젊은이들에 의해 1990년 설립되었다. 설립 후 처음 1년 반 정도는 대기업과 연구기관으로부터 용역을 수주해 운영자금을 마련했다.

D사는 이 중에서 PC의 통합멀티미디어화에 주력하는 기업이다. 창업 첫해인 1991년(6월 결산) 3억 7천만원에 불과했던 매출액은 지난 6월 말 4백 50억원으로 불어났다. 그만큼 이 기간 동안 국내 PC시장에 멀티미디어화 바람이 세차게 불었음을 의미하기도 한다.

'PC비전*'이라는 제품 개발 출시, 이후 PC에 VCR기능을 하게 하는 MPEG 카드 등을 개발하여 PC의 멀티미디어화를 선도, 국내 영상멀티미디어 하드웨어 시장의 70% 이상을 점유했다.

* PC비전은 PC 컬러모니터를 통해 TV와 비디오테이프를 볼 수 있게 하는 PC 수신 카드

※ 매출액: 3.7억('91) → 413억('96)

하지만, 경쟁이 심화되면서 위기를 맞게 됐다. PC용 영상카드는 국내에서는 크게 활성화되었으나 1997년 말부터는 칩으로 대체되어 시장을 잃게 됐다. 또한 한송그룹의 옥소리, 한화통신 등이 영상카드 시장에 출사표를 내는 등 영상 및 음성관련 기능과 기술이 점차 통합되고 VGA 카드 전문업체인 가산전자 등 기존 국내외 전문업체들과의 경쟁이 심화됐다.

PC시장 부진으로 영업에 어려움을 겪었다. 국내시장의 부진을 타개하기 위해 해외시장 진출을 선택했다. D사는 미국 현지법인을 통해 미국시장에 진출하려 했다. 그러나 미국 컴퓨터 시장의 벽은 너무 높았다. 컴퓨터 관련기기의 내수판매 부진과 미국 자회사의 전액 자본잠식 등 여파로 심각한 유동성부족을 겪었다.

국내경기 침체와 신제품 개발과 시장개척을 위한 투자를 확대했으나 매출액은 절반수준으로 떨어지면서 1998년에는 부채가 2배 수준으로 증가했다. 한편 마이크로스프트사에서 윈도우즈에 MPEG 등을 탑재하면서 TV수신카드 시장은 급속도로 쇠락해 결국 1998년 부도났다.

국내시장축소 → 해외진출 → 시장개척실패 → 자금경색악화 → 부도로 이어지는 실패과정을 겪었다. 후속연구와 시장경쟁력 있는 지속적인 제품 출시가 얼마나 중요한지를 알 수 있는 사례다.

4 (P사) 비전문 분야 사업에 뛰어들어 도산

종잣돈 2,500만원으로 6평짜리 상가건물을 임대해 1인 기업으로 ○○정공〈P사 전신〉을 설립했다. 직장생활을 성실하게 했던 덕에 ○○금형과 ○○정공에서 주문을 받으며 창업 초기의 어려움을 극복해 나갈 수 있었다.

차곡차곡 쌓아간 기술력과 품질에 대한 신뢰로 반도체 금형과 자동차장비생산 분야에서 두각을 나타내기 시작했지만 90년대 후반, 중국과 동남아기업들이 반도체 금형 분야에 뛰어들자 대표이사는 새로운 성장동력에 대해 고민하게된다. 그때 모 기업의 권유로 휴대폰 힌지(경첩)를 처음 접하게 된다.

당시 힌지는 일본에서 전량 수입하던 상황이었다. 대표이사는 일본 제품을분석해본 결과, 자신의 기술력이면 충분히 승산이 있다고 확신하고 힌지 독자 개발을 위한 프로젝트에 착수한다. 그리고 드디어 2001년 국산화에 성공한다.

휴대폰 힌지 개발은 지금까지 쌓아온 초정밀 금형기술의 노하우가 집약된결정체이다. 대표이사가 기능(생산)에 대한 이해가 없었다면 힌지의 독자 개발은불가능했다고 본다. 이론만이 아닌 반도체 금형 기술이 있었기 때문에 가능했던것이다.

일본 제품의 60% 수준인 가격과 휴대폰 시장의 트렌드 변화에 발 빠르게대처하는 유연성을 가장 큰 경쟁력으로 꼽는 대표이사는 국산화 이후 클릭(폴더)힌지는 한국이 시장을 리드하고 있다고 밝히며 강한 자부심을 드러냈다.

P사는 클릭힌지를 비롯해 기어 힌지, 쿼티슬라이드 힌지 등 특수 힌지를 생산하며 클릭힌지의 경우 국내시장의 70%를 점유하고 있으며 2010년 매출액 211억원, 수출액 810만 달러로 충남을 대표하는 강소기업으로 꼽히기도 했다.

P사는 80년대 정밀 금형 사업을 시작하여 휴대폰 부품을 생산하면서 급성

장했다. 정밀금융 기술이 바탕이 되어 휴대폰 부품에서 기술력을 인정받았다. 경쟁력을 확보하여 대기업 3사에 납품할 정도로 갑작스럽게 성장세를 이어갔다.

당시 P사는 과거 일본에서 전량 수입하던 휴대폰용 힌지(hinge·경첩)를 자체 개발해 국내 시장을 평정했다. 삼성전자 등 든든한 납품처를 확보했고, 당기순이익(29억원)도 차곡차곡 쌓는 알짜배기 코넥스 기업이었다.

정밀금융 사업 당시 매출액이 10억대에서 휴대폰부품 사업을 하면서 300억대까지 성장하였다.

갑자기 회사가 성장하다 보니 수많은 벤처투자기관으로부터 투자를 받았다. 코스닥 시장에 상장을 추진하였지만, 상장 조건이 미흡하여 상장을 하지 못했다. 그러던 와중에 투자받은 자금과 그동안 모아 놓은 현금을 갖고 부품과 관련 없는 사출 사업에 뛰어 들었다. 사출 시설에 100억 넘게 투자하였지만, 기존의 휴대폰 사출 업체를 뛰어 넘을 수 있는 경쟁력을 확보하지 못하고, 신규로 거래처를 확보하지 못해 매출로 이어지지 못했다.

엄청난 투자로 시설은 구축되었지만 매출이 없다보니 결국 설비는 가동되지 못하고 그대로 방치하다시피 했다.

그렇다 보니 시설을 활용한 전자제품 제조업에 뛰어 들었고, 전자제품은 중소기업이 기존 시장을 공략하기가 어려웠다. 저가로 마케팅을 했지만, 결국 커다란 손실만 입고 사업을 포기하면서 도산하기에 이르렀다.

잉여금을 활용해 제습기·공기청정기로 포트폴리오를 넓혔다. 하지만 새옹지마(塞翁之馬)라고 했던가. 탄탄대로를 달리던 P사는 2014년 7월 날벼락을 맞았다. 휴대폰 케이스를 납품하던 주력회사 중 하나가 부도를 맞으면서 P사도 극심한 자금난을 겪게 됐다.

5 (S社) 환경 변화에 대응하는 기술 개발 부족

S사는 모뎀패키지 비롯하여 통신용 소프트웨어를 개발하는 벤처기업이다. S사의 대표는 세계시장에 진출할 소프트웨어를 개발해 보자는 창업정신으로 1993년 7월에 창업을 하였다. S사는 창업 3년 만에 50배 성장을 하여 96년 매출액 50억원을 달성하며 국내 통신소프트웨어 시장의 60%를 차지하고 있다.

S사는 한국과학기술원 전산과 석사 출신들이 1993년 설립한 정보통신 기업이다. 90년 KAIST 재학시절부터 일주일에 한 번씩 'PortWare'라는 정기적인 모임을 통해 사업아이템과 제반사항에 대해 토론을 해온 터라 자연스레 뜻을 같이 했다.

닷컴 버블 시기에 벤처기업으로 시작하여 1999년에 코스닥 시장에 상장했다. S기술은 정보기술(IT) 관련주 투자 광풍이 불던 '닷컴 버블' 무렵인 1999년 8월 코스닥에 상장했다. 당시 이 회사 공모가는 2,300원이었지만, 상장 이후 주가가 연일 무섭게 오르면서 2000년 3월 초엔 28만원을 돌파했다. 불과 반년여 사이에 주가가 150배 급등하면서 역대 국내 증시 최단 기간 최고 상승률을 기록했다.

주가가 2000년 전후로 코스닥 상위기업 자리를 차지했으나 2003년 경영권 분쟁 이후 폭락하였다. 2004년 사명을 바꾸었다.

S사의 궁극적인 사업 방향은 그간 확보한 이용자들을 향후 구축될 종합 인터넷 포탈 서비스로 끌어들인 다음 이를 기반으로 전자 상거래, 광고, 멀티미디어 통신서비스 등 부가가치가 높은 다양한 인터넷 사업을 전개한다는 것이다.

S사는 시장 선도자로서의 강점을 활용하지 못하고 모뎀에서 인터넷으로 넘어가는 시장 환경에서 포탈로의 큰 전략적 방향은 바르게 설정하였으나, 해당의 전략을 달성하기 적절한 수단(기술)을 채택하지 못한 것이 가장 큰 실패요인이다.

표 6-4 성공한 벤처기업과 실패한 벤처기업의 특성

특성	성공요인	실패 요인
창업가	• 탁월한 관리 능력 • 경영 경험의 폭 • 능력있는 창업팀 확보 • 높은 기업가 정신	• 관리 능력의 부족 • 경영자의 지원 부족 • 협소한 경험 • 낮은 기업가 정신
창업과정	• 기술과 시장에 대한 인지 • 체계적인 시장 조사와 노력 • 장기적이고 분명한 사업 계획 • 외부 전문 인력의 조언을 활용	• 사업에 대한 분명치 못한 정의 • 단기적 전망과 사업 계획 • 외부 전문가의 활용이 적은 편 • 시장에 대한 이해 부족
경영관리	• 독특한 경영 이념과 문화 • 높은 커뮤니케이션 수준 • 참여적 의사 결정 체계 • 공정한 보상 체계	• 인간관계 실패 • 부서 간 분쟁 • 비참여적 의사 결정 체계 • 외부 영입 인력과의 갈등
전략	• 저원가 전략 • 차별화 전략(마케팅, A/S 등) • 전략적 유연성	• 영업사원의 비협조(전략실행의 문제) • 매출 위주의 성장 전략 • 섣부른 국제화 전략
자원	• 다양한 자금 조달원 • 제조와 운영을 위한 추가적인 자금 확보 • 뛰어난 기술력 • 전문적 인력 확보	• 취약한 유통 구조 • 낮은 기술력 • 낮은 자금 동원력 • 투자자와의 부적절한 관계
환경	• 성장산업 • 불균형한 시장 • 틈새시장 • 핵심 고객과 공급자 파악 용이	• 협소한 시장 구조 • 산업 성숙화 • 대기업이나 외국 합작 기업과의 경쟁 • 특정 고객에 지나치게 의존
기업특성	• 경험과 지식으로 신생성의 극복 • 전략을 통한 규모의 불리함을 극복	• 신생성의 불리함 • 규모의 불리함

자료: 정성민 외(2008)

역사 속의 벤처기업 사례

1 (에디슨) 벤처기업의 원조

에디슨은 우리가 살아가는 사회를 변화시킨 위인일 뿐만 아니라 성공적인 기업가다. 에디슨은 제너럴 일렉트릭을 포함한 여러 기업을 세운 기업가로서 벤처기업의 원조로 평가받기도 한다. 에디슨은 10대 초부터 집이 있는 포트휴런과 디트로이트를 오가는 기차에서 간식, 신문, 잡지는 물론 채소까지 팔았다. 특히 에디슨은 1862년 기차 안에서 직접 '그랜드 트렁크 헤럴드'라는 신문을 제작, 판매하여 수익을 창출했다. 기술혁신을 상징하는 발명가의 길로 걸으면서 첫 특허권 취득 발명품인 전기투표기록기를 만들었다.

에디슨은 1878년부터 2년 동안의 연구개발에 매달린 뒤 마침내 '에디슨 기계 제작소(Edison Machine Works), 에디슨 램프(Edison Lamp Works)' 등 전기산업에 필요한 모든 것을 제조하는 기업 설립에 나섰다. 이후 이들 기업은 조직 개편과 인수합병을 거쳐 오늘날의 GE가 되었다.

에디슨의 시대적 배경에서는 지금의 실리콘 밸리처럼 쉽게 투자를 받을 수 있는 환경이 아니었기 때문에, 큰 금액을 투자받는 것 자체는 굉장히 어렵고 드문 일이었다. 하지만 에디슨은 그것을 해내었다. 사실 에디슨이 투자를 받기 위해 증명한 많은 실험과 성과들은 에디슨이 기본적으로 갖춘 탐구력과 실험정신, 똑똑한 두뇌가 있어서 가능했지만 사실 주변의 좋은 동료가 없었다면 불가능한 일이었다. 단적으로 에디슨의 사업이 실패하는 경우도 발생했지만, 현재 포드라는 자동차 기업의 시초인 헨리 포드의 자금지원이 없었다면 에디슨의 사업은 원활하게 진행이 되지 않았을 수 있었다.

에디슨은 보수적이고 깐깐한 뉴욕의 자본가들로부터 39만 5,000달러 투자를 유치해 전기산업을 일으켰다. 현재 가치로 환산하면 1,000만 달러에 해당하는 금액인데, 이는 19세기 최대의 투자금이라 할 수 있을 정도다.

2 (장보고) 해상중계무역의 중심지 청해진 건설

'바다를 지배하는 자가 세계를 지배한다'라는 신념으로 장보고는 한국과 중국, 일본을 연결하는 장대한 해상항로를 개척, 이슬람과도 교역하였다. 신라는 해상교역의 주도권을 장악하여 해상중계무역의 중심지로 성장하였고, 장보고는 아시아 최초의 민간 기업인이자 세계적인 무역왕으로 평가되고 있다.

신라 골품제도 상 평민 출신인 장보고가 출세할 수 있었던 것은 당나라에 가서 군인이 된 것 때문이다. 20여 년 넘게 당나라 장교를 하면서 국제무역업에 종사, 당시 중국 해안에는 해적이 들끓어 해상 교역에 위협, 당나라에서 귀국한 장보고는 흥덕왕이 대사라는 특별 관직과 군사를 주어 완도에 청해진을 만들어 서남해안을 관리하게 됐다.

삼국사기에는 장보고의 활약으로 신라인 노예 매매가 사라지고, 당대 최고 해상 세력으로 성장하였고, 산둥반도에 절을 만들어 신라, 일본 승려를 받아들이고, 최고의 국제적 인물로 기록하고 있다.

장보고와 청해진으로 인해 중국 도자기 기술의 도입과 불교 선종의 국내 확산 등의 영향을 미쳤다. 장보고와 청해진은 시대를 앞서 간 벤처기업 원조라고 할 수 있다. 1200년 전 이미 한류를 인식했다. 해도(nautical chart)도 나침판도 없던 시대에 한국·중국·일본 등 동북아를 하나로 묶어 무역을 한 '글로벌 벤처 CEO'라고 평가할 수 있다. 탁월한 미래 안목과 리더십은 오늘날 벤처정신과도 같다.

3 (중국 장기판) 혼자서는 승리할 수 없다. 초패왕 항우/ 듣는 리더십의 귀재, 한고조 유방

힘, 무력, 용기와 담대함을 상징하는 항우의 치명적 약점은 남의 의견에 귀를 기울이지 않는 것이다. 항우 책략가 '범증'은 뛰어난 인물이었으나 항우가 '범증'의 말을 듣지 않고 유방을 죽이지 않아 미래에 다잡은 고기를 촉 땅에 놓아주는 우를 범하게 된다.

항우가 중국 대륙을 거의 통일했음에도 불구하고 끊임없는 반란과 배반에 시달린 것은 그의 용인술이 좋지 않았기 때문이다.

반면, 유방은 필요하다고 생각되면 남의 의견을 바르게 경청하고 그에 따라 실행할 줄 아는 인물이다.

유방이 항우를 물리치고 중국을 통일하여 한나라를 세웠을 때 행정의 귀재였던 '소하'를 큰 인물로 인정하였다. 전장에서 직접 전투를 지휘한 장수들의 불만을 들어야만 했을 때, 사냥개와 사냥꾼의 비유를 들어 장수들의 불만을 잠재우고 소하를 최고의 공신으로 인정받게 했다. 벤처에서 중요한 것은 독단에 빠지지 않고, 주변 사람과 직원들의 현장 목소리를 듣는 것이다. 소통에서 혁신적인 경쟁력이 나온다.

4 (거상 김만덕) ESG 경영의 개척자

김만덕의 삶을 보면 시대적이고 환경적인 틀 안에 갇혀있지 않았다. 현실에 안주하지 않고 용기 있게 결단하고 새로운 것을 계획하고 이루어 낸 창조적 혁신의 삶이라고 할 수 있다.

뛰어난 기업가이자 자신의 재산을 사회에 환원한 자선사업가로도 오늘날 우리가 충분히 만덕을 기릴만하다. 만덕을 현 시대에 다시 생각하는 것은 엄중한 유교 규범이 여성을 옥죄고 있던 시기에 시대와 불화하지 않고 당시 여성에게 지워진 한계를 거침없이 뛰어 넘었던 용기를 보여주었기 때문이다. 그는 가족으로부터 버림받고 기생으로 성공했으나 가족의 명성을 더럽힌다는 질책 때문에 기적(妓籍)에서 빠져 나왔고, 가족을 원망하지 않고 기근에 처한 가족을 구함으로써 가족과 화해하였다. 또한 결혼을 하지 않은 독신녀로 유교 사회에서 주변부에 머무를 수밖에 없었다. 이에 굴하지 않고 당시 활발해진 해상을 이용한 유통업에 눈을 떠 여성기업인으로 새로운 영역을 개척해 나갔던 창의적인 개척자였다.

벤처기업 정책과제

우리나라 벤처기업 정책

벤처기업이란 다른 기업에 비해 기술성이나 성장성이 상대적으로 높아 정부의 지원이 필요한 중소기업이다.

우리나라에서는 「벤처기업육성에 관한 특별조치법」에서 일정요건을 갖춘 중소기업으로 정의하고 있다.

－ 4가지 유형으로 구분

* ① 벤처투자유형, ② 연구개발유형, ③ 혁신성장유형, ④ 예비벤처기업

표 7-1 **벤처확인 요건**

벤처유형	기준요건	평가기관
[유형1] 벤처투자유형	1. 투자금액의 총 합계가 5천만원 이상일 것 2. 기업의 자본금 중 투자금액의 합계가 차지하는 비율이 10% 이상일 것 　벤처기업법 제2조의2 (벤처기업의 요건) ① 항의 2호의 가목	한국벤처캐피탈협회
[유형2] 연구개발유형	1. 기업부설창작연구소 또는 기업창작전담부서 중 1개 이상 보유 2. 벤처기업확인요청일이 속하는 분기의 직전 4분기 기업의 연간 연구개발비가 5천만원 이상이고, 연간 총매출액에 대한 연구개발비의 합계가 차지하는 비율이 5% 이상 　* 연간 총매출액에 대한 연구개발비의 합계가 차지하는 　　비율에 관한 기준은 창업 후 3년이 지나지 아니한 기	신용보증기금 중소벤처기업진흥공단

벤처유형	기준요건	평가기관
	업에 대하여는 미적용 3. 벤처기업확인기관으로부터 사업의 성장성이 우수한 것으로 평가받은 기업	
[유형3] 혁신성장유형	1. 벤처기업확인기관으로부터 기술의 혁신성과 사업의 성장성이 우수한 것으로 평가받은 기업 벤처기업법 제2조의2(벤처기업의 요건) ① 항의 2호의 다목	기술보증기금 농업기술실용화재단 연구개발특구진흥재단 한국과학기술정보연구원 한국발명진흥회 한국생명공학연구원 한국생산기술연구원
[유형4] 예비벤처기업	1. 법인설립 또는 사업자등록을 준비중인 자 2. 벤처기업확인기관으로부터 기술의 혁신성과 사업의 성장성이 우수한 것으로 평가받은 기업 벤처기업법 제2조의2(벤처기업의 요건) ① 항의 2호의 다목	기술보증기금

자료: 벤처기업협회

미국에서는 '벤처캐피탈의 투자를 받은 창업기업'으로 인식, 일본과 유럽 등에서는 벤처캐피탈보다는 R&D나 기술집약적인 기업으로 인식되고 있다.

2022년 기준으로 벤처기업의 과반수(58.9%)는 '혁신성장유형'이고, '연구개발유형'은 19.0%, '벤처투자유형'은 13.6%, '기술평가보증기업'은 5.6%로 구성되어 있다.

표 7-2 벤처 확인 유형

기술평가 대출기업 (중소벤처기업 진흥공단) [개편 전]	기술평가 보증기업 (기술보증기금) [개편 전]	벤처투자기업 [개편 전]	연구개발기업 [개편 전]	벤처투자 유형 [개편 후]	연구개발 유형 [개편 후]	혁신성장 유형 [개편 후]
1.0%	5.6%	0.9%	1.0%	13.6%	19.0%	58.9%

자료: 벤처기업협회

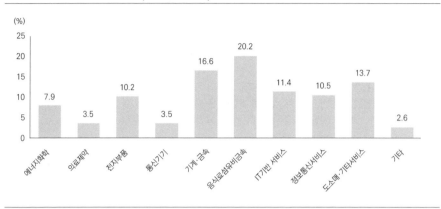

그림 7-1 **10대 업종별 분포(2022년 기준)**

주: 예비벤처기업 및 휴폐업 제외
자료: 벤처기업협회

업종별 분포는 음식료·섬유·비금속 20.2%, 기계·금속 16.6%, 도소매·기타서비스 13.7% 등의 순이다.

우리나라는 지난 2019년 벤처투자 4조 3,000억원(2000년 제1벤처붐 2조원), 2020년 신설법인 12만개(추정), 유니콘 기업수 세계 6위, 상장시장에서 혁신 벤처기업들의 약진 등 제2벤처붐이 본격 궤도에 오른 것으로 평가된다.

우리나라 벤처기업 정책은 정부에 의해 결정되어 협의적으로는 벤처기업 육성을 목표로, 광의적으로는 혁신성장을 추구하며, 벤처기업 및 벤처캐피탈을 대상으로 다양한 수단을 활용하여 추진하고 있다. 한국의 벤처기업 정책은 1997년 '벤처기업 육성에 관한 특별조치법'이 제정되면서 독립적 정책 영역으로서 자리하게 되었다.

정부주도에서 시장중심의 점진적 정책기조로 전환되고 있다. 벤처정책이 정부주도의 직접지원 방식에서 민간이 참여하는 모태펀드 조성('06)과 민간투자 기술창업 인큐베이팅 프로그램 TIPS 운영('13)으로 전환되었다.

표 7-3 한국 벤치기업의 발전과정

구분	주요 내용	주요 정책
암묵적 태동기 (1980~1995년)	• 1기 벤처기업 출현 • 창업지원법(1986)에 의한 민간 창투사 설립 • 회수시장 부재 • 벤처창업에 대한 낮은 사회적 인식	• 중소기업창업지원법 제정('86) • 신기술사업금융지원에 관한 법률 제정('86)
기반 구축기 (1996~2000년)	• 회수시장(KOSDAQ)의 형성 • 벤처 육성을 위한 제도적 환경 구축 • 벤처 스타 등장 • IMF 경제 이후 새로운 성장엔진 • 사회적 자원 벤처 이동	• 코스닥시장 개설('96) • 벤처특별법 제정('97) • 코스닥 시장 활성화 방안('98) • 창업투자조합출자지원('99)
조정기 (2001~2004년)	• 정부지원의 역기능에 대한 비판 • 반벤처 정서의 형성 • 사이비 벤처에 대한 법적 제재 • 거품 이후의 침체기	• 벤처기업 건전화 방안('02) • 벤처캐피탈의 투명성 제고('03) • 코스닥시장의 퇴출요건 강화('03)
침체기 (2005~2012년)	• 벤처확인제도 개편 • 모태펀드 조성 • 벤처기업의 글로벌 시장 진출 활성화	• 벤처기업확인제도의 시장친화적 개편('06) • 벤처기업 육성을 위한 특별조치법 10년 연장('07) • 대학 연구기관 기술창업('08) 및 1인 창조기업 지원('09) • 실패기업인 재도약 프로그램 운영('09), 연대보증제도 개정('12)
확산기 (2013~)	• 창조경제 실현을 위한 경제 패러다임의 변화 추진 • 벤처창업 자금생태계 선순환 및 투자 환경 조성 • 벤처확인제도의 기술 및 혁신력 제고 • 창업 및 재도전 분위기 확산	• 벤처창업 자금생태계 선순환 방안('13) • 코넥스 시장 신설('13) • 중소기업 재도전 종합대책('13) • 민간투자자 주도형 창업프로그램 신설('13) • M&A 활성화 방안, 벤처창업 규제 개선 방안('14) • 창조경제혁신센터 조성('15)

자료: 벤처기업협회

이에 따라 벤처기업수, 벤처투자 등 양적 성장과 코스닥 등 법·제도적 인프라 등 압축 성장을 하였다.

금융과 인프라 지원에서 생태계 중심의 종합지원 체계로 확대되고 있다. 자금과 제도적 물리적 기반만으로 벤처 생태계 한계로 인해 선순환 벤처생태계 조성을 위한 기술사업화, M&A, 인큐베이터, 컨설팅 등 종합적인 지원체계로 확대되었다.

벤처 창업 중심에서 전주기(창업→성장→회수→재도전) 생애지원으로 전환되고 있다. '13년 벤처창업 자금생태계 선순환 방안을 통해 '창업/성장/회수/재투자/재도전'의 선순환 구조로 진화하고 있다.

보증·융자 중심에서 투자 중심으로 전환을 시도하고 있다. 벤처정책 자금지원에 있어 연대보증 기반 중심에서 연대보증 면제('13)와 전문엔젤 도입('14) 등 투자 중심으로 전환 시도중이다.

대기업이 제외된 벤처정책에서 벤처생태계 구축을 위해 포함하는 추세다. 첨단 기술 및 우수인력의 공급, 판로 확보, 해외진출, M&A 활성화 등에 대학 및 대기업의 역할의 중요성 인식 및 활성화되고 있다.

지원제도를 살펴보자. 중소벤처기업부가 전산업을 대상으로 금융, 기술, 인력, 창업, 수출지원 등 총괄 지원하고 각 부처는 고유영역에 특화된 프로그램을 추진하고 있다.

부처, 기능, 재원, 규모 등 다양하게 운영중이다.

중소벤처기업부는 창업, 벤처, 중소기업, 소상공인 등을 아우르는 총체적인 역할을 수행하고 있다. 금융위원회, 과학기술정보통신부, 산업통상자원부 등 부처별로 특화영역 벤처기업 지원 프로그램도 운영하고 있다.

중소벤처기업부는 2018년 1월에 '민간중심의 벤처생태계 혁신대책'을 발표했다. 민간 주도로 성장하는 벤처생태계 조성을 위해 "벤처확인제도, 벤처투자제

표 7-4 한국 벤처기업 지원제도

구분	지원내용	관련법규
세제	법인세·소득세 : 벤처확인(창업 3년 내) 후 5년 이내 50% 감면	조특법
	취득세 : 창업일로부터 4년 이내 75% 감면	지특법
	재산세 : 창업일로부터 5년 이내 50% 감면	지특법
	부설연구소 연구원의 연구보조, 활동비 월 20 이내 소득 비과세	소득세법
	전략적 제휴를 위한 주식 교환 시 과세이연	조특법
	벤처기업의 합병시 이월결손금 승계를 통한 법인세 감면	조특법
	벤처기업 주식(출자지분) 거래나 평가로 인한 이익에 대한 소득세 면제	소득세법
창업	교육공무원·연구원의 창업, 겸임시 3년간 휴직 허용(1회 연장)	벤특법
	현물출자에 산업재산권 포함 및 기술평가기관 평가를 공인감정임 감정으로 갈음	벤특법
자금	기보의 우선적 신용보증, 신용보증 심사시 우대(보증한도 확대, 보증료율 감면)	벤특법
	창투사 투자대상에 벤처기업 업력제한 없음(일반 중소기업 7년 이내)	창업법
	코스닥 상장심사시 우대(자본금, 자기자본 기준 하향, 업력, 부채비율 면제)	코스닥
기술	KOSBIR 프로그램 우선	기촉법
	특허 및 실용신안 등록·출원시 우선 심사 대상	특허법
	항공우주산업 관련 사업 참여자격 우대	항공법
입지	실험실 공장등록 허용(교육, 연구원의 3,000m^2 이하 실험실 공장등록)	벤특법
	산업기술단지 내 벤처기업 집적시설 허용	산업법
	국유재산매각, 개발 부담금 및 대체초지조성비 등 5개 분담금 면제	벤특법
M&A	전략적 제휴를 위해 임의적 주식교환 허용(부분주식 및 자기주식 교환 허용)	벤특법
	반대주주의 주식매수청구권 행사기간 단축(20일→10일 이내)	벤특법
	합병절차 간소화(채권자 이의 제출기간, 합병계약서 공시기간 및 주총 통지기간 단축)	벤특법
인력	발행주식 50%까지 임직원, 외부인력, 피인수기업 임직원에 스톡옵션 부여가능	벤특법
	연구전담요원 2인으로 부설연구소 설립 가능(일반 중소기업은 5인)	기촉법
	병역특례 연구기관으로 지정받을 수 있는 신청기회 연2회 부여(일반기업 1회)	병역법
기타	방송광고비 70% 감면(광고공사)	지첨

자료: 벤처기업협회

도, 모태펀드" 등 벤처기업 정책의 기반이 되는 제도를 근본적으로 혁신하는 대책이다. 민간 선도, 시장 친화, 자율과 책임의 3대 추진 원칙을 제시하여 이전 정책과 차별화 했다. 민간 선도(민간이 주도하고 정부는 후원), 시장 친화(수요자 맞춤형 제도운영으로 정책효과 극대화), 자율과 책임(민간의 자율성은 높이되 공정한 투자환경 조성)이다.

특히 벤처투자촉진법의 제정을 통해 창업법(창업투자조합)과 벤처법(한국벤처투자조합)으로 이원화되어 있던 벤처투자 제도를 벤처투자조합으로 일원화하고 규제를 완화하여 수요자 입장의 편의성을 제고하였다.

한편 벤처 및 창업 기업은 국가경쟁력의 핵심 요인으로서, 2000년대 초 세계적인 벤처창업 붐을 경험한 우리나라가 세계적 벤처강국으로 재도약하기 위해 "제2의 벤처 붐"조성이 필요했다. 이에 2019년 3월 관계부처 합동 '제2벤처붐 확산 전략'을 발표했다.

신산업·고(高)기술 스타트업 발굴, 벤처투자 시장 내 민간자본 활성화, 스케일업 및 글로벌화 지원, 벤처투자의 회수 및 재투자 촉진 그리고 스타트업 친화적 인프라 구축 등의 내용을 포함하고 있다.

주요 내용을 보면, 모험자본시장의 유동성 강화로 '가벼운 창업'의 양적 증가는 있었지만 기술 창업 등 질적 고도화 및 저변 확대는 여전히 미흡하여 이를 극복하기 위해 다음과 같은 분야에서 세부 정책 과제를 제시했다. ▲고기술 및 신산업 분야 창업 촉진, ▲민간자본 투자 활성화, ▲IP기반 자금공급 활성화 및 스타트업 해외 진출 확대 등 스케일업 지원, ▲M&A 전용펀드 매칭 및 재투자 인센티브를 통해 투자자와 창업가 등 다양한 플레이어의 회수·재투자 촉진, ▲ 규제 샌드박스 활용 지원 및 우수인재 유입 촉진 등을 통해 스타트업 친화적인 생태계 강화 등이다.

중소벤처기업부는 지난 2021년 '기술기반 벤처·스타트업 복합금융 지원방안'을 확정·발표했다. 기술혁신 창업·벤처기업의 성장을 지원하기 위해 미국 실리콘밸리식 '투자조건부 융자(Venture Debt)' 제도 도입 추진이 핵심이다. 또한 창업·벤처기업의 기술개발 과제가 사업화될 수 있도록 기술보증과 사업화자금을 병행 지원하는 '프로젝트 단위 기술개발(R&D) 사업화금융'을 신설한다.

창업·벤처기업은 특성상 시장 안착까지 장기간이 소요되는 반면, 신용도가 낮고 기술 등 무형자산외 담보가 없어 자금조달에 어려움을 겪는 경우가 흔하다. 융자·보증기관 입장에서는 손실(고위험–저수익) 가능성이 높은 혁신기업 대출에 부담을 느낄 수밖에 없고 창업투자회사 등 민간 투자기관들은 모험자본 공급에 큰 역할을 하고 있으나 비수도권 등 사각지대가 발생하기 쉽다.

이에 따라 정부는 기술기반 혁신 창업·벤처기업을 대상으로 기술력은 우수하나 자금 지원시 고위험을 수반하는 기업 특성을 감안, '기술기반 벤처·스타트업 복합금융 지원방안'을 마련했다.

지원방안은 자금지원기관의 위험도(Risk)를 줄이는 제도 도입을 핵심으로 기술개발(R&D)–투자–보증–융자가 결합된 맞춤형 복합금융 제도를 신설한다. 이를 위해 ▲실리콘밸리식 복합금융 제도 도입 ▲기술개발 과제(R&D project) 기반 복합금융 마련 ▲복합금융 활용 벤처투자 틈새 보완 ▲복합금융 활성화 기반 조성의 4대 전략 23개 세부 추진과제를 마련했다.

정부는 벤처투자법을 개정, '실리콘밸리식 투자조건부 융자' 제도의 국내 도입을 추진한다. 투자조건부 융자는 융자기관이 벤처투자를 이미 받았고 후속투자 가능성이 높은 기업에게 저리 융자를 해주는 대신 소액의 지분인수권을 받는 제도다.

미국 조건부 융자 규모는 2017년 기준 126억 3,000만 달러(추정)로 전체 미국 벤처투자의 15% 수준에 달하며 미국의 대표적인 투자조건부 융자기관인 '실리콘밸리은행'은 통상 융자금액의 1~2% 정도의 지분인수권을 획득한다.

융자기관 입장에서는 후속투자 가능성이 높은 기업에게 융자를 해줘 회수 가능성을 높이고 아울러 지분인수권을 통해 기업이 성장했을 때 금리보다 높은 수익을 얻을 수 있다.

벤처기업 입장에서는 융자를 받아 기업을 성장시키면서 후속투자 가능성을 높이고 투자가 아닌 융자이기 때문에 창업자 등의 지분이 희석되는 것을 방지할 수 있다.

보증액의 일부를 특허(IP) 지분으로 전환(융자상환)하는 방식의 '특허(IP) 투자옵션부 보증'도 새롭게 도입한다. 투자옵션부 보증도 투자조건부 융자와 유사하게 보증기관이 보증금액의 일부를 보증대상기업의 지분으로 전환할 수 있으며 특허(IP) 투자옵션부 보증은 기업 지분이 아닌 특허(IP) 소유권의 지분으로 전환한다.

초기 창업기업 등에 대한 벤처투자 촉진·투자방식 다양화를 위해 실리콘밸리 등에서 활용되는 '조건부 지분전환계약(Convertible Note)' 제도도 도입한다. '조건부 지분전환계약'은 후속투자가 실행되지 않으면 투자기간 동안 원리금을 받고 후속투자가 실행되면 상법상 전환사채를 발행하는 계약 형태이다.

정부 기술개발 과제의 사업화를 돕는 복합금융 제도를 확대했다. 기업의 기존 채무 등을 보지 않고 기술개발 성공과제의 사업화 가능성을 평가해 기술보증·사업화자금 대출을 병행 지원하는 '프로젝트 단위 기술개발(R&D)사업화금융'을 2021~2022년 5,000억원 규모로 신설한다. 녹색 기술개발 과제의 온실가스 감축량을 화폐단위로 평가해 금융을 지원하는 '탄소가치평가 기반 그린뉴딜 보증'도 본격 실시된다.

한편 벤처투자의 사각지대를 보완하기 위해 복합금융 제도를 보강한다. 먼저 창업투자회사에 대한 보증제도가 도입된다. 창업투자회사는 벤처펀드를 결성하기 위해 통상 펀드 결성액의 10% 정도를 펀드에 출자해 왔다. 그러나 벤처펀드는 7~10년간 장기 운용되기 때문에 기존 운용하던 펀드 외에 추가 펀드를 결성할 때 일시적인 유동성 문제로 신속한 펀드결성에 어려움을 겪는 경우가 많았다.

이에 따라 벤처펀드의 신속한 결성과 집행을 위해 일시적인 출자금 확보를 위한 보증을 공급할 예정이다.

또한, 공공기관의 벤처투자 여력은 비수도권 기업 중심으로 집중할 방침이다. 기보는 현재 모태자펀드가 투자한 기업에는 투자를 할 수 없는데 모태자펀드 투자기업 중 비수도권 기업에 대해 투자를 할 수 있도록 할 예정이다. 아울러 현행 45%인 비수도권 기업 투자비중도 2025년까지 연간 투자액의 65% 이상이 되도록 운영한다.

정부는 새 복합금융 제도들이 원활하게 작동하도록 생태계 기반 구축에도 나서고 있다. 기업과 투자자간 정보 비대칭을 해소하고 기술기업에 대한 신속한 투자를 위해 공공기관이 보유하고 있는 기업데이터를 빅데이터화해 '온라인 비즈니스 매칭 플랫폼'을 개설했다. 이를 통해 기업과 투자자는 투자가능성 등을 상호 탐색하고 연결할 수 있다.

이어서 정부는 '글로벌 4대 벤처강국 도약을 위한 벤처 보완대책'을 확정했다. 벤처기업의 주식매수선택권(스톡옵션) 행사 이익의 비과세 한도가 5,000만원까지 늘어난다. 벤처기업 육성에 관한 특별조치법(벤처특별법)의 일몰 기한도 폐지된다.

세부 내용을 보면 국내 벤처기업의 경쟁력 강화를 위해 스톡옵션 제도가 대폭 개편됐다. 기업이 우수 인재를 유치하는 데 쓰이는 스톡옵션의 비과세 한도를 3,000만원에서 5,000만원으로 상향하기로 했다. 아울러 스톡옵션 부여 대상 등 발행 요건도 법률 개정을 통해 완화할 계획이다. 벤처업계는 임직원과 변호사 등 법령에 열거된 사람만 스톡옵션을 받을 수 있도록 규정돼 있어 "해외 고급 인력

유치에 제한을 받고 있다"며 반발해 왔다.

정부는 또 벤처기업의 안정적 성장을 위해 2027년 도래하는 벤처특별법의 일몰 기한을 폐지하고 기술력 있는 유망 벤처기업을 위해 기술보증 한도를 200억원으로 두 배 상향 조정하기로 했다.

벤처투자 확대를 위해 민간과 정부가 함께 투자한 벤처펀드가 손실이 나도 민간 투자의 손실을 우선 줄일 수 있도록 인센티브를 높인다. 이를 위해 현재 일부 펀드에만 적용되는 우선손실충당제 인센티브를 모태펀드의 자(子)펀드 전체로 확대하기로 했다. 우선손실충당제는 펀드에 자금을 투입한 민간 투자자(LP)가 펀드에서 손실을 보면 출자금의 10% 이내에서 보전해주는 제도다.

벤처펀드에 현금뿐 아니라 산업재산권 등 재산상 가치가 있는 현물의 출자도 허용한다. 이 경우 대학과 공공 연구기관이 산업재산권을 펀드에 출자하면 펀드 투자를 받은 기업이 산업재산권을 이용해 이익을 내고, 펀드가 수익률을 올리는 구조를 만들 수 있다. 이와 함께 창업 초기 벤처기업에 대한 투자 확대를 위해 1조원 규모의 창업초기펀드를 조성한다.

그동안 기업공개(IPO) 위주이던 투자 회수 수단은 인수합병(M&A) 등으로 다양화할 계획이다. '기술혁신 M&A보증'을 신설해 기술기업(자산 5,000억원 이하)이 벤처기업을 인수할 때 소요자금을 최대 200억원 지원할 예정이다. M&A벤처펀드도 기존의 두 배(1,000억원→2,000억원)로 확대해 기업의 인수자금 마련을 도울 계획이다.

금융위원회는 중소벤처기업부와 공동으로 2023년 4월 혁신 벤처·스타트업 자금 지원 및 경쟁력 강화 방안을 발표했다. 주요 내용을 살펴보면, 금융위원회가 중소벤처기업부와 함께 벤처·스타트업 육성에 10조원을 추가 공급한다. 기업은행 등 정책금융기관이 초기 기업에 3년간 2조원을 공급하고, 1조원 규모의 세컨더리 펀드(다른 벤처펀드가 투자한 주식을 매입해 수익을 올리는 펀드)도 조성한다.

이번 방안은 현재 벤처투자의 데스밸리를 벗어날 수 있도록 하는 데 초점을 맞췄다.

우선 벤처기업을 지원하기 위해선 기업의 성장 단계별 정책수요에 맞춰 총 10조 5,000억원을 추가 지원한다. 구체적으로 정책금융 2조 2,000억원, 정책펀드 3조 6,000억원, 연구개발(R&D) 4조 7,000억원 등 공급할 예정이다.

초기 성장단계(시드부터 시리즈A 투자유치) 기업에는 융자 1조 2,000억원, 펀드 2,000억원, R&D 4조 7,000억원 등 총 6조 1,000억원을 지원한다. 성장자금 조달이 곤란한 초기 성장기업에 기술보증기금과 신용보증기금이 총 1조 2,000억원의 보증을 추가 공급하고, 민간 투자시장에서 소외되고 있는 엔젤투자·지방기업을 위해선 보증연계투자 규모를 600억원 확대한다. 또 기업은행은 자회사를 설립해 스타트업을 대상으로 컨설팅·네트워킹 등 보육지원과 함께 1,000억원 규모의 펀드를 조성하여 투자도 지원할 계획이다.

중기 성장단계(시리즈B에서 시리즈C 투자유치) 기업을 대상으로는 융자 9,000억원, 펀드 1조원 등 총 1조 9,000억원을 지원한다. 후속 투자를 받지 못해 자금난을 겪는 기업을 위해 중소벤처기업진흥공단·기술보증기금·신용보증기금이 정책금융 3,500억원을 확대 공급할 계획이다. 산업은행과 기업은행은 세컨더리 펀드의 조성 규모를 기존 5,000억원에서 1조 5,000억원으로 3배 늘려 만기도래 펀드에 대한 재투자로 후속 투자를 촉진하기로 했다.

후기 성장단계(시리즈C 이후 투자유치) 기업에 대해선 펀드 3,000억원, 융자 1,000억원 등 총 4,000억원을 지원하고 인수합병(M&A) 촉진을 추진한다. 산업은행은 3,000억원 규모의 글로벌 진출 지원펀드를 신규로 조성하고, 기업은행은 소규모 M&A 활성화를 위해 1,000억원 규모의 중소·벤처기업 인수를 위한 특별대출 프로그램을 제공할 예정이다. 또 M&A 및 세컨더리 벤처펀드에 대한 40% 이상 신주 투자 의무를 완화하고, M&A 벤처펀드에 대해서는 20%로 제한된 상장사 투자규제도 없앤다.

또 정책금융기관은 3년간 총 2조 1,000억원 규모의 펀드를 조성해 투자 마중물을 확대한다. 기업은행은 초격차, 첨단전략산업 등 벤처·스타트업에 대한 투자목적 펀드에 3년간 2조원 이상 출자해 투자 마중물을 공급한다. 한국거래소, 한국증권금융 등 자본시장 유관기관은 1,000억원 규모의 펀드를 조성하여 코넥스 상장 기업과 상장을 추진하는 기업을 지원한다.

벤처캐피탈 등 벤처기업 주요투자자들이 투자자금을 원활하게 확보할 수 있도록 규제를 개선한다. 구체적으로 은행의 벤처펀드 출자 한도를 2배 확대(자기자본의 0.5% →1%)한다. 인수합병(M&A) 및 세컨더리 벤처펀드의 신주투자 의무(현재 40% 이상) 폐지, M&A 벤처펀드의 상장사 투자규제(현재 최대 20%) 완화 등도 추진할 계획이다. 기업형 벤처캐피탈(CVC)이 국내 창업기업의 해외 자회사를 대상으로 투자할 경우 국내기업 대상 투자로 간주토록 규제 완화한다.

아울러 벤처 제도혁신으로 인재유치 및 경영안정을 지원할 계획이다. 스톡옵션 부여 가능한 외부전문가 범위를 전문자격증 보유자에서 학위 보유자와 경력자까지 확대하고, 지분희석 우려 없이 투자유치를 통해 성장하도록 복수의결권을 도입할 예정이다. 또 벤처기업에 대한 안정적 지원을 위해 현재 2027년 종료예정인 벤처기업법을 일몰 폐지할 방침이다.

중소벤처기업부는 2023년 10월 5일 벤처투자 촉진을 위한 벤처투자 활력 제고 방안을 내놨다. 벤처투자 유인책을 강화하고, 모태펀드 운용을 시장친화적으로 개편하겠다는 내용이 골자다.

벤처투자 촉진을 위해 루키리그에 매년 모태펀드 출자금액의 10% 이상을 배정한다. 이를 통해 신생 벤처캐피털 시장 진입과 안착을 지원한다는 계획이다. 루키리그(신진 운용사 출자사업) 신청이 가능한 벤처캐피털 요건도 기존 '업력 3년 이내'에서 '5년 이내'로 유연화하고, 운용 자산규모는 '500억원 미만'에서 '1,000억원 미만'으로 바꿨다.

투자 촉진을 위해 벤처투자 인센티브도 강화한다. 2023년 신규 결성된 모태자펀드에는 '투자촉진 성과급'이 적용 중이지만 2022년 말까지 조성된 펀드는 인센티브가 적용되지 않고 있다.

이를 위해 충분한 투자 여력이 있는 2021년~2022년 결성 펀드의 23년 투자집행을 유도하고자 23년 투자소진 목표를 달성할 경우 2024년 출자사업 우대와 출자비율을 10%p·관리보수 요율 0.2%p를 상향한다.

또 피투자기업의 일시적인 재무 건전성 악화 시 관리보수를 삭감하지 않는 등 운용사에 대한 보수 기준도 합리적으로 개편한다.

모태펀드 운용을 시장친화적으로 개편하기 위해 민간 전문가 중심의 '모태펀드 출자전략위원회'도 신설한다. 위원회를 통해 모태펀드 투자 방향을 민관이 함께 논의할 예정이다.

VC 관리·감독 체계 선진화를 위해 벤처투자법령을 위반한 VC에 부과하는 제재처분의 구체적인 양정기준도 마련한다. 향후 위법행위 시 일관된 처분을 내리기 위함이다.

또 VC가 내부통제 지침을 업계 스스로 마련하도록 유도, 해당 지침을 준수한 VC에는 모태펀드 출자사업 선정우대·제재처분 감경 등의 혜택을 부여할 예정이다.

특히 모태펀드 자펀드의 경우 원칙적으로 비밀유지계약(NDA)을 체결하도록 권고하고, 투자심의 과정에서 알게 된 기업비밀을 유지하도록 서약하는 '포괄적 비밀유지서약'을 의무화한다.

산업통상자원부는 △ '25년까지 기업형 벤처캐피털(CVC) 정책기금(펀드) 1조원 조성, △ 기업형 벤처캐피털(CVC) 참여형 연구개발(R&D) 개방형 혁신(오픈이노베이션) 추진, △ 기업형 벤처캐피털(CVC) 투자기업의 성장지원, △ 기업형 벤처캐피털(CVC) 제도개선 등 '산업 역동성 향상을 위한 기업형 벤처캐피털(CVC) 활성화 방안'을 2023년 7월에 발표했다. 그리고 산업통상자원부는 R&D를 중심으로 「강소벤처형 중견기업 육성사업」도 추진하고 있다.

과학기술정보통신부는 ICT 분야 유망 창업·벤처기업 대상으로 창업 예비단계부터 해외 시장 진출까지 기업 성장단계별 체계적인 지원을 통해 국내 ICT 창업·벤처 생태계를 활성화하고, ICT 분야 창업·벤처 지원사업을 K−Global 프로젝트로 통합하고 각 사업의 연계 운영 실시하고 있다.

주요국의 벤처기업 정책

1 미국

미국은 중소벤처기업에 대해 대기업의 협력자, 경쟁자, 동반자로 인식하고 중소벤처기업 정책은 기본적으로 자유경쟁과 기회균등이라는 원칙하에 정부 개입을 최소화 한 민간주도의 성장이라는 특징을 갖고 있다.

미국은 중소벤처기업도 대기업과 마찬가지의 균등한 기회를 주고 있다. 즉, 시장에서 자유롭게 경쟁할 수 있도록 환경을 조성하고, 정책적 역할을 하고 있다. 이로 인해, 미국은 직접적으로 중소벤처기업을 집행·지원하기보다는 중소벤처기업이 필요한 다양한 서비스에 대한 정보를 전달하거나 접근하는 것을 중간에서 보조해주는 등 간접적인 형태를 띠고 있는 게 일반적이다. 하지만, 코로나 -19 때처럼, 정부가 개입해야 할 때는 적극적인 정책을 펼쳐 중소벤처기업의 어려움 해소와 혁신 성장을 촉진한다.

미국의 SBA 지원프로그램 가운데 직접적으로 자금지원을 제공하는 사업은 재난 융자프로그램이 대표적이며, 여타의 금융지원프로그램은 중소벤처기업들에게 금융기관의 대출 프로그램에 접근하는데 필요한 정보나 관련 프로세스 등에 대한 상담을 제공하는 데 초점이 맞춰져 있다. 즉, 중소벤처기업에 대한 금융지원을 직접적으로 추진(push)하는 것이 아니라 시장이 그 역할을 하도록 생태계를 조성하는 형식으로 업무가 추진되고 있는 것이다.

1) 벤처대출(Venture Debt)

미국은 다른 나라에 비해 벤처대출시장이 발달돼 있다. 부채성 자금인 벤처대출(Venture Debt)은 벤처캐피탈로부터 지분 투자를 받은 벤처기업에게 제공되는 모든 대출형태를 의미한다.

벤처대출자금은 운전자본 충당, R&D 투자, 사업 확장 등 벤처기업의 성장에 필요한 자금조달을 위해 사용되고 있다. 벤처대출의 주요 특징은 벤처캐피탈의 후속투자 가능성에 따른 대출결정, 벤처캐피탈의 지분투자와 동시 또는 직후 실행, 대출기관의 소액의 워런트(Warrant) 취득이다. 미국에서는 실리콘밸리은행으로 대표되는 은행과 비은행 기관인 대출형 펀드회사(Venture Debt Firm)가 벤처대출 제공 금융기관이다.

표 7-5 미국의 벤처대출 조건

	일반적인 Venture Debt 계약 내용
대출금액	- 2백만 ~ 1천만 달러(주로 은행은 2백만 달러 내외, Venture Debt Firm은 3백만 달러 이상) - 또는 가장 최근 투자받은 지분투자금액의 30~50% 수준
담보	- 일반적으로 Blanket Rein(대출계약 불이행시 채권자가 채무자의 모든 자산을 포괄적으로 처리) 형태로 담보 취득 - IP 담보에 대해서는 Negative Pledge(다른 누구에게도 해당 IP를 담보로 제공하지 않음) 형태로 계약
대출기간	- 3~4년(Term Loan) - 인출기간(Draw-down Period)과 상환기간(Amortization Period)으로 구성 예시) 인출기간(6개월)＋상환기간(36개월) ＝ 대출기간(42개월)
대출금리	- 5~15%(은행은 5~8%, Venture Debt Firm은 9~15%) - 통상 Facility Fee, Back-end Fee, Prepayment Fee 등 대출 수수료 부과
Warrant	- 대출 금액의 4~15%(은행은 4~5%, Venture Debt Firm은 8~15%) - 행사기간: 통상 7~10년(7년이 일반적) - 행사가격: 가장 최근 투자받은 Equity의 Share Price에 기반 - 대상주식: 일반적으로 우선주
상환방식	- 원금은 분할상환방식이 일반적 - 초기에 거치기간(Grace period)을 부여하는 경우도 있음(통상 3~12개월로 6개월이 일반적)

자료: 홍종수·나수미(2020)

2) Startup America Initiative

미국의 5대 혁신전략(2011) 중 하나로 추진하고 있다.

* 5대 혁신 전략: 무선, 특허개혁, 유치원－고교 정규교육과정 개선, 청정에너지기술 개발, Startup America Initiative

추진 목적은 국가 경제 성장에 기여하고 양질의 일자리를 창출하는 고성장 기업의 증가를 위해 기업가 정신을 촉진하는 것이다. 성공한 기업, 대학, 재단을 중심으로 Startup America Partnership을 발족해 혁신적인 미국의 고성장 신생기업을 지원하고 있다.

3) 스케일업(Scale Up)

경제성장 및 일자리 창출의 주체를 스케일업[3])으로 보고 적극 지원하고 있다. 스케일업은 일종의 고성장하는 벤처기업이다. 미국 SBA는 Scale Up America Initiative(2014. 7.)를 시작으로 스케일업이 모든 국가에 확산될 수 있도록 글로벌 스케일업 선언문을 발표했다(2014.9.).

4) 우수 인력 유치 위한 주식연계형 보상(Equity Compensation)

미국은 벤처 기업들의 우수인력 유치를 위해 자사 실정에 적합한 주식 연계형 보상 제도를 선택하여 운영할 수 있도록 하고 있다. 상장 여부, 기존 투자자 동의, 기업 성장단계, 조세 혜택 등을 고려하여 주식매수 선택권, 양도 제한 조건부 주식,[4]) 주식평가보상권(Stock Appreciation Right),[5]) 가공주식(Phantom Stock),[6]) 종업원주식매수제도(Employee Stock Purchase Plan) 중 선택하여 활용하는 제도이다.

---

3) 스케일업은 2014년 영국의 창업가인 Sherry Coute가 고성장기업을 '스케일업'으로 명명하며 대중화되었다. 국가·기관마다 스케일업을 다양하게 측정하고 있으나 공통적으로 고성장에 초점을 맞추고 있다. 일반적으로 스케일업이란 최근 3년간 연평균 매출증가율이 20% 이상 또는 최근 3년간 연평균 고용증가율이 20% 이상인 고성장기업을 의미한다.

4) 양도제한 조건부 주식(Restricted Stock)이란 회사 임직원에게 부여되는 주식으로 사전에 정해 놓은 특정 조건을 만족시킬 때 소유권 행사가 가능하다. 양도제한 조건부 주식은 일정 기간 이상 근무 또는 성과 목표 달성 시 임직원에게 부여한다.

5) 권리 행사 시 주가와 약정 시 주가 차액만큼 현금 또는 자사주로 보상받을 권리를 의미한다.

6) 실제 주식과 연동된 가상의 주식으로 행사 시 현금으로 보상한다. 기초 자산인 주식의 행사 시 주가에 해당하는 금액을 지급하는 전액(full value)형과 약정 시 주가와 차액만큼 지급하는 차액(appreciation only)형으로 나눈다.

2 EU권

EU권에서는 다양한 벤처·스타트업 지원정책을 수립하여, 자금지원 및 네트워킹 서비스 등을 제공하고 있다. EU는 벤처·스타트업에 대한 보조금, 투자를 여러 프로그램을 통해 지원하고 있으며, 자금지원 창구로서 주로 정책금융기관인 European Investment Fund(EIF)를 활용하고 있다.

- (SME Instrument) 스타트업을 포함한 혁신적인 중소벤처기업에 사업단계별로 보조금(1단계 5만 유로, 2단계 50만 유로~250만 유로) 및 사업개발을 위한 코칭서비스 지원 등
- (InnovFin) EU와 European Investment Bank(EIB)그룹이 공동으로 혁신적인 사업을 하는 기업이 자금조달에 어려움을 겪지 않도록 EIF를 통해 지원하고 있다. 중소벤처기업 및 스타트업이 금융기관으로부터 대출을 받을 수 있도록 보증(2.5만 유로~750만 유로)을 지원하고 기술이전자금, 엔젤투자자 펀드, 벤처캐피털 펀드 및 모태펀드 투자지원(최대 5,000만 유로)한다.
- (European Angels Fund) 엔젤투자자 및 비기관 투자자가 벤처·스타트업을 포함한 혁신 중소기업에 투자를 할 경우 투자금과 같은 금액을 투자(25만 유로~5백만 유로)한다.
- (VentureEU) '18.4월 스타트업 활성화 목적으로 유럽의 저개발된 벤처캐피털 시장에 가용자본을 확대하는 프로그램으로 EIF를 통해 투자하고 있다. 정부 및 민간투자를 21억 유로까지 확대하여, 혁신 스타트업과 스케일업 기업들에 대한 65억 유로의 신규투자를 유도할 계획이다.

1) CIP 2007-2013
(Competitiveness and Innovation Framework Programme)

중소기업의 경쟁력 강화에 초점을 맞춘 프로그램을 운영하고 있다.
- Entrepreneurship and Innovation Programme: 창업기업과 성장 중소 기업을 위한 금융지원
- Information Communication Technologies Policy support Programme: 민·관·산 동시 ICT 자원을 활용한 혁신 경쟁력 강화
- Intelligent Energy Europe Programme: 지속가능한 친환경 솔루션 개 발과 보급 추진

COSME 2014−2020(Programme for the Competitiveness of enterprises and SMEs): 유럽기업 비즈니스 환경을 개선, 경쟁력 향상을 위한 프로그램도 있다.

(1) (영국) 쉬운 창업과 기업 성장을 위한 중소기업 육성정책
중소벤처기업 성공을 보장하기 위한 환경조성을 위해 기업, 금융기관, 정부 부처간 협력체계를 구축하고 있다.

중소기업 대상 자금지원 및 대출 확대, 중소기업 대상 민간 부문 투자 촉진, 중소기업 자문서비스 제공 등 추진하고 있다. 런던 중심의 스타트업 클러스터 조 성, 테크시티 중심의 스타트업 육성조치(Digital Business Academy, Future Fithy, Tech City UK Cluster Alliance) 등이 있다.

스케일업(Scale Up)
영국은 'Scale Up UK'를 통해 기업의 규모 확장으로 정책초점을 전환했다. Scale Up UK에서는 Scale Up Gap을 정의하고 이 격차를 해소하기 위한 지원

프로그램을 운영하고 있다.

영국은 세계 최초의 스케일업 육성 전담기관인 Scale Up Institute를 설립 (2014), 영국 내 창업과 성장을 지원하여 고성장과 지속성장을 촉진하는 환경 조성을 목표로 스타트업과 스케일업 육성을 지원하고 있다. 2034년까지 15만 개의 신규 일자리 창출과 2,250억 파운드의 GDP 증가, 모든 업종의 생산성 제고를 주요 목표로 설정하여 정책 추진중이다.

스케일업 연구소(Scale Up Institute)는 ▲ 스케일업 기업과 환경을 진단하는 조사와 연구 수행, ▲ 스케일업에 관한 다양한 정보를 제공하는 데이터 허브 기능, ▲ 스케일업 대상의 교육 및 컨설팅 프로그램 운영 역할을 수행 중이다. 특히 지역별 스케일업 분포(집중도), 추세(성장률), 매출 및 고용 변화 등을 모니터링하여 지역 정책 수립에 반영하고 있다.

(2) (독일) ZIM(중앙 중소기업 혁신 프로그램, Zentrale Innovations programme Mittelstand)

독일 연방경제기술부 주도 중견·중소기업 R&D 및 혁신을 위한 펀딩 프로그램을 운영하고 있다. 시장 지향적 기술 분야의 핵심 프로그램으로 참여기업 규모와 기관수 지원유형 등에 따라 개별 프로젝트와 협력 프로젝트로 구성돼 있다.

스케일업(Scale Up)은 독일 연방경제에너지부가 주관부처이며, 단계별 맞춤화된 지원을 제공하고 있다. 독일은 시드이전(pre-seed), 시드(seed), 성장 (growth)으로 구분하여 지원하고 있다. 시드이전 단계는 보조금과 창업 노하우 제공에 중심을 두고, 시드 단계는 투자자와의 접촉이나 규모 성장, 성장단계는 VC, 대출, 보증 등을 통해 지원하고 있다.

① (스웨덴) Better Regulation Hunt(2011)

스웨덴 기업에너지통신부 주도 '기업하기 좋은 환경 구축' 목표로 서비스, 운송, 무역 및 제조 등 규제 및 행정절차를 시정하고 있다. 기업 비용 절감, 행정 서류 감축, 관할 지역내 행정 절차 간소화, 제안 청원 제도 활성화, 새로운 규제 정책 도입 효과 분석 등이다.

② (핀란드) SHOK(Strategic Centres for Science, Technology and Innovation)

핀란드 기술혁신지원청(Tekes)은 6대 분야 미래 성장 동력 육성 프로그램을 운영했다('08~'12). 에너지환경, 바이오경제, 금속기계, 환경건축, 헬스웰빙, 정보통신 등 6대 분야 혁신 기술개발을 위한 R&D 자금 지원 및 투자를 하고 있다.

3 이스라엘

이스라엘은 우수한 과학기술인력을 활용하여 하이테크 기술과 벤처캐피탈 산업 등 벤처 생태계를 성공적으로 조성해 세계에서 가장 높은 벤처 창업률을 자랑하는 스타트업 강국이다. 이스라엘은 인상적인 혁신과 기업가 정신으로 주목과 찬사를 받으며 스타트업 세계의 글로벌 강국으로 부상했다.

이스라엘의 벤처 생태계는 정부의 지원과 기술적인 역량이 결합되어 혁신적인 기술과 서비스를 개발하고 있다. 인구 대비 벤처 창업률이 세계 1위, 미국 나스닥에 상장된 이스라엘 회사 수가 유럽 대륙 전체 회사 수보다 많은 정도로 성과도 뛰어나다. 이스라엘에 투자된 벤처캐피탈 투자 액수는 국민 1인당 기준으로 이스라엘이 미국의 2.5배, 유럽의 30배, 중국의 80배, 인도의 250배 수준이다. Statista.com의 2023년 6월 보고서에 따르면, 이스라엘에 새로 등록된 기업의 수는 2023년에서 2028년 사이에 총 8,000개 기업(+4.59%)이 지속적으로 증가할 것으로 예상된다. 2028년에는 18,260개사에 이를 것으로 추산된다.

이스라엘 정부는 1980년대부터 대학과 연구소를 지원하며 최첨단 기술 산업을 지속적으로 키워왔다. 그 결과 군수 산업에서는 새로운 아이디어와 기술로 전차 및 전투기 개발 등의 시도가 이뤄졌고, 척박한 농업 환경도 기술로 극복하며 농업 선진국으로 거듭났다. 하지만 한정된 산업으로는 이스라엘 국가 전체의 지속적인 발전을 이루기 역부족이었다. 그래서 이스라엘은 한 단계 더 도약하기 위해 동맹국인 미국의 도움을 받아 벤처 산업 육성에 나섰다.

기술혁신을 주도하는 이스라엘 벤처기업의 성공요인은 우수한 인적자원, 구축된 기술 인프라, 강력하고 신속한 정부의 지원, 풍부하고 노련한 벤처 캐피탈 등이다. 이스라엘은 인큐베이터 프로그램, 액셀러레이터 프로그램, 벤처캐피탈 지원 등으로 혁신적인 벤처기업을 육성하고 있다.

표 7-6 이스라엘 벤처기업 정책 및 환경의 프레임워크 분석

	모험기업	모험자본
창업	-트누파 지원 프로그램을 통한 예비 창업자 지원 -독특한 군대 시스템을 통한 군대의 인큐베이팅 역할 및 창업 인재 육성 -소프트웨어(SW) 중심의 컴퓨터과학(CS) 교육 정책 -기업가정신 교육 센터 설립 \<민간\> -후츠파 정신을 토대로 한 이스라엘 특유의 도전정신 -1인당 스타트업 수 세계 1위 -인구대비 벤처 창업률 세계 1위 -'20년 스타트업 친화적 국가 평가에서 세계 4위 달성 -4차 산업혁명 분야에서의 독보적인 스타트업군 보유	-요즈마 펀드(Yozma) -기술 인큐베이터 프로그램(Technology Incubator) \<민간\> -세계 글로벌 대기업들의 자체 창업 보육 시스템, 창업 촉진 프로그램 제공을 통한 글로벌 기업과의 생태계 조성, 글로벌 시장 진출 활성화 -다수의 액셀러레이터 및 인큐베이터 -먼저 성공한 창업가의 엔젤 및 멘토시스템

	모험기업	모험자본
성장	-정부 각 부처 내 수석과학관실(OCS) 시스템을 통한 R&D연속성 및 전문성 구축 -혁신청, 연간 약 4억달러 규모의 예산을 통해 스타트업 R&D비용 지원 <민간> -GDP대비 R&D지출 세계 1위 / 1인당 R&D지출 세계 2위 -매우 높은 수준의 인구 대비 과학기술자 수와 수준 -뛰어난 수준의 산학연 협력 네트워크 및 클러스터 형성(실리콘 와디) -매우 이른 시기부터 발전시킨 기술이전 시스템 -유니콘 수 30개로 세계 최상위권	-자국 내 설립된 외국기업 R&D센터에 대한 법인세 감면 -자국민 채용에 대한 급여의 25% 4년간 지원하는 고용 보조금 정책 <민간> -발달한 크라우드 펀딩 시스템 -세계 글로벌 대기업들의 이스라엘 내 자체 R&D센터 구축 및 연구개발 협력 관계 형성 -매우 높은 벤처투자 중 해외투자의 비중 -매우 빠른 속도로 성장하는 벤처투자 시장 규모
회수	<민간> -나스닥 상장 기업 수 세계 3위	<민간> -평균 4년 반 정도의 짧은 Exit 기간
재투자 (재도전)	-트누파 정책을 통한 정부의 초기 스타트업 투자금 100% 지원 정책 <민간> -다브카 문화를 통한 실패 용인 및 재도전 문화 -활발한 연쇄창업 활동	

자료: 중소벤처기업연구원(2021)

표 7-7 이스라엘 벤처기업의 창업 및 회수 현항

	창업	총 회수	기업공개 (US)	기업공개 (유럽)	기업공개 (이스라엘)	인수합병
1990	53	3	1	0	1	1
1991	51	11	4	0	7	0
1992	94	17	9	0	7	1
1993	124	21	11	0	9	1
1994	175	21	9	2	3	7
1995	175	21	9	2	3	7
1996	231	30	16	3	0	11
1997	263	29	12	0	2	7

	창업	총 회수	기업공개 (US)	기업공개 (유럽)	기업공개 (이스라엘)	인수합병
1998	332	31	7	6	2	16
1999	587	37	12	6	4	15
2000	665	74	19	13	10	32

주1): 1993년~1998년의 요즈마 펀드 운용 기간 전후의 기록이며, 기업공개는 첨단기술을 기반
　　으로 한 벤처기업만을 계수
주2): 급매(fire sales)는 포함하지 않음(적어도 2천만 달러 이상 또는 연 ROI가 25%를 초과하
　　면서 5백만 달러 이상인 거래만 계수)
자료: Avnimelech(2009)에서 재인용

1) '버드(BIRD) 보조금'

1985년 미국과 이스라엘 정부가 조성한 1억 1,000만 달러가 바탕이 돼 만들
어진 '버드(BIRD) 보조금'은 미국과 합작 사업을 하는 이스라엘 벤처기업들을 후
원했다. 버드 프로그램은 이스라엘 벤처기업 하나를 미국 기업과 연결시켜 이스
라엘의 기술을 미국 기업에 제공하는 것이다. 당시 이스라엘에는 기술력은 있었
지만 해외 진출 역량이 부족한 기업들이 많았다. 그래서 미국 기업이 필요로 하
는 연구개발 부문에 이스라엘 기술 기업을 연결하고 필요한 자금의 반을 버드
프로그램에서 지원하면서 이스라엘 기술의 해외 진출을 도왔다. 버드 프로그램은
그동안 2억 5,000만 달러 이상의 기금으로 800여 개의 프로젝트에 투자해 80억
달러에 이르는 직간접적 매출을 올리는 성과를 거두었다.

이스라엘 정부는 스타트업을 지원하고 육성하는 데 중추적인 역할을 해왔
다. 이스라엘 정부는 스타트업이 성장할 수 있는 환경을 조성하기 위해 다양한
정책과 이니셔티브를 시행하고 있다. 이스라엘 혁신 당국은 초기 단계의 스타트
업에 자금, 보조금, 리소스를 제공하여 초기 어려움을 극복할 수 있도록 지원하
고 있다. 세금 인센티브, 우호적인 규제, 연구 개발 활동에 대한 지원은 벤처 생
태계를 더욱 강화시킨다.

이스라엘의 벤처 생태계는 다양한 산업 분야에 걸쳐 있다. 이스라엘 스타트업이 번창한 대표적인 분야로는 사이버 보안(Check Point Software Technologies), 내비게이션 및 매핑(Waze), 자율주행차(Mobileye), 금융 기술(Payoneer) 등이 있다.

이스라엘의 벤처스타트업 산업 발전은 '요즈마(Yozma)' 설립 전과 후로 나뉜다고 할 수 있다. 요즈마는 히브리어로 혁신이라는 뜻이다. 민간의 모험적 투자를 장려하는 유인을 제공하고 민영화를 구조적으로 지원함으로써, 혁신 벤처창업을 지향하고 성과 창출에 집중하는 민간 중심 벤처캐피탈 시장 조성에 크게 기여했다.

이스라엘 정부는 1993년 민간기업과 공동으로 요즈마펀드[7]를 출범, 정부(40%)와 민간(60%)이 리스크를 부담하되 수익이 발생하면 민간기업이 정부 지분을 인수할 수 있도록 인센티브를 제공했다. 1997년 민영화된 이 펀드는 이스라엘 벤처캐피털 산업 기반과 스타트업 창업 환경을 조성했다는 평가를 받고 있는데, 초기 1억 달러에서 2013년에는 그 규모가 40억 달러 수준에 이르렀다.

이스라엘은 탄탄하고 성숙한 벤처 캐피탈 산업을 보유하고 있으며, 현지 및 해외 투자자를 유치하고 있다. 벤처 캐피탈 회사는 이스라엘의 스타트업에 대한 투자 기회를 적극적으로 모색하며 재정적 지원뿐만 아니라 멘토링, 지도, 네트워크에 대한 액세스를 제공한다. 투자 자본의 유입은 이스라엘 벤처스타트업의 성장과 확장성을 촉진했다.

이스라엘은 매우 높은 벤처투자 중 해외투자의 비중이 크다. 이스라엘은 해외투자자가 전체 벤처투자의 약 87%로 비중이 매우 높다. 전 세계에서 이스라엘 스타트업에 투자하고 있는 투자자만 2,300개사 이상이며, 전 세계 글로벌 IT 기

---

7) 요즈마 펀드(Yozma Fund)는 이스라엘 산업통상노동부 산하 수석과학관실(Office of the Chief Scientist: OCS)이 1990년대 초 벤처캐피탈 시장을 육성하기 위해 1993년~1998년 5년 간 한시적으로 운용

업들이 가장 많이 눈독을 들이는 스타트업을 가진 나라이다.

벤처투자 시장 규모는 매우 빠른 속도로 성장하고 있다. '18년 이스라엘 스타트업에 대한 투자는 '17년에 비해 17% 증가한 635억 달러를 기록하였으며, '19년에는 829억 달러에 달하며 더욱 가파른 성장세를 보였다.

2) 트누파(Tnufa)

히브리어로 '촉진'이라는 의미의 트누파(Tnufa)는 이스라엘 정부 차원의 벤처 육성 프로그램이다. 산업통상노동부 산하 수석과학관실(OCS) 주도의 우수 창업벤처기업 발굴 프로그램 Tnufa(1991~)이 있다. OCS는 스타트업은 물론이고 이스라엘 산업 R&D 정책 실행에 핵심적 역할을 수행한다. 벤처 강국 이스라엘을 일군 일등공신으로 꼽는다. 초기 벤처(Pre-seed 단계) 육성책으로 기술 혁신성, 주식 창출 가능성, 창업자의 지식 습득 정도 등으로 창업자금 지원을 한다.

표 7-8 트누파 프로그램 내용

	기술사업화 및 제품화 촉진 지원	전통산업 업그레이드 지원	다국적 기업과의 겸업 지원
대상	이스라엘에 영주하고 있는 예비창업가, 디자이너 혹은 제품 판매나 투지 기록이 없는 신규 기업	독자적으로 R&D 수행한 적이 없으나 신제품 개발에 관심이 있는 중소기업	이스라엘 기업
지원내용	기술적 실현 가능성 확인, 아이디어의 비즈니스 타당성 검증, 지적 재산권 보호 등 기술적 구성과 산업 아이디어의 상품화 촉진	기존 산업의 혁신활동 지원	다국적 기업과의 협업을 통해 신제품을 개발하고자 하는 기업 지원
특징	지원금은 기술개발과 시제품 제작, 비즈니스 계획 준비, 특허 출원 등에 활용 (임금 및 간접비용 미 인정)	현재 가지고 있는 제품/공정의 핵심적 기술 향상에 대한 사업 실현 가능성 증명 필요	참여 기업으로 IBM, MS, Oracle, Deutche Telekom 등 참여
지원금액	트누파를 통해 승인된 금액의 85% 지원, 기술분야 최대	트느파를 통해 승인된 예산의 65% 지원,	-

기술사업화 및 제품화 촉진 지원	전통산업 업그레이드 지원	다국적 기업과의 겸업 지원
20만 세켈(6,200만원), 산업 디자인 최대 10만 세켈(3,100만원) 현금 지원	최대 25만 세켈(7,800만원)까지 지원 0	

자료: 한국정보화진흥원(2013a)

4 일본

　　일본은 중소벤처기업정책을 경제산업성 산하 중소기업청이 총괄하고 있지만, 이와는 별도로 특이하게 총무성에서 ICT벤처를 육성하기 위한 다양한 정책을 추진하고 있다. ICT는 모든 분야의 기반이며, ICT산업의 발전이 다른 분야의 고도화를 통한 산업 전체의 발전에 큰 역할을 하고 있다는 인식하에 ICT벤처에 대한 스타트업 및 육성을 지원하고 있다.

표 7-9 총무성의 ICT벤처 육성 지원

지원책	목적 등
ICT벤처 인재 확보 가이드라인(2007.2)	- ICT벤처 경영자가 인재 확보에 어려움을 겪을 때 해결 위한 힌트 정리
사업계획 작성과 벤처 경영 지침(2008.3)	- ICT벤처의 경영자들에게 필요한 사업계획 작성 능력 향상을 효과적으로 지원
사업계획 작성 지원코스 운영과 벤처 지원상의 포인트(2008.3)	
ICT벤처 리더십 프로그램(2008.4)	- ICT벤처 경영 및 경영층 후보 인재 육성을 도모하기 위해 대학·고등전문학교 등의 교육 기관에서 활용
ICT벤처 글로벌 경영 프로그램(2009.5)	- ICT벤처가 자사 기술의 강점을 국제적으로 전개할 수 있도 록 글로벌 관리 인재를 육성하기 위한 연수 프로그램

자료: 정보통신산업진흥원(2013)

총무성은 경제산업성과 함께 벤처기업의 투자촉진을 위한 '엔젤 세제' 등을 실시하고 있다. 또한 정보통신 벤처 사업계획 발표회를 개최하고 있다. 2000년부터 지속되어 온 동 발표회는 ICT 분야 벤처기업이나 스타트업을 목표로 하는 개인 등을 대상으로 기존 ICT기업이나 벤처캐피탈 등과 사업 및 기술 제휴를 통한 자금조달, 시장 개척 등의 비즈니스 매칭을 촉진하고 있다.

한편 2012년부터 시작된 "기업가 고시엔"은 전국 고등전문학생, 대학생, 청년 등을 대상으로 한 미래 창업가의 발굴·육성을 목적으로 한 사업 계획 발표 행사, ICT관련 상품·서비스 개발, PR계획에 관한 아이디어 등을 대상으로 하며, 참가자는 담당 멘토의 조언을 받을 수 있고, 수상자에게는 협찬 기업의 상품 등이 증정된다.

1) ICT벤처 기술 지원 플랫폼

일본은 ICT벤처기업의 사업계획 책정시 참고하고 벤처캐피탈의 투자 판단 재료로 활용하기 위한 목적으로 벤처기업 등의 신기술·서비스의 상담에 대해 정보통신분야 연구자 등 전문가들이 기술적 측면에서 평가하는 ICT벤처 기술 지원 플랫폼을 추구하여 2013년 6월부터 운영하고 있다.

그림 7-2 총무성의 ICT벤처 기술지원 플랫폼

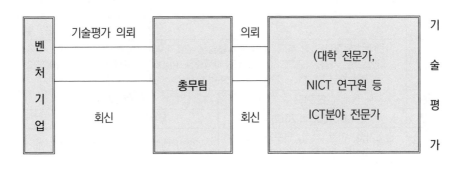

자료: 정보통신산업진흥원(2013)

표 7-10 **주요국 벤처중소기업 지원정책**

구분	미국	EU	
정책명	Startup America Initiative	CIP 2007-2013	COSME 2014-2020
지원대상	신생기업	창업기업, 성장 중소기업	창업기업, 중소기업
주요 분야	청정에너지, 의약, 첨단제조, 정보기술, 교육 등	-	-
예산/규모	10억 달러(1조 1,192억원)	36억 2,100만유로 (5조 2,660억원)	25억 유로 (3조 6,357억원)
중점사항	기업가정신 고취	혁신 문화 창달	기업 우호적인 환경조성
기대효과	2011년 발표된 본 전략 추진을 통해 최대 10만개의 신생기업 지원 가능	혁신을 통한 중소기업 경쟁력 강화	매년 11억 유로 (1조 5,997억원)의 EU GDP 증가 및 3만개 일자리 창출
특징	일자리 창출과 고성장 기업의 증가를 위해 '기업가 정신'을 중요 요소로 간주	3가지 세부 프로그램을 통해 금융 지원에서부터 솔루션 개발/보급 촉진에 이르기까지 폭넓은 지원 추진	일반적인 지원 이외에 연구 분석을 바탕으로 한 기업 정책 수립결정을 위한 실행계획
구분	**영국**	**독일**	**스웨덴**
정책명	중소기업 육성정책	ZIM(2008-2014)	Better Regulation Hunt(2011~)
지원대상	창업기업, 중소기업	중견기업, 중소기업	-
주요 분야	-	기술 분야	서비스, 운송, 무역, 제조 등 다양
예산/규모	-	-	-
중점사항	쉬운 창업과 기업 성장	R&D, 혁신 지원	행정 비용 절감 및 행정 간소화를 통한 효율성 제고에 주력
기대효과	2013년 말까지 최대 4만명의 실직자에게 창업 기회 제공	-	본 전략의 선행 정책 (2006-2010) 추진 결과, 73억크로나(1조 2,284억원)에 달하는 기업내 행정비용 절감
특징	지원대상(퇴직군인)이 특화 되었으며, 자금 지원책 중심으로 구성	기업간 협업을 강조하며 협업을 바탕으로 R&D 혁신 모색	기업들과의 직접적인 대화를 통해 문제점을 파악하고 행정적인 해법제시
구분	**핀란드**	**이스라엘**	
정책명	SHOK(2008-2012)	투누파(Tnufa), 1991~)	
지원대상	중소기업, 민간, 대학, 연구소 등으로 구성된 공동연구센터(조직)	초기 벤처(창업 이전 아이디어 단계)	

주요 분야	에너지, 바이오경제, 금속기계, 환경건축, 헬스웰빙, 정보통신 등 6대 분야	기업사업화, 제품화, 전통사업 업그레이드, 다국적 기업과의 협업 등을 지원
예산/규모	-	정부 예산 투입 없음: 성공한 창업기업으로부터 받은 원금과 이자로 예산 마련
중점사항	6대 분야 혁신적인 기술개발을 위한 공동 연구 지원	우수 창업기업 발굴
기대효과	460여 개에 이르는 기업들이 참여했으며, 2,752억원 지원('11년)	창업이 일자리 창출로 이어져, 전체 고용의 10.2%와 수출액의 절반을 차지하고 있는 상황
특징	기업에 지원하는 자금의 대부분을 중소기업 또는 업력 6년 미만 기업에게 제공, 중소기업 혁신 역량과 기반 구축에 집중 투자 5~10년 장기 연구 과제 수행	우수 창업기업 발굴 프로그램의 장기간 (1991년~) 운영으로 벤처 강국 실현 창업기업을 선발하는 평가자의 역량이 트누파 정책 성공의 핵심 요소

자료: 한국정보화진흥원(2013b)

우리나라 벤처기업 정책 과제

대한민국이 명실상부 '벤처 4대강국'에 자리매김하려면 코로나19 팬데믹과 글로벌 경제의 불확실성 등과 같은 대내외 여건에도 흔들림 없이 기술기반 벤처 스타트업과 그 기업이 유니콘 기업으로 성장할 수 있도록 보다 정교한 맞춤형 정책이 필요한 상황이다.

벤처기업 정책은 기술과 혁신역량 기반으로 벤처기업 군을 분류하고, 개별 기업 차원이 아닌 벤처 생태계 성장 기반 정책으로 과감하게 전환해야 한다.

벤처기업 위상에 대한 재정립도 필요하다. 벤처기업을 보호의 대상이 아니라 시장경쟁의 초석이자 혁신의 주체이며, 좋은 일자리를 창출하고 지역 경제 발전의 원천이며, 우리 경제에 활력을 불어 넣는 동력으로 인식할 필요가 있다.

1 벤처기업 활성화 여건 조성

(벤처정신 및 문화 확산) 우리 사회 저변에 기업 중시와 아울러 벤처정신과 벤처문화를 형성해야 한다.

벤처기업을 존중하고 활력을 찾을 수 있도록 사회 전반의 분위기 형성이 중요하다. 단순히 선진국의 벤처정책이나 제도를 모방하지 말고, 벤처기업의 기업가정신과 도전정신을 높이고 실패를 통한 경험에 가치를 부여하는 등 벤처정신과 문화를 사회전반에 확산하도록 노력해야 한다.

(벤처기업가 양성) 혁신적인 벤처기업가 육성이 활성화되어야 한다.

벤처기업가는 갑작스럽게 나타나는 것이 아니다. 교육 및 경험을 통해 자질 있는 벤처기업가가 배출되는 것이다. 이 과정에서 대학의 역할이 중요하다. 대학에서 이공계학생들에게 벤처와 경영에 대한 강의·실습을 확대 개설하고, 성공한 벤처기업가들의 학습과 역할 모형을 발굴하고 확산해서 미래 세대 청년층의 도전 정신과 벤처의 꿈을 키우도록 해야 한다.

2 상생형 벤처 생태계 조성

(상생형 대기업-벤처 구조 형성) 대기업과 벤처기업 간 공진화* 구조 창출

* 공진화(co-evolution)는 개체의 돌연변이가 환경에 의해 선택된다는 적자생존의 논리를 벗어나서 상호의존적인 종들이 서로에게 영향을 주면서 함께 진화함으로써 개체가 전체를 진화시키고 전체가 개체를 진화시켜 나가는 상호진화 과정

한국의 기업생태계는 대기업 지배적 기업생태계와 나름대로 자생력을 지닌 중소벤처 생태계가 공존하고 있지만, 상호 분리된 상태로 발전하는 한계로 현재 성공한 벤처 기업가와 대기업 집단과의 관계는 단절되어 있다.

따라서 대기업-성공벤처 공생 네트워크 창출, 개방형 혁신, 상생형 M&A 활성화, 공공부문 공동설계 및 운영 유인 부여 등의 방향으로 이루어져야 한다. 과거 승자독식 모델을 답습하지 않는 새로운 벤처로 재탄생되어야 한다. 벤처 플랫폼-소상공인 상생협약 추진, 나눔 프로젝트 등도 추진되어야 한다.

3 벤처의 글로벌화 및 디지털화 촉진

1) 글로벌 시장형 벤처 활성화 추진

내수를 넘어 세계시장을 호령하는 글로벌 유니콘기업의 창출

우리나라 벤처기업의 수는 증가 추세이지만, 높은 혁신성을 바탕으로 적극적인 글로벌 진출 활동에는 매우 미흡하다. 벤처기업 중 해외수출 등 글로벌화활동이 없는 벤처기업이 10개 중 7개나 될 정도이다.

혁신성장 선도를 위한 벤처기업의 글로벌 위상을 강화하고 특화된 지원정책의 개편이 이루어져야 한다.

해외진출 유형별 종합적인 R&D 지원체계 마련, 기술역량 향상 및 해외 트렌드 파악을 위한 해외대학과의 산학협력체계 구축 등이 강화되어야 한다.

글로벌 벤처스타를 발굴하고 육성해야 한다. 글로벌 진출 가능성이 높은 역량 있는 벤처기업을 선별, 해외진출 안정화까지의 집중적 육성지원 정책으로 해외진출 연착륙을 지원해야 한다. 적극적으로 글로벌 진출을 지원하고, 이러한 벤처기업들을 대상으로 국제화 종합적 지원체계를 마련해야 한다. 글로벌 진출에 대한 정보 제공 및 지원 체계를 구축하고, 스타트업의 투자유치 및 해외진출을 지원하는 글로벌 펀드를 미국·중동·유럽 등으로 확대 조성해야 한다.

2) 디지털 선점

디지털 경제 선점 위한 디지털·딥테크 스타트업 육성

AI·데이터 등 디지털 전략기술 예비·초기 창업자 집중 양성 및 초격차 기업을 위한 모태펀드 '루키리그' 지원 등이 적극 이행되어야 한다.

독보적인 기술로 글로벌 시장을 선도하는 미래 첨단 스타트업 육성, 디지털·바이오 등 신산업 스타트업의 스케일업(Scale-up) 위한 초격차 펀드가 조성되어야 한다.

이를 위해서는 벤처 정책 수립-실행-모니터링 등 지원서비스 프로세스의 전 과정에서 데이터 기반의 혁신이 이루어져야 한다. 벤처 정책의 기획, 집행, 평가 등 전 과정에서 나타난 정형 및 비정형 데이터를 수집하고 정밀하게 분석·활용하는 노력이 있어야 한다. 지속 가능한 데이터 기반 벤처 정책을 위한 제도적 기반을 마련하고 올바르게 이해하고 활용할 수 있는 환경을 조성하며, 전문 인력의 양성도 필요하다. 벤처 데이터 통합관리 플랫폼도 구축되어야 한다.

4 벤처 맞춤형 혁신금융의 기반 확대

혁신적인 벤처기업의 탄생과 원활한 성장을 이끌어 내기 위해서는 혁신금융 시장 활성화가 긴요하다. 혁신을 지향하는 벤처기업의 금융 수요에 부응하는 혁신금융 시장 형성은 우리 경제의 재도약과 지속성장을 뒷받침하는 기능을 담당하게 될 것이다. 그러므로 혁신금융이 활성화되도록 지속적인 방안을 강구해 나가야 한다.

이미 중소·벤처기업 금융 시장에서는 대출 중심에서 투융자 복합, 투자로 금융지원 패러다임 전환이 시작되고 있다. 중소기업 대출 확장공급에도 중소기업 생산 활력은 오히려 저하하는 등 대출의 한계에 직면하고 있다. 반면, 혁신 스타트업, 신성장 산업을 중심으로 모험자본 금융수요는 지속적으로 증가하고 있다.

혁신기업의 니즈에 맞는 혁신투자 플랫폼을 구축해 나가야 한다. 벤처 니즈에 맞는 혁신상품과 서비스를 출시해야 한다. 벤처기업 특성을 정확히 반영, 고객의 수요와 관심을 유도할 수 있는 투자 혁신 상품을 출시하는 노력이 지속되어야 한다.

1) 엔젤투자

엔젤투자 활성화로 벤처창업 초기의 자금 마중물 역할

벤처투자 생태계 구축을 위해서는 벤처기업 성장단계에 부응하여 엔젤, 벤처캐피털, 정책자금, 금융권 대출 등이 제 역할을 수행하는 것이 바람직하나, 우리나라의 창업 초기단계 벤처자금 투자는 엔젤이 아닌 VC 주도로 이루어지고 있는 게 현실이다.

우리나라 엔젤투자가 매년 증가는 하지만, 벤처캐피털 투자의 16.2%에 머물러 있을 뿐만 아니라, 선진국에 비해 낮은 수준이다. 선진국 미국은 엔젤투자 규모가 225억 달러(2011년)로 벤처캐피털 투자의 34%에 이른다. 미국은, GDP 대비 엔젤투자 비중이 0.11%인데, 한국은 0.01%에 불과하다.

* 엔젤투자 추이: 346억원(2009년) → 459억원(2011년) → 959억원(2014년) → 2,048억원(2015년) → 3,235억원(2017년) → 5,538억원(2018년)

엔젤투자 활성화를 통한 벤처창업의 저변 확충을 위해서는 소득공제 등 엔젤투자 세제지원제도 확충하고, 인프라 구축 및 법적 기반도 강화하며, 엔젤투자 친화적 환경 조성 등이 필요하다. 무엇보다 엔젤투자 회수시장을 활성화하고, 엔젤투자 친화적 환경을 조성해 나가야 한다. 창업 초기 벤처기업의 가장 큰 애로사항인 자금난을 해소하고, 시중의 유동자금을 생산적 활동으로 연계하기 위해서는 엔젤투자가 촉진적인 사회분위기를 조성하는 것이 중요하다.

2) 모험자본

기술벤처에 대한 모험자본시장의 혁신

한국의 벤처기업이 유니콘 기업에 도달하기까지 오랜 기간이 소요된다. 기술벤처스타트업이 성장하는 데에는 시간과 노력이 그만큼 더 많이 필요하다는 것이다. 한국 벤처기업 생태계가 기술 기반의 질적 성장을 이루기 위해선 그만큼 장기적 금융 지원이 필요하다.

정부에서 직접투자를 통해 고도의 기술벤처기업에 위험을 감수하는 장기 인내자본을 적극 제공해 나가야 한다. 우리나라는 초기단계 모험자본시장이 정부 주도로 간접 투자 방식을 통해 마중물을 널리 퍼뜨려 시장을 확장하는 전략인데, 이제는 초기단계 모험자본에 특정 영역에 대한 선택과 집중 전략을 추구하여 장기적 투자가 이루어지도록 해야 한다. 첨단 기술 개발을 선도하기 위해 기술 벤처기업에 대해 공적 벤처캐피탈을 활용한 정부의 직접투자도 적극 추진해 나가야 한다.

또한 성장단계에 벤처기업의 글로벌 진출뿐 아니라 해외로부터의 투자 비중을 높여 나가야 한다. 해외투자자가 전체 벤처투자의 약 87%로 비중이 매우 높은 이스라엘처럼 우리나라 벤처 투자도 이젠 해외 동종업계 CVC로부터의 투자가 활성화되도록 해야 한다. 전 세계적으로 CVC는 모든 벤처캐피탈 투자의 거의 1/4을 차지하며 벤처투자 생태계에서 중요한 역할을 하고 있다.

3) 스케일업

벤처기업의 고성장, 스케일업(Scale-up) 촉진

영국 및 EU를 중심으로 스타트업으로부터 스케일업으로 정책적 관심이 변화하고 있는 추세이다. 이는 창업도 중요하지만, 경기가 어려운 상황에서는 스케일 기업과 같은 고성장 기업이 성장과 고용창출에서 큰 역할을 하기 때문이다.

우리나라는 주요국에 비해 스케일업 단계의 중·후기 투자는 미흡한 실정이다. 벤처기업은 성장 과정에서 단계별로 투자 자금이 필요하다. 일반적으로 투자유치 순서를 기반으로 한 성장 단계별로 시리즈 A → 시리즈 B → 시리즈 C순[8]으로 투자유치 단계가 성립된다. 창업 이후 스케일업 단계에서도 투자 자금이 원활하게 공급되어야 한다.

스케일업 자본투자를 활성화하기 위해서는 여러 가지 방안을 고려해 볼 수 있다. 예컨대, 미국이 스케일업을 위해 활발하게 이루어지고 있는 벤처대출(Venture Debt)을 적극 추진하는 것이다. 부채성 자금인 벤처대출은 벤처캐피탈로부터 지분 투자를 받은 벤처기업에게 제공되는 모든 대출 형태를 의미한다.

스케일업 단계 중·후기투자 부족에 대응한 벤처캐피탈과 은행권의 협업을 유도할 수 있는 정책자금(모태펀드와 정책보증기관)의 활용을 통한 벤처대출 도입, 즉 벤처대출 전용펀드와 후속투자 협업형 보증 등 필요하다.

---

8) 스타트업이 어느 정도 자리를 잡으면, 이제는 최적화 단계에 들어간다. 즉, 시제품이나 베타버전 검증을 마쳤으므로 정식제품/서비스를 생산한다. 어느 정도의 스케일업이 필요하며, 장기적 수익창출을 위한 사업모델 개발이 필요한 단계이다. 펀딩규모는 대략 $2mil~15mil(약 20억원~150억원) 정도이다. 시리즈 B는 시리즈 A를 통해 정식제품/서비스가 인정받은 후, 사업을 확장하기 위한 자금을 확보하는 단계이다. 마케팅 및 영업 확대를 통해 시장으로의 접근성을 높인다. 또한 광고를 늘리거나, 추가 연구개발, 그리고 인력 충원을 위해 자본이 사용된다. 펀딩 규모는 대략 $7mil~10mil(약 70억원~100억원) 사이이다. 시리즈 C는 시리즈 B를 통해서 사업이 어느 정도 확장이 되면, 시리즈 C 펀딩으로 자금으로 확보하여 이제는 시장점유율을 본격적으로 높여가고, 그에 따라 생산 스케일업도 가속화된다. 이때는 보통 수십억에서 수천억 원 정도의 규모로 투자가 진행된다. (https://www.ibric.org/myboard/read.php?Board=news&id=277409)

4) 글로벌 스탠다드 정립

벤처투자시장의 글로벌 스탠다드 정립, 회수시장 활성화

유니콘 기업을 탄생시키는 벤처투자시장을 조성하기 위해서는 제도의 지속적 단순화 및 규제완화, 대형투자를 위한 자율성 및 유인부여가 이루어져야 한다.

유니콘 기업 탄생에는 대형 금융조달이 필수적이며, 이를 위해 벤처캐피탈 펀드구조 설계의 자율성 강화, 은행권 협업, 투자목적회사 활성화 등에 대한 제도적 지원 필요하다.

해외 벤처캐피탈의 국내 투자, 국내 벤처캐피탈의 해외 투자를 활성화하여 네트워크 축적을 지원하고 국내 벤처캐피탈의 세계적 수준 역량 강화가 도모되어야 한다.

현재의 벤처투자법에서는 상대적으로 초기스타트업 투자에 대한 유인을 많이 제공하고 있고 있어 향후 M&A 전용펀드나 세컨더리 펀드를 운용해 후기 투자에 집중하는 벤처캐피탈에 대한 유인이 필요하다.

5 벤처기업의 재기 및 지속성장 모색

1) 재기 및 재도약

벤처기업의 실패 재기와 명문 장수벤처기업으로 지속 성장

벤처기업의 수명이 일반 중소기업 보다는 길지만, 여전히 20년이 안 된다. 급변하는 경영환경에서 아무리 좋은 기술을 갖고 있는 벤처기업이라도 실패라는

벽에 직면하게 된다. 벤처기업이 실패하더라도 소중한 자산으로 여기고 재기할 수 있는 사다리를 놓아줘야 한다. 실패한 벤처기업이 재기할 때 창의적인 지원 프로그램을 만들어 창업 못지않은 재도전 지원이 이루어지도록 해야 한다.

이스라엘은 트누파(Tnufa) 재원을 통해 스타트업 기업에 지원된 자금에 대해 실패할 경우 상환을 면제해 줌으로써 실패에 대한 부담을 최소화하고 있다. 우리나라도 청년들이 혁신 창업을 하고 벤처기업을 경영하다가 실패하더라도 경험이 스펙이 되는 환경을 조성해 나가야 한다. 실리콘밸리처럼 실패 경험 기업이 재기하기 위한 자금 조달시에 더 우대하는 방안도 강구해야 한다. 실패한 경험이 오히려 다음 실패를 줄여줘 자금공급의 리스크를 완화할 수 있기 때문이다.

한편 오랜 기간 성장 하는 벤처기업이 후계자에게 승계할 경우에 상속 및 증여 부문에서 세금 등 각종 규제가 없도록 과감한 벤처기업 승계 지원책을 만들어야 한다. 후계자가 없을 경우에 벤처M&A 통해 벤처기업이 지속할 수 있도록 혁신적인 정책도 뒷받침되어야 한다.

6 벤처의 미래 대비 구상

벤처기업은 혁신을 통해 지속적인 성장을 추구해 나가야 한다. AI 등 디지털화, 기후변화, 인구 감소 등은 경제 산업 환경을 현재와는 확연히 다르게 변화시킬 것이다. 이런 미래 환경 변화에 맞춰 벤처의 스타트업과 비즈니스 영역을 새롭게 개척해 나갈 수 있도록 준비해야 한다. 현재의 벤처 여건을 뛰어 넘어 미래 10~30년을 내다보고 경영할 수 있도록 미래 경쟁력을 키워 나가야 한다. 기후변화 및 인구 문제 해결을 위한 벤처 스타트업에 대한 임팩트 투자를 활성화시켜 나가야 한다.

한편, 한반도 경제통일 시대에 대비한 벤처의 통일 비즈니스도 강구해 나갈 필요가 있다. 북한의 자원과 지정학 장점을 활용한 새로운 벤처 사업과 북한 지역에서 벤처 기업 육성이라는 큰 과제에 직면하게 될 것이다. 이때 우리나라 벤처기업이 잘 준비하고 그 기회를 살려서 새로운 성장 동력을 찾도록 해야 한다. 그런 차원에서 먼저 찾아 온 자유민주 통일의 주인공인 북한이탈주민의 스타트업과 벤처사업에 대한 지속적인 관심과 지원이 필요하다.

북한이탈주민의 단순한 사회 정착을 넘어 성공한 벤처기업인으로 육성해 나가야 한다. 비즈니스에 필요한 역량 개발과 네트워킹 지원, 일자리 창출 등 탈북민을 성공한 경제 활동가로 육성하여, 대한민국의 새로운 도약을 위한 일원으로 만들고, 남북관계 개선 및 경제통일시대에 북한 지역 고향에서 벤처기업 활동의 역군으로 활동할 수 있게 정책적으로 만들어 가야 한다.

투자 계약서

202 . . .

투자자 :　○○투자조합 1호 (인)

업무집행조합원 :　　　　　　(인)

회 사 :　██████████████████ (인)

우선주 투자 계약서

아래의 당사자들은 년 월 일 다음과 같이 주식회사 호텔프롭의 우선주식 인수계약(이하 "본 계약")을 체결한다.

    1. 투 자 자: ▨▨▨▨▨▨▨(이하 "투자자")
        주소: ▨▨▨▨▨▨
        대표자: (인)
    2. 업무집행조합원: 유니콘파트너스(이하 "업무집행조합원")
        주소:
        대표자: (인)
    3. 회   사: (이하 "회사")
        주소:
        대표이사: (인)
    4. 이해관계인: 성명: ▨▨▨▨▨▨▨(인)(이하 "이해관계인")
        생년월일: ▨▨▨▨▨
        주소: ▨▨▨▨▨▨▨▨▨▨▨▨

제1장 신주의 인수에 관한 사항

제1조 【신주의 발행과 인수】

① 회사는 본 계약에 따라 다음과 같은 본건 종류주식(우선주식, 이하 "우선주식" 또는 "우선주")을 발행하고, 투자자는 본 계약에 정하여진 조건에 따라 이를 인수한다.

  1. 발행할 주식의 총수: 총 ____주

  2. 기 발행주식의 총수: 200,000주

  3. 신주의 종류와 수 : 기명식 상환전환우선주, _____주

  4. 1주의 금액(액면가) : 금 500원

  5. 본건 우선주식의 1주당 발행가액(인수금액): 금 ___ 원정

  6. 본건 우선주식의 총 인수대금 :

  7. 본건 우선주식의 납입기일: 2020년 ___월 ___일 월요일까지

  8. 투자자에게 배정할 본건 우선주식의 총수:

투자자명	배정할 주식의 총수	납입할 총액
▇▇▇▇▇▇▇	▇▇▇▇▇▇주	금 정 (₩)

② 회사는 납입기일로부터 3영업일 전까지 투자자에게 본건 우선주식 인수대금의 납입을 위한 은행의 별단예금 계좌(이하 "납입계좌" 또는 "별단예금 계좌")를 통지하여야 하고, 투자자는 납입기일까지 본건 우선주 인수대금 전액을 회사가 통지하는 은행의 별단예금 계좌에 송금하여야 한다. (지준이체를 통한 납입인 경우 입금은행과 지점을 통지하는 것으로 대체 가능)

③ 회사는 납입기일 다음날(본건 우선주식의 발행일은 납입기일의 다음날로 함, 이하 본 계약에서 같음)에 본건 주식을 발행하여 주주명부에 변동 사항을 기재하고 자본증가의 상업등기를 신청하여야 하며, 접수증명원(명확하게 하기 위하여 상업등기 신청 사실을 객관적으로 입증할 수 있는 서류)을 투자자에게 교부하여야 한다. 다만, 주권은 회사와 투자자 사이의 합의에 의하여 발행하지 아니할 수 있다.

④ 회사는 납입기일 다음날(발행일)에 다음 각 호의 서류를 투자자에게 교부하여야 한다. 단 2호의 서류는 투자자의 요청이 있을 경우 납입기일에 투자자에게 교부하여야 하며, 제3호의 서류는 납입기일 전에 제출할 서류는 그 전에, 납입기일 이후에 제출할 서류는 투자자의 동의에 따라 납입기일 후 2주 이내에 제출하여야 한다.

 1. 본 계약에 의한 주주권을 표창하는 주권, 만약 주권이 발행되지 않는 경우에는 주주로서의 권리를 증명하는 주주권증서(주권미발행확인서를 포함함)
 2. 본건 우선주식의 인수대금의 납입영수증
 3. 기타 본 계약상의 주식인수를 적법, 유효하게 하는 것으로서 투자자가 요청하는 자료(첨부 1 서류를 포함한다)

제2조 【투자의 선행조건】

본 계약은 주금의 납입기일 현재 다음 각호의 조건이 충족되는 것을 그 이행 및 효력발생의 선행조건으로 한다.

 1. 회사 및 이해관계인이 본 계약에 따라 이행하여야 할 의무이행 하였을 것
 2. 회사 및 이해관계인이 본 계약에서 행한 진술과 보장이 진실되고 정확할 것
 3. 본 계약에 따라 투자자가 인수하기로 예정된 본건 우선주식의 발행을 금지하거나 제한하는

등 본 계약의 이행을 방해하는 소송 또는 기타의 절차(행정절차, 감사 등 포함)가 진행 중
이거나 진행될 우려가 없을 것

4. 회사가 본 계약의 이행과 관련하여 필요한 정부의 인허가 등을 획득하였을 것

5. 회사가 본 계약의 이행과 관련하여 필요한 관련법령의 절차(상법 제418조 등)를 준수하였
   을 것

6. 회사가 본 계약의 이행과 관련하여 필요한 제3자의 동의 등을 획득하였을 것

7. 회사가 본 계약의 체결 이후 재무상황의 부정적 변동 또는 경영상태에 변동이 없을 것

제3조【진술과 보장】

회사 및 이해관계인은 본 계약 체결일로부터 거래완결일까지 각자 별지1의 진술과
보장 사항이 진실되고 정확함을 진술하고 보장한다.

제4조【거래완결 전 의무】

① 회사는 본건 우선주식을 발행하는데 필요한 모든 절차(정관 및 내부규칙 변경, 주주총
   회결의, 이사회결의 등 포함)를 이행한다.

② 회사 및 이해관계인은 자본구조, 경영상태, 재무상황 등에 통상적이지 않은 변동을 일
   으키는 일체의 행위를 하지 아니하며, 또한 통상적인 영업활동에서 벗어난 일체의 행
   위를 하지 아니한다. 다만, 투자자의 사전 동의를 얻거나 본 계약의 목적을 달성하는
   데 필요한 행위는 예외로 한다.

③ 회사 및 이해관계인은 제3조에서 정한 진술과 보장 사항에 변동을 초래하는 행위를 하
   지 아니한다.

제5조【거래완결 전 해제】

① 본 계약은 다음 각 호에서 정한 경우에 거래 완결 전에 귀책사유 없는 당사자에 의하여
   해제될 수 있다. 단, 거래완결 후에는 (본 계약 제 26조에서 정한 주식매수청구는 별론
   으로 하고) 본건 우선주식의 발행 및 인수 자체를 해제하지는 못한다.

   1. 당사자들이 상호 합의하는 경우

2. 일방 당사자가 본 계약에서 정한 의무를 위반하고(진술과 보장 위반 포함) 상대방의 통보를 받은 후 5일 이내에 이를 치유하지 아니하는 경우

3. 선행조건 불충족 기타의 사유로 거래완결이 2020년 ▆▆월 ▆▆일까지 이루어지지 아니하는 경우(및 선행조건이 충족될 수 없는 것이 확실해진 경우)

② 본 조에 의한 계약 해제 시 귀책사유 있는 당사자는 상대방에게 그로 인한 손해를 배상하여야 한다.

제6조 【면책】

제3조에서 정한 회사 또는 이해관계인의 진술과 보장이 허위이거나 부정확한 경우 또는 회사 또는 이해관계인이 제4조에서 정한 사항을 포함하여(다만, 이에 한정하지 아니함) 본 계약에 따라 이행되어야 할 의무를 위반하거나 이행하지 아니하는 경우, 회사 및 이해관계인은 그로 인하여 투자자가 입은 모든 손해와 손실(재무실사 비용, 소송비용, 변호사비용 포함)로부터 그러한 손해와 손실이 없었던 것과 동일한 수준으로 투자자를 면책시켜야 한다. 본 조에 따른 면책과 관련하여 회사 및 이해관계인은 회사 및 이해관계인이 각각 부담하는 의무에 대하여 연대보증책임을 부담한다.

제7조 【거래의 완결】

① 투자자는 납입기일(또는 회사와 투자자 사이에 달리 합의하는 날)에 제2조 소정의 선행조건의 충족을 조건으로 하여 납입계좌에 인수대금 전액을 납입하여야 한다. 인수대금 전액이 납입된 때 거래가 완결된 것으로 보고, 이 날을 본 계약에서 "거래완결일"이라 한다.

② 회사는 거래완결일의 다음날에 본건 주식을 발행하여 주주명부에 변동상황을 기재하고, 다음 각 호의 서류를 투자자에게 교부하여야 한다.

1. 계약에 의한 주주권을 표창하는 주권. 단, 주권을 발행하지 않기로 합의하였다면 주권미발행확인서.

2. 본건 주식의 인수대금의 납입영수증

3. 변동사항이 반영된 주주명부 사본

③ 회사는 거래완결일로부터 2주 이내에 자본증가의 상업등기를 이행하고, 법인등기부등본, 기타 본 계약상의 주식 인수를 적법, 유효하게 하는 것으로서 투자자가 요청하는 자료를 투자자에게 교부한다.

제2장 종류주식(우선주)의 내용

제8조【의결권에 관한 사항】

① 본 건 우선주식의 주주는 주식 일주당 보통주와 동일하게 일 개의 의결권을 갖는다.

② 본 건 우선주식에 불리한 주주총회 결의 등이 있는 때에는 전체 주주총회와 별도로 그 안건에 대하여 본 곤 우선주식의 주주총회 결의를 거쳐야 한다.

③ 본 건 우선주식의 존속기간은 발행일로부터 10년으로 하고, 존속기간 내에 보통주로 전환되지 아니한 경우 존속기간 만료 다음날 자동적으로 보통주로 전환된다.

제9조【배당에 있어서 우선권에 관한 사항】

① 본건 우선주식은 참가적, 누적적 우선주로 인수인은 본건 우선주식을 보유하는 동안 1주당 발행가액 기준 연 1%의 배당을 누적적으로 우선 배당 받고, 보통주의 배당률이 우선주의 배당률을 초과할 경우에는 초과하는 부분에 대하여 보통주와 동일한 배당률로 함께 참가하여 배당 받는다.

② 주식배당의 경우, 우선주와 보통주를 합한 발행주식총수에 대한 비율에 따라, 같은 종류의 우선주 주식으로 배당을 받을 권리를 갖는다. 다만 단주가 발생하는 경우에는 현금으로 지급받는다.

③ 이익배당과 관련하여 본건 우선주식의 인수인은 본건 우선주식의 효력발생일이 속하는 영업년도의 직전 영업연도 말에 주주가 되는 것으로 본다. 배당금의 지급시기를 주주총회에서 따로 정하지 아니한 경우 회사는 주주총회에서 재무제표의 승인 및 배당결의가 있는 날로부터 1개월 이내에 본건 우선주식의 주주에게 배당금을 지급하여야 한다. 회사는 위 사항에 대하여 주주총회의 승인을 얻어야 한다. 그 기간 내에 배당금을 지급

하지 아니한 때에는 회사는 그 기간만료일의 익일부터 지급일까지 연복리 10%의 이자율을 적용한 지연배상금을 가산하여 지급하기로 한다.

④ 본건 우선주식의 전부 또는 일부에 대하여 전환권이 행사된 경우, 전환된 주식에 대하여 전환 전까지의 기간 동안 배당결의되었으나 그 배당금이 지급되지 아니하였다면 동 미지급 배당금에 해당하는 금액을 회사가 당해 주식의 주주에게 별도로 지급하기로 한다.

⑤ 본 조 제3항 및 제4항에도 불구하고 회사의 정관에 정함이 있고 투자자의 서면요청이 있을 경우에는 회사는 서면요청을 받은 날로부터 1개월 이내에 상법 제449조의 2, 상법 제462조 제2항 단서에 따라 이사회결의로 재무제표 승인과 이익배당을 하여야 한다.

제10조 【청산 잔여재산 분배에 있어서 우선권에 관한 사항】

① 회사가 청산에 의하여 잔여재산을 분배하는 경우 본건 우선주식의 주주는 주당 발행가액 및 이에 대하여 연복리 X%의 비율로 산정한 금액을 합한 금원에 대하여 보통주식 주주에 우선하여 잔여재산을 분배받을 권리가 있다. 이 경우 청산 이전까지 미지급 배당금이 있는 경우 동 금원에 대하여도 동일하다.

② 본건 우선주식에 대한 우선 분배를 한 후 보통주에 대한 주당 분배금액이 본건 우선주식에 대한 주당 분배금액을 초과하는 경우에 본건 우선주식의 주주는 초과하는 부분에 대하여 보통주의 주주와 동일한 분배율로 함께 참가하여 잔여재산을 분배 받을 권리가 있다.

제11조 【전환권에 관한 사항】

① 전환기간: 본건 우선주식의 주주는 그 납입기일 다음날로부터 10년 경과일 전일까지 (또는 존속기간 말일 전까지) 언제든지 본건 우선주식을 보통주로 전환할 수 있는 권리를 갖는다. 본건 우선주식의 주주는 본건 우선주식의 존속기간 만료일까지 전환권을 행사하지 않는 경우에 본건 우선주식은 그 만료일에 보통주로 자동 전환한다.

② 전환절차는 다음과 같다.

  1. 본건 우선주식의 주주는 본건 우선주식을 보통주식으로 전환하기 위하여, 우선주식전환청구서에 전환하고자 하는 주식의 종류, 수, 청구연월일을 기재하여 기명 또는 서명날인하고

주권(또는 주권이 미발행 된 경우 주권미발행확인서 또는 주주권증서, 이하 본항에서 같음)을 첨부하여 회사에 제출한다.

2. 전환청구를 한 경우 전환은, 본건 우선주식의 주주가 전환될 본건 우선주식의 주권을 제출한 날짜의 영업시간 종료 직전에 효력이 발생하는 것으로 본다.

3. 본건 우선주식의 주주가 전환에 의하여 보통주식을 부여받게 되는 경우 제11조 ②항 2호의 날짜를 기준으로 주주명부상의 주주로 간주된다.

4. 회사는 본건 우선주식의 주권을 인도받은 후, 가능한 한 신속하게 당해 본건 우선주식의 주주에게 그가 부여받을 권리가 있는 수만큼의 보통주식에 대한 주권(또는 주권미발행확인서)을 발행하여 인도하여야 한다.

③ 전환비율은 다음과 같다. 명확하게 하기 위하여 본 항의 각 호는 중복적으로 적용한다.

1. 본건 우선주식의 보통주로 전환비율은 우선주 1주당 보통주 1주로 한다.

2. 회사의 IPO공모단가 혹은 M&A, 후속투자 등 회사의 가치산정으로 인한 주식가격의 70%에 해당하는 금액이 그 당시의 본건 우선주식의 전환가격을 하회하는 경우 전환비율을 다음과 같이 조정한다.

   조정 후 우선주 1주당 전환하는 보통주의 수

   = (조정 전 우선주 1주당 전환되는 보통주의 수)X(조정 전 본건 우선주식의 전환가격) / (회사의 IPO공모단가 혹은 M&A, 후속투자 등 회사의 가치산정으로 인한 주식가격의 70%에 해당하는 금액)

3. 회사가 유가증권시장, 코스닥시장 또는 코넥스에 상장된 기업과의 합병, 주식교환 등을 통해 상장을 위한 심사나 공모주청약 등의 절차를 밟지 않고 곧바로 상장되는 이른바 '우회상장'(우회상장 심사기준에 부합하는 적법한 우회상장을 의미함)을 하게 되는 경우에는 먼저 아래 4호 내지 8호의 규정에 따라 전환가격을 조정한 후 우회상장의 효과가 발생한 당시 시가의 70%에 해당하는 금액이 위 조정된 전환가격을 하회하는 경우 당시 시가의 70%에 해당하는 금액을 전환가격으로 전환한다.

4. 회사가 본건 우선주식의 전환 전에 그 당시의 본건 우선주식의 전환가격을 하회하는 발행가격으로 유상증자 또는 주식관련사채(전환사채, 신주인수권부사채 및 기타 주식으로 전환할 수 있는 종류의 사채)를 발행하는 경우에는 전환가격은 그 하회하는 발행가격으로 조정한다.

5. 본건 우선주식의 발행 이후 주식배당, 무상증자 등으로 인해 발행주식수가 증가하는 경우, 본건 우선주식의 투자자는 회사로부터 투자자가 보유한 본건 우선주식과 같은 조건 및 종

류의 우선주식으로 무상지급을 받도록 하되 아래의 수식을 따른다.

$$N_i = B_i \times \{(A_c/B_c)-1\}$$

N_i : 본건 우선주식의 주주에게 무상지급 되는 우선주식수

B_i : 발행 전 본건 우선주식의 주주 보유 우선주식수

B_c : 발행 전 회사 발행주식총수 (우선주와 보통주를 합한)

A_c : 발행 후 회사 발행주식총수 (우선주와 보통주를 합한)

6. 회사의 주식을 분할 또는 병합하는 경우 전환비율은 그 분할 또는 병합의 비율에 따라 조정된다. 단주의 평가는 주식의 분할 또는 병합 당시 본건 우선주식의 전환가격을 기준으로 한다.

7. 회사가 전환 전에 무상감자를 할 경우에는 전환비율은 그 감자의 비율에 따라 조정한다. 단, 경영과실 등의 사유로 특정 주주에 대해서만 차등적으로 무상감자를 하는 경우는 전환비율을 조정하지 않기로 한다.

8. 본건 우선주식의 투자 이후 후행 투자자의 전환비율 조정이 본건 우선주식보다 유리한 경우 후행 투자자의 전환비율에 따라 전환비율을 조정한다.

④ 미발행 수권주식의 유보: 본건 우선주식의 전환청구기간 만료시까지 회사가 발행할 수 권주식의 총수에 본건 우선주식의 전환으로 발행가능한 주식수를 유보한다.

⑤ 기타: 전환주식의 발행, 전환의 청구, 기타전환에 관한 사항은 상법 제346조 내지 제351조의 규정을 따른다. 다만, 전환권을 행사한 우선주 및 전환으로 발행된 신주의 배당에 관하여는 그 청구한 때가 속하는 영업연도의 직전 영업연도 말에 전환된 것으로 본다.

제12조【상환권에 관한 사항】

① 상환청구권: 본건 우선주식의 주주는 본건 우선주식의 납입기일 다음날(발행일, 본건 우선주식의 효력발생일)로부터 2년이 경과한 날로부터 회사에 대하여 본 조에 따라 본건 우선주식의 전부 또는 일부의 상환을 청구할 수 있다(단, 회사는 2년이 경과하기 전 본 조에 따라 본건 우선주식의 전부 또는 일부를 상환할 수 있다). 이 경우 회사는 법적으로 상환가능한 최대한의 자금으로 이를 상환하여야 한다. 이후 본건 우선주식의 상환에 합법적으로 사용가능한 추가 자금이 발생하는 때에는 회사는 동 자금을 본건 우선주식의 주주가 상환청구하였으나 미상환된 주식을 상환하는데 우선적으로 사용하

여야 한다. 다만, 상환청구가 있었음에도 상환되지 아니한 경우에는 상환기간은 상환이 완료될 때까지 연장되는 것으로 한다. 상환청구권의 행사는 상환청구일까지 미지급 배당금의 청구에 영향을 미치지 아니한다.

② 상환조건: 본건 우선주식의 주주가 우선주식의 존속기간까지 본건 주식의 상환을 요청하는 경우, 회사는 감사보고서상의 이익잉여금(이익준비금 제외) 한도 내에서 상환하기로 한다. 단, 주주의 서면요청이 있는 경우 예외적으로 현금 이외의 유가증권 및 기타 자산으로 상환할 수 있다.

③ 상환방법: 회사는 주주의 상환요구가 있는 날로부터 1개월 이내에 현금상환하기로 한다.

④ 상환금액: 주당 상환가액은 본건 우선주식의 인수단가와 동 금액에 대하여 납입기일 다음날로부터 상환일까지 연복리 X%를 적용하여 산출한 이자 금액의 합계액으로 하되 본건 우선주식 발행일로부터 상환일까지 지급된 배당금이 있을 경우 차감하여 계산하기로 한다.

⑤ 지연배상금: 회사가 배당가능이익이 있음에도 불구하고 상환을 청구한 본건 우선주식의 주주에게 상환가액을 지급하지 아니하는 경우에는 회사는 본조 제③항에 따라 상환을 하여야 하는 날의 다음날로부터 실제 지급하는 날까지 상환가액에 대하여 연복리 15%의 이율에 의한 지연배상금을 지급하여야 한다.

제12조의2【특별상환권(상환 기간 전 상환권)에 관한 사항】

본건 우선주식의 주주는 다음 각 호의 사유가 발생하는 경우에는 제12조②항에서 정한 상환조건과 별개로 회사에 대해 본건 우선주식 전부 또는 일부의 상환을 청구할 수 있다. 이 경우 제12조③항 내지 ⑤항의 규정을 준용한다.

1. 거래완결일 이후 주금의 가장납입 등 명목여하를 불문하고 중요 자산을 사업목적 외의 용도에 사용하거나 유출시킨 경우
2. 본건 우선주식 발행 및 인수 관련 계약에서 정한 회사 및/또는 이해관계인의 진술과 보장이 허위인 것으로 밝혀진 경우
3. 거래완결일 이후 상법 또는 자본시장과 금융투자업에 관한 법률 등의 제반 법규를 위반하여 회사가 본 계약의 내용을 이행 할 수 없는 경우
4. 회사의 감사보고서에 대한 외부감사인의 의견이 적정이 아닌, 감사범위제한으로 인한 한정, 부적정, 의견거절 등 일 경우

5. 회사 또는 이해관계인이 본 계약을 위반하는 경우

제13조【신주인수권에 관한 사항】

본건 우선주식은 보통주와 동등한 신주인수권이 있으며, 무상증자의 경우에는 같은 종류의 우선주로, 유상증자의 경우에는 회사가 발행키로 한 종류의 주식으로 배정받을 권리가 있다.

제3장 거래완결 후 회사 경영에 관한 사항

제14조【투자금의 용도 및 제한】

① 회사는 투자자가 지급한 투자금을 별지2의 투자금 사용용도의 기재와 같이 사용하여야 한다. 이와 관련하여 회사는 투자금의 용도를 변경하고자 하는 경우에는 투자자의 사전 서면동의를 얻어야 하고, 투자자는 투자금이 사용용도에 맞게 사용되었는지를 투자자가 지정하는 회계감사인을 통하여 본 계약 이후 언제든지 투자금 사용내역에 대한 실사를 진행할 수 있다.

② 회사는 투자자가 지급한 투자금을 관리하는 별도의 계좌를 개설하여야 하고, 매 분기별 투자금 사용내역을 매 분기 종료 후 1개월 15일 이내에 투자자에게 제출하여야 한다.

③ 회사는 투자자의 요청이 있는 경우 투자자가 지명하는 회계감사인으로부터 투자금 납입일로부터 1년 이내에 투자금 사용처 실사를 받아야 한다.

④ 투자자는 회사가 본 조의 투자금 용도제한, 자금대여 금지, 별도 계좌 관리, 투자금액 사용처 실사 등 약정사항을 위반한 경우 총 주식인수대금의 20%를 위약벌로 청구할 수 있고, 이 금액을 초과하는 손해가 있는 경우 위약벌 청구와는 별도로 손해배상을 청구할 수 있다.

⑤ 단, 회사는 우선주를 전환하기 전 시점까지는 자금 사용내역을 매기말 종료 후 1개월 15일내에 투자자에게 제출하여야 한다.

제15조 【기술이전, 양도, 겸업 및 신설회사 설립 제한】

① 회사는 투자자의 사전 서면 동의 없이 현재 회사 또는 이해관계인이 보유하고 있는 기술 또는 개발 중이거나 개발계획이 확정(외부기관에 의뢰하여 개발하는 경우도 포함, 이하 같음)되었거나 도입 예정인 영업비밀, Know-how, 정보, 기술 등 유·무형의 재산적 가치가 있는 자산을 제3자에게 제공하거나 이전 또는 양도할 수 없다.

② 이해관계인은 투자자의 사전 서면 동의 없이 현재 회사가 보유하고 있는 기술, 개발 중이거나 도입하는 기술의 일부 또는 전부와 관련된 신설 회사를 설립하거나 개인사업을 할 수 없으며, 경쟁업종 종사, 경쟁사 주식취득 또는 회사가 경영하는 사업에 직간접적으로 중대한 영향을 미치는 사업에 법적으로나 실질적으로 경영진, 기술고문 및 직원으로 참여하는 등의 이해관계가 상충되는 행위를 할 수 없다.

③ 전 항에서 정한 이해관계인의 의무는 이해관계인이 회사의 지분을 전부 또는 일부 유지하고 있는 기간은 물론이고 이해관계인이 지분을 전부 처분한 이후에도 투자자가 회사의 주주로 남아있는 경우에는 이해관계인이 지분 전체를 처분하여 회사에 더 이상 지분을 유지하고 있지 않게 된 시점부터 2년간 유효하다.

제16조 【경영사항에 대한 동의권 및 협의권】

① 회사 및 이해관계인은 다음 각 호의 사항에 관하여 투자자에게 각 사항의 시행일로부터 2주 전까지 서면으로 통지한 뒤 각 사항의 시행일의 전일까지 투자자로부터 서면동의를 얻어야 한다. 단, 본항 제7호는 20일 전에 통지하여 동의를 얻어야 한다.

1. 정관의 변경
2. 신주 발행(유무상증자), 주식관련사채, 주식매수선택권의 발행 또는 부여
3. 감자, 주식소각, 주식의 병합·분할 등 발행주식의 변경을 초래하거나 초래할 수 있는 행위
4. 해산, 청산, 합병, 분할, 분할합병, 주식의 포괄적 교환 또는 이전, 영업의 양도, 영업의 양수, 타회사의 인수, 경영임대차, 위탁경영 기타 회사조직의 근본적인 변경
5. 건당 전년도 자산총계의 30% 이상 또는 연간 누계액 기준 전년도 자산총액의 50% 이상의 규모에 해당하는 자산 처분, 제3자에 대한 투자(주식 및 사채인수 포함), 자금대여, 담보 제공, 보증, 신규 자금 차입 또는 채무 부담 등
6. 본건 투자 당시 사업계획에 명시한 것과 현저히 다른 사업에 착수하거나, 주요사업의 중단,

포기

  7. 계열회사(독점규제 및 공정거래에 관한 법률상 계열회사의 범위에 포함되는 회사를 말한다), 임직원, 주주, 그 특수관계인(자본시장 및 금융투자업에 관한 법률상의 특수관계인의 범위에 해당하는 자를 말한다)과의 거래

  8. 이해관계인의 주식 처분

  9. 외부감사인의 선임 및 변경

  10. 대표이사의 선임 및 해임

  11. 회사 또는 이해관계인의 국내외 회사 설립 또는 다른 회사의 50% 이상 지분 취득

  12. 기타 발행회사의 경영에 중요한 영향을 미치는 사항

② 회사는 다음 각 호의 사항에 관하여 투자자와 사전에 협의하고 투자자에게 업무처리에 따른 결과를 서면으로 통지하여야 한다.

  1. 주주총회의 안건 및 이사회의 안건

  2. 회사 주주의 주식보유상황의 변동에 관한 사항, 단, 이해관계인을 제외한 제3자의 주식보유상황의 변동은 사후 통지만 한다.

  3. 임직원에 지급하는 Profit Sharing의 비율 변경

  4. Stock Option의 발행에 관한 사항

  5. 후속투자 유치 혹은 M&A에 관한 사항

  6. 회사의 기업공개(IPO, 유가증권시장 또는 코스닥시장에 상장하는 경우를 의미함, 이하 본 계약에서 같음)의 시기, 상장주식시장, 상장주식의 수 및 공모가격의 결정, 우회상장의 조건 및 방법

제17조 【보고 및 자료 제출】

① 회사는 투자자의 별도 요청이 없더라도 다음 각 호의 사항이 발생했을 경우에는 사유 발생일로부터 지체없이 투자자에게 서면으로 통지한다. 단, 본 계약의 다른 약정에 의한 통지의무와 중복되는 항목에 있어서는 어느 경우든 먼저 도래하는 기일까지 통지 또는 보고되어야 한다.

  1. 재해로 인하여 막대한 손해를 입은 때

  2. 회사가 발행, 배서 또는 보증한 어음 또는 수표가 부도로 되거나 은행과의 거래가 정지된 때

3. 파산, 회생절차 또는 이에 준하는 절차의 개시의 신청이 있거나 부실징후기업으로 인정되는 때

4. 중대한 영향을 미칠 소송이 제기된 때

5. 중요손해의 발생

6. 정부 및 준정부기관에 의한 행정적 제재

7. 주요주주의 변동. 본호에서 "주요주주"라 함은 상법 제542조의8 제2항 제6호에 따른 주요주주를 의미함

8. 회사의 사업에 필요한 중요 기술인력의 채용 및 퇴직 상황(*중요 기술인력 명단 별첨)

9. 제17조에 정한 협의 및 동의사항이 발생한 때

10. 기타 상기에 준하는 것으로서 투자자가 중요하다고 인정하여 회사에 서면으로 요청한 사항

② 회사는 투자자의 별도 요청이 없더라도 다음 각 호의 사항을 정해진 기일 내에 제출하여야 한다.

1. 연차보고 – 다음 회계연도 시작일로부터 90일 이내

　　　　가) 회계법인의 감사를 받은 결산 재무제표

　　　　나) 연간경영보고서(사업계획서)

　　　　다) 주주명부 및 사채권자명부

　　　　라) 세무조정계산서

2. 반기보고 – 다음 반기 시작일로부터 60일 이내

　　　　가) 반기 재무제표

　　　　나) 반기 약식 영업보고서

3. 기타보고 – 투자자가 정하는 기일 내

　　　　다) 기타 상기에 준하는 것으로서 투자자가 요청하는 사항

③ 회사는 투자자가 요청하는 경영자료를 투자자가 요청하는 양식에 따라 요청일로부터 10일 이내에 투자자에게 제공하기로 한다.

④ 단, 회사는 우선주를 발행하기 전 시점까지는 자금 사용내역을 매반기 및 매기말 종료 후 1개월 15일 이내에 투자자에게 제출하여야 한다.

제18조 【증자 참여의 우선권에 관한 사항】

회사가 유상증자 등의 방식을 통하여 지분증권(여기서 '지분증권'이란 『자본시장과

금융투자업에 관한 법률』 제4조 제④항 소정의 '지분증권'을 의미한다. 다만, 동 신규증권에는 (a) 임직원의 주식매수선택권 행사로 인하여 발행되는 주식 및 (b) 다른 회사와의 합병 등으로 인하여 발행되는 주식은 포함되지 아니한다)을 발행하는 경우, 투자자는 당해 지분증권 발행 결의일 전일을 기준으로 산정한 회사의 의결권 있는 주식 총수 대비 투자자가 보유하고 있는 본건 우선주가 의결권 있는 주식으로 미전환한 수량과 신규증권 발행 결의 이전 주식으로 전환한 주식의 수량을 합산한 주식의 수에 따른 지분비율에 따라 신규증권을 다른 제3자보다 우선하여 이를 인수하거나 매입할 권리를 보유한다.

제18조의2 【타법인출자시 동반 투자권리에 관한 사항】

제16조 제①항 10호에 의거, 투자자의 사전 서면동의를 득하여 회사가 타법인 주식을 취득(또는 출자)하게 되는 경우 투자자는 회사와 동일한 조건으로 투자자가 보유한 지분율(주식연계채권의 주식전환을 가정한 지분을 포함)을 회사가 취득할 타법인 주식에 곱한 수량만큼 투자자가 타법인 주식을 직접 취득(또는 출자)할 권한(의무는 아님)을 가지며, 투자자가 권한의 포기의사를 밝히지 않는 한, 회사는 투자자의 타법인 주식 직접 취득(또는 출자)이 원활하게 진행되도록 하여야 한다.

제19조 【기업공개(IPO), 후속투자 유치 등의 의무】

① 회사는 가능한 이른 시간 내에 후속투자 유치 혹은 자신의 주권을 유가증권시장과 코스닥시장에 상장 또는 등록하도록 노력하여야 한다. 이와 더불어 다른 법인으로부터 인수·합병의 제의가 있는 경우 투자자와 협의하여 인수·합병의 협의에 최대한 성실한 자세로 임하여야 한다. 회사의 공개가 성숙단계에 이르렀다고 판단됨에도 불구하고 회사가 특별한 이유 없이 기업공개를 미루는 경우 [상장주관사를 선정하지 아니하거나, 유가증권시장 상장규정 또는 코스닥시장 상장규정상 상장요건(질적 심사요건은 제외함)을 모두 충족하였음에도 상장심사청구를 진행하지 않는 경우를 포함하나, 이에 한정되지 아니함]투자자는 구체적인 근거를 제시하여 기업공개를 서면으로 요구할 수 있다.

② 회사가 투자자로부터 본 조의 서면 요구를 받고 1개월 이내에 투자유치, 인수·합병 혹은 기업공개를 위한 주간사 선정 등의 구체적인 조치를 취하지 아니하면 투자자는 자신의 선택에 따라 자신이 가지고 있는 회사 주식의 본질가치를 평가하여 동 가치의

150%의 가격으로 회사 및/또는 이해관계인에게 매수를 청구할 수 있다. 단, 여기서 '본질가치'라 함은 비상장 주식의 경우 상속세 및 증여세법 시행령 제 54조, 상장 주식의 경우 증권의 발행 및 공시 등에 관한 규정 제 5-18조의 분석기준에 의하여 평가된 주식의 가치를 말하고, 본질가치의 산정은 투자자와 회사가 각 지정하는 회계법인에 의하여 산출된 2가지 평가 액수의 산술평균으로 한다.

제20조【주식매수선택권의 부여】

회사는 회사 경영 및 기술개발 등 사업 전반에 기여하였거나, 기여할 능력을 갖춘 임직원에 대해, 본건 거래완결일 전 이미 부여되었거나 발행된 것과 제16조 제①항2호에 따라 투자자의 동의 하에 발행된 것을 포함하여 그 행사로 인해 발행될 수 있는 주식 지분율 총계가 주식매수선택권 부여시점의 발행주식총수의 10% 이내인 범위 내에서, 주식매수선택권을 부여할 수 있다. 이 경우에 신주발행교부에 의한 방식으로 한다.

제21조【회계 및 업무 감사, 시정조치】

① 투자자는 회사의 경영 및 재산 상태를 확인하고 계획된 사업의 수행에 대해 투자자의 입장에서 선의의 관리가 필요하다고 판단하는 경우 자신의 직원 또는 외부의 전문가를 파견하여 회사의 회계 및 업무 전반에 관한 조사 및 기타 투자자가 필요하다고 판단하는 업무를 수행하게 할 수 있고, 회사 및 이해관계인은 이에 대하여 성실히 협조하여야 한다.

② 경영상의 조사에 소요되는 비용은 회사가 부담한다.

③ 투자자는 회사의 경영에 대한 외부감사인의 감사 결과 또는 투자자의 조사 결과에 따라 회사에 일정한 기간을 정하여 그 시정을 요청할 수 있다. 이 경우 회사는 시정을 요구 받은 사항에 대해 정하여진 일정한 기간 내에 시정 조치를 이행하고 그 결과를 투자자에게 서면으로 통지하여야 한다.

제4장 거래완결 후 지분의 처분에 관한 사항

제22조 【투자자의 지분 처분】

투자자는 본 건 우선주를 포함하여 거래완결 이후 투자자가 취득하고 있는 회사의 주식(이하 "회사주식 등")을 자유로이 처분할 수 있다. 회사는 투자자의 요청에 따라 처분 주식의 명의개서 등 처분에 따른 권리이전에 필요한 절차를 즉시 이행하여야 한다.

제23조 【이해관계인의 우선매수권】

① 전 조에도 불구하고 투자자가 회사 주식의 전부 또는 일부를 처분하고자 하는 경우, 투자자는 이해관계인에게 동일한 조건으로 우선하여 매수할 수 있는 권리를 보장하여야 한다.

② 투자자가 회사 주식의 전부 또는 일부를 처분하고자 하는 경우, 투자자는 양도하고자 하는 지분을 제3자에게 매각, 양도 또는 이전하고자 한다는 요지의 취지, 당해 제3자의 신원, 양도 주식수, 주당 양도가액, 양도 예정일, 기타 양도의 주요 조건을 명시하여, 양도 예정일로부터 20일 이전에 이해관계인에게 서면 통지하여야 한다.

③ 이해관계인은 투자자로부터 위 통지를 받은 날로부터 10일 이내에 투자자에게 제1항의 우선매수권 행사 여부를 서면으로 통지해야 한다.

제24조 【이해관계인의 주식 처분】

① 이해관계인은 투자자의 사전 서면동의 없이 이해관계인이 보유한 주식을 처분(양도, 이전, 매각 담보제공 등)할 수 없다.

② 본 조에 따라 이해관계인이 투자자의 사전 서면동의를 받고 주식을 제3자에게 처분하는 경우, 이해관계인은 주식을 양수하는 제3자로 하여금 본 계약에 따른 이해관계인의 권리의무 일체를 승계하도록 하여야 한다.

③ 단, 창업팀을 포함한 이해관계인, 주요주주간 주식변경의 경우 투자자의 사전 서면 동

의가 불필요하다.

제25조【투자자의 우선매수권】

① 이해관계인이 자신이 보유하고 있는 회사의 주식을 제3자에게 매각, 양도 또는 이전하
고자 하는 경우, 당해 이해관계인은 양도하고자 하는 주식을 제3자에게 매각, 양도 또
는 이전하고자 한다는 요지의 취지, 당해 제3자의 신원, 양도주식수, 주당 양도가격,
양도 예정일 기타 양도의 주요 조건(이하 "매각조건")을 명시하여, 양도예정일로부터
20일 이전에 투자자에게 서면 통지하고, 투자자의 동의 여부를 물어야 한다.

② 투자자는 이해관계인으로부터 위 통지를 수령한 후 15일 이내에 통지된 거래에 대하여
동의 여부를 표시하여 이해관계인에게 통지하여야 한다. 만약 투자자가 위 기간 내에
이해관계인에 통지를 하지 않은 경우에는 투자자가 위 통지된 거래에 대해 거절한 것
으로 본다. 단, 투자자는 거절 또는 동의의 의사표시 대신에, 매수 청약된 주식의 일부
또는 전부에 대하여 직접 또는 제3자를 통하여 매수할 의사를 통지할 수 있고, 투자자
가 이해관계인에게 상기 매수의사를 통지한 경우 위 통지일에 투자자(또는 투자자가
지정한 제3자)와 이해관계인 간에 위 통지된 조건으로 해당 주식에 관한 거래가 체결
된 것으로 본다. 이 경우 투자자는 통지일로부터 30일 이내에 매수금액이 전액 현금
또는 계좌이체로 해당 이해관계인에게 지급되도록 하여야 한다.

③ 투자자가 제①항의 통지를 수령한 후 위 거래에 동의한 경우에는 이해관계인은 위와
같이 양도 통지된 모든 주식을 제3자에게 다음의 조건으로 매각할 수 있다.

  1. 양도되는 주식수는 제①항에서 매수 청약된 주식수와 일치하여야 한다.
  2. 주당 가격은 제①항에서 매수 청약된 주식의 가격을 하회하지 않아야 한다.
  3. 매도의 기타 조건은 제①항에 의해 통지된 매각조건보다 매수인에게 더 유리하여서는 아니
   된다.
  4. 해당주식을 매수하는 매수인은 본 계약에 따른 이해관계인의 권리의무 일체를 승계하여야
   하고, 이해관계인은 이를 확인하는 서면을 당해 매수인으로부터 징구하여 투자자에게 이를
   교부하여야 한다.

④ 제3항에 따라, 투자자가 이해관계인에게 동의 또는 매수 의사를 통지한 날로부터 30일
이내에 제3자에게 주식이 매각되지 않을 경우, 이해관계인은 제1항 내지 제3항에 규정

된 절차를 다시 이행하여야 한다. 또한, 이해관계인이 제3항 각 호의 조건에 위반하여 보유 주식을 매각한 경우 그 차액[(처분주식수 X (매각조건 기재 주당 가격 – 실제 처분한 주당 가격)]의 2배에 해당하는 금원을 투자자에게 배상하여야 한다.

⑤ 단, 본조의 적용에 있어서 이해관계인은 회사의 지분율 10%이상을 보유하고 있는 창업팀의 팀원으로 한정한다.

제26조【투자자의 공동매도권】

① 이해관계인이 제24조 및 제25조에 따라 주식을 처분하고자 하는 경우, 투자자는 우선매수권을 행사하는 대신 이해관계인과 동일한 조건으로 처분에 참여할 수 있는 권리를 가진다. 투자자가 본 조에 의한 공동매도권을 행사하고자 하는 경우, 투자자는 제25조 제①항의 서면 통지를 받은 날로부터 15일 이내에 이해관계인에게 공동매도권 행사 여부, 공동매도권을 행사하기로 선택한 경우 공동 매도하고자 하는 지분의 종류와 수량을 서면으로 통지해야 한다. 이해관계인은 투자자가 지분의 공동 매도를 요청하는 경우 공동매도의 실행을 위해 필요한 조치를 다하여야 한다.

② 투자자가 본 조에 따른 공동매도권을 행사하는 경우, 지분 양수예정자가 이해관계인 및 투자자로부터 이해관계인과 투자자의 지분(주식 및 주식연계사채) 비율에 따라 지분을 양수하지 않는 한, 이해관계인은 보유 주식을 처분할 수 없다.

③ 제25조 제③항은 본조의 경우에도 적용한다. 단, 제26조 제③항 제4호는 투자자가 본조에 따른 공동매도권을 행사한 후에도 회사 발행 주식을 보유하고 있는 경우에 한하여 적용된다.

제5장 계약의 종료 등

제27조【계약위반에 대한 조치】

① 다음 각 호의 사유가 발견되거나 발생하는 경우 투자자는 그 선택으로 회사 또는 이해관계인에 대하여 투자자가 보유하는 회사 지분의 전부 또는 일부를 매수하여 줄 것을

청구할 수 있고, 이 경우 회사 또는 이해관계인은 이를 매수(본 항에서 매수는 상환 또는 유상감자를 포함한다)하여야 한다.

1. 제3조의 진술과 보장이 허위 또는 부정확하였다는 것이 사후적으로 밝혀진 경우
2. 투자금을 별지2 투자금 사용용도에서 규정한 사용용도 외로 사용한 경우
3. 회사 또는 이해관계인이 본 계약에서 정한 의무를 위반한 경우(본 계약에서 정한 거래완결 전 의무를 위반하였던 것이 사후적으로 발견된 경우 포함)
4. 회사 또는 이해관계인이 거래완결 후 상법 또는 자본시장과 금융투자업에 관한 법률 등의 제반 법규를 위반하여 본 계약의 내용을 이행할 수 없는 경우
5. 주금의 가장납입 등 명목여하를 불문하고 회사가 중요자산을 사업목적 외의 용도에 사용하거나 유출시킨 경우
6. 회사의 중요자산에 대해 압류, 가압류, 가처분 또는 경매의 신청이 있는 경우
7. 회사에 대한 해산, 청산, 파산, 회생 또는 이에 준하는 절차(워크아웃 등)의 개시신청이 있거나 개시되는 경우
8. 은행거래정지 등의 부실징후기업으로의 인정 등의 절차가 개시되는 경우
9. 회사가 3개월 이상 계속하여 영업을 하지 아니하는 경우
10. 회사와 이해관계인 또는 제3자와의 분쟁 등으로 회사의 사업추진이 불가능할 경우

② 본 조 제①항에 의한 주식매수청구는 회사 및/또는 이해관계인에 대하여 매수대상 주식의 가격 및 수량을 기재한 서면으로 하며, 회사 및/또는 이해관계인에 매수청구서가 도달한 시점에 당해 주식에 대한 매매계약이 체결된 것으로 보고, 그로부터 30일 또는 투자자가 지정하는 기한 내에 회사 및/또는 이해관계인은 주식매매계약에 따른 대금지급 의무를 이행하여야 한다. 회사와 이해관계인은 대금지급의무에 대한 연대책임을 부담한다.

③ 본 조 제①항에 의한 주식매수에 있어서 매매가격은 투자자가 투자한 원금과 이에 대하여 거래완결일로부터 본 조 제②항에 의한 매매 이행일까지 연복리 9%의 비율에 의한 금액을 합산한 금액으로 하되, 기 지급된 배당금은 차감하여 계산하기로 한다.

④ 본 조에 의한 주식매수청구는 투자자의 회사 또는 이해관계인에 대한 손해배상 청구를 방해하지 아니한다.

⑤ 본 조에 의한 투자자의 주식매수청구가 행사될 경우 회사 또는 이해관계인은 투자자의 사전 서면 동의를 얻어 제3자를 지정하여 투자자 소유 주식의 전부 또는 일부를 매수

하게 할 수 있다.

제28조【위약벌에 관한 사항】

① 회사가 본 계약서의 진술과 보장, 약정사항, 기타 의무사항을 위반한 경우 그에 따라 투자자에게 발생한 모든 손해 및 손실(법률자문 비용 및 기타 소송 비용도 포함하되, 이에 한정하지 않음)을 배상하여야 한다.

② 회사가 본 계약서의 진술과 보장, 약정사항, 기타 의무사항을 위반한 경우 투자자는 제 1항과 별개로 본건 우선주식 총 주식인수대금의 20%를 위약벌로 청구할 수 있다.

③ 각 당사자가 본 조에 따리 지급해야 할 금원을 지급기일에 지급하지 않는 경우, 다 지급될 때까지 지체된 금액에 관하여 연복리 20%의 지연손해금을 가산하여 지급하여야 한다.

④ 이해관계인이 자신의 책임 있는 사유로 본 계약서의 이해관계인의 진술과 보장, 약정사항, 기타 의무사항을 각 위반한 경우에도 제1항 내지 제3항과 같다. 이 경우 회사는 이해관계인으로 보며, 회사와 이해관계인은 연대책임을 부담한다.

제29조【계약의 종료】

① 본 계약의 제3장 및 제 4장의 규정은 투자자가 본건 우선주식을 보유하지 않은 경우 또는 회사가 유가증권시장 또는 코스닥시장에 상장한 경우 종료한다.

② 전항의 계약종료는 그 이전에 이미 발생한 권리·의무 및 손해배상청구에는 영향을 미치지 아니한다.

제30조【계약의 내용 변경】

① 당사자는 전원의 서면 합의에 의하여 본 계약의 내용을 변경할 수 있다.

② 투자자가 서면으로 명확한 의사표시를 하지 아니하거나 본 계약에 달리 정함이 없는 이상, 투자자의 어떠한 행위도 투자자가 본 계약상의 권리를 포기한 것으로 간주되지 아니한다.

제31조 【권리 및 의무의 양도 및 승계】

① 회사 및 이해관계인은 투자자의 사전 서면 동의 없이 본 계약에 관한 권리 및 의무를 제3자에게 양도하지 못한다.

② 거래완결 후에는 (i) 본 계약에 위배되지 아니한 방법으로 투자자가 보유하는 본건 우선주의 30% 이상에 해당하는 수량만큼 제3자에게 매도한 경우(회사의 IPO 후 시장 매각 시 제외), 투자자의 결정 및 통지에 따라, 매도하는 본건 우선주 상의 투자자의 본 계약상 권리는 본건 우선주 매수인에게 승계되며, (ii) 투자자가 보유한 본건 우선주가 투자자의 해산 등으로 투자자의 [조합원]들에게 귀속되게 되는 경우 투자자의 [조합원]은 투자자의 본 계약상의 모든 권리 및 의무 기타 계약상의 지위를 그대로 승계한다.

③ 회사는 전항의 계약상 지위 승계를 수인하여야 한다.

제32조 【통지】

① 본 계약에 따른 회사 및 이해관계인에 대한 통지 및 서류 송부는 아래의 주소에 인편, 팩스, 등기우편 또는 전자우편으로 발송한다. 통지처가 변경된 경우 해당 당사자는 상대방에게 이를 지체 없이 통지하여야 하며, 그 이후 상대방은 변경된 통지처로 통지 및 서류 송부를 한 경우 통지를 한 것으로 본다.

   1. 회사에 대한 통지
      대표자:
      담당자(직책):
      주소
      전화번호:
      팩스번호:
      이메일:

   2. 이해관계인에 대한 통지
      성명:
      주소:

전화번호:

이메일:

담당자(직책):

성명:

주소 :

전화번호:

이메일:

담당자(직책):

3. 투자자에 대한 통지

주소:

대표자:

전화번호:

이메일:

4. 업무집행조합원에 대한 통지

주소:

대표자:

전화번호:

이메일

제33조 【비밀유지】

본 계약과 관련하여 상대방으로부터 제공받은 모든 정보는 다음의 각 호의 1에 해당하는 경우를 제외하고는 비밀로 하고, 이를 제3자에게 제공하거나 다른 목적으로 사용할 수 없다. 본 조의 의무는 본 계약의 효력이 상실하는 경우에 종료된다.

1. 당사자가 공개하기로 합의한 사항

2. 공지된 정보

3. 정보를 제공받은 당사자가 제3자로부터 이미 적법하게 취득한 정보

4. 법원 또는 정부기관이 적법하게 공개 또는 제공을 요구한 정보(단, 사전에 상대방 당사자에게 서면으로 통지하여야 한다)

제34조 【이해관계인의 연대책임】

이해관계인은 본 계약상 회사의 모든 의무를 회사와 연대하여 이행하여야 하며, 회사가 법적 제약으로 인해 의무를 이행하지 못하는 경우에도 그러하다. 이해관계인의 연대책임 및 본 계약상 의무에는 이해관계인이 본 계약에 따른 의무의 취지에 부합하게 직접 또는 간접적으로 이사회(이사회 내 위원회를 포함함) 및 주주총회에서 의결권을 성실하게 행사하는 것을 포함한다.

제35조 【지연배상금】

본 계약이 관련 규정하에서 회사 및 이해관계인은 투자자에 대한 금전지급의무가 있는 경우, 회사 및 이해관계인이 그 지급기일에 지급하지 아니하는 경우에는 본 계약서에 달리 정함이 없는 한 지급기일 다음날로부터 실제 지급하는 날까지 지급의무금액에 대하여 연복리 15%의 이율에 의하여 산정한 지연배상금을 지급한다.

제36조 【세금】

이 계약의 당사자에게 부과된 조세 공과금은 법령상 부담하여야 할 당사자가 각자 부담한다.

제37조 【일부 무효】

본 계약 또는 이와 관련하여 작성된 서류에 명시된 한 개 또는 수개의 조항이 법령에 따라 무효, 위법 또는 집행불능으로 되더라도 본 계약에 명시된 나머지 조항의 효력, 적법성 및 집행가능성은 그로 인하여 아무런 영향을 받지 않는다.

제38조【준거법 및 분쟁해결】

① 본 계약은 대한민국 법률에 따라 규율 되고 해석된다.

② 본 계약에 따라 발생한 모든 분쟁의 제1심 관할법원으로 서울중앙지방법원을 지정한다.

제39조【기타】

① 본 계약서의 별지와 첨부서류는 본 계약서와 일체를 이루는 것으로서 그에 따른 내용은 본 계약의 내용의 일부를 구성한다.

② 본 계약상의 내용이 본 계약 체결 이전의 당사자들 사이의 어떠한 구두 또는 서면에 의한 교섭, 합의 등의 내용과 상충되는 경우에는, 본 계약의 내용이 우선한다.

③ 본 계약은 투자자, 회사, 이해관계인의 서명날인과 동시에 그 효력이 발생한다.

④ 본 계약의 체결 사실을 증거하기 위하여 투자자, 회사, 이해관계인은 대표자 또는 대리인으로 하여금 본 계약서의 당사자 및 이해관계인란에 서명날인하게 하는 방법으로 본 계약을 체결하고, 각 1통의 계약서를 작성하여 이를 보관하기로 한다.

제7장   특약사항

제40조【특약사항의 효력】

특약사항은 본 투자약정서의 본문의 내용을 수정·삭제·추가하는 사항으로서 본문의 내용이 특약사항의 내용과 상충되는 경우에는 특약사항의 내용이 그 효력에 있어서 우선한다.

제41조【특약사항에 관한 사항】

① 이해관계인은 본 계약의 납입일전까지 다음 각 호의 서류를 제출하여야 한다.

　1. 개인신용관리정보내역 사본 1부

2. 국세 및 지방세 완납증명서

3. 금융기관 외 기술보증기금 및 신용보증기금 내역

투자자: ████████████████████████ (인)

업무집행조합원: (인)

회   사: 주식회사 ████████

             주소: ███████████████████████

             대표이사: ████████ (인)

이해관계인: ██████████ (인)

             생년월일: ████████

             주소: ██████████████████████

(별지1)

진술과 보장

회사 및 이해관계인은 본 계약 체결일 현재 및 거래완료일 현재 아래 사항이 진실되고 정확함을 진술하고 보장한다.

제1장 공통사항

1. 회사 및 이해관계인은 회사가 대한민국 법률에 따라 적법하게 설립되어 유효하게 존속 중인 주식회사로서 회사에 대하여 파산, 회생 등 도산절차와 관련된 어떠한 신청도 제기된 바 없으며, 지급불능, 지급유예, 워크아웃 절차 등 회사의 주주 및 채권자의 권리에 부정적 영향을 미치는 사실이 없음을 본 계약 체결일 및 거래 완결일을 기준으로 진술하고 보장한다(이하 진술과 보장 전체에 대한 기준시점은 계약 체결일 및 거래완결일이다).

2. 회사 및 이해관계인은 본 계약을 체결하고 본 계약에 따른 의무를 이행하는 데 필요한 법률적, 사실적인 모든 권한을 가지고 있으며, 주주총회 및 이사회의 승인을 비롯하여 본 계약의 체결 및 유지를 위하여 회사가 이행하여야 하는 모든 조치를 취하였음을 진술하고 보장한다.

3. 본 계약의 체결 및 본건 우선주의 발행은 법률이나 규정 기타 관계법령을 위반하지 아니하며, 회사의 정관에 부합하고, 회사 및 이해관계인이 당사자인 계약 또는 기타 의무의 위반을 가져오지 아니함을 회사 및 이해관계인은 진술하고 보장한다.

4. 본 계약에 의한 회사 및 이해관계인의 의무는 본 계약에서 정한 바 그대로 적법, 유효하고 구속력이 있으며 회사 및 이해관계인에 대하여 집행 가능한 법적 의무를 구성함을 회사 및 이해관계인은 진술하고 보장한다.

5. 투자자가 본 계약에 따라 인수하는 우선주는 적법하며 유효하게 발행될 것이며, 투자자의 본 계약상의 권리 혹은 본건 우선주에 대한 권리 행사를 실질적으로 방해할 만한

행정절차(행정처분, 조사, 감사, 수사 포함), 법령, 또는 보전처분을 포함한 법원의 재판에 의한 어떠한 제한이나 회사와 이해관계인이 당사자이거나 구속을 받는 계약상의 어떠한 제한도 존재하지 아니함을 회사 및 이해관계인은 진술하고 보장한다.

제2장 회사에 관한 사항

1. 자본에 관한 사항

① 회사의 발행주식은 본 계약의 체결일을 기준으로 주당 액면가가 금 ████████원인 보통주 ████████주이고 그 이외의 발행 주식은 존재하지 아니한다. 주주별 지분율, 전환사채 발행내역, 신주인수권부사채, 주식매수선택권, 주식배당, 기타 장래 회사의 지배구조에 영향을 줄 수 있는 제반 권리의 주요 내용 및 주식매수선택권 부여 내역은 아래 주식 등의 현황 기재와 같으며 아래 기재 사항 이외에 회사의 주식 지분율 기타 장래 회사의 지배구조에 영향을 줄 수 있는 어떠한 사항도 없다.

주주별 소유주식수

주주명	주식수 (주)	지분율 (%)	기타(담보권 설정여부, 최대주주 및 그 특수관계인 여부)

② 회사는 설립 이후 본 계약의 체결일 현재까지 주식의 발행에 있어서 가장 납입을 한 사실이 없으며 이해관계인이 보유하고 있는 회사의 주식은 전항 기재와 같고 회사는 이를 자신의 계산으로 취득하였고 가장 납입 한 사실이 없다.

③ 회사는 계열사 또는 특수관계인에 대하여 통상의 범위에서 벗어날 정도로 회사에 불리한 매출거래, 보증 또는 담보제공 등을 한 사실이 없다.

2. 자산에 관한 사항

① 회사는 현재 사용중인 부동산, 동산, 기계, 차량, 사무실 기기 및 기타 영업에 필요한 모든 권리, 물건 등은 적법하게 회사의 소유로 되어 있거나, 회사가 사용할 수 있는 권한을 보유하고 있음을 진술하고 보장한다.

② 회사는 현재 보유 사용하고 있는 모든 특허권을 포함한 지적재산권 기타 무형자산은 회사가 적법한 권리를 가지고 있으며, 제3자의 권리를 침해하거나 제3자로부터 권리를 침해 받고 있지 않음을 진술하고 보장한다.

③ 회사는 통상적인 사업 경로에 따른 제품의 판매 등을 제외하고 회사의 자산이나 권리를 매매, 교환 또는 기타 방식으로 처분하지 아니하였음을 진술하고 보장한다.

3. 부채에 관한 사항

① 회사의 부채 내역은 아래 기재와 같다.

금융기관	대 출 정 보		담 보 내 역		비　　고
	기관명	대출액	한 도	사 용 액	

② 회사의 금융기관 차입, 회사 발행 사채 등과 관련된 계약에는 본 거래로 인하여 당해 계약에서의 기한의 이익이 상실되거나 당해 계약의 상대방이 회사에 대하여 즉각적인 권리를 행사할 수 있는 내용이 포함되어 있지 않음을 회사는 진술하고 보장한다.

4. 재무제표에 관한 사항

① 투자자에게 제공된 회사의 2020년 03월 09일 기준 재무제표는 대한민국에서 통용되는 기업회계기준을 포함하여 일반적으로 인정되는 회계원칙 및 관행에 따라 작성되었으며 회사의 재무상태 및 영업현황을 충실하게 반영하고 있음을 회사는 진술하고 보장한다.

② 투자자에게 서면 고지된 것을 제외하고 상기 재무제표 기준일 이후에, 회사의 재무상태, 자산 및 부채, 영업에 불리한 영향을 미칠 수 있는 중대한 변경이나 변동사항은 없

음을 회사는 진술하고 보장한다.

③ 회사가 최선의 노력으로 파악한 결과 상기 재무제표에 기재되지 아니한 부외부채(우발채무 포함) 및 부외자산은 실사자료로 제시한 바와 같고, 실사자료에 나타나지 아니한 사항으로서 투자자의 본 계약체결 및 거래완결에 영향을 줄 만한 중대한 부외부채 및 부외자산은 없다.

5. 법령 위반, 소송 등에 관한 사항

① 회사는 현재 영위하고 있는 사업에 필요한 정부 인허가 등을 모두 적법하게 보유하고 있으며, 이 인허가 등이 취소될 위험에 처해 있지 않다.

② 회사는 회사의 자산(부동산, 설비, 임차물 및 장비 등) 및 사업활동과 관련하여, 지역제한, 안전, 공해 및 환경, 노동, 공정거래 관련 법규를 포함하여 회사와 그 생산과정 및 제품에 적용되는 제반법령, 규정 및 명령을 준수하였으며, 부당하게 임금, 퇴직금 등을 미지급한 사실이 없다.

③ 투자자에게 서면 고지된 것을 제외하고, 회사의 사업에 중요한 영향을 미치는 것으로서 현재 진행되는 소송(보전소송 포함), 중재 또는 행정절차 기타 분쟁은 없음을 회사는 진술하고 보장한다.

④ 회사는 현재 보유하고 있는 지적재산권과 관련하여 소송, 중재 또는 기타 분쟁이 없으며, 추후 분쟁의 위험에 처해 있지 않다.

⑤ 회사는 주주총회 및 이사회 관련 제반 서류를 작성 비치하고 있으며, 그와 관련된 법규 위반사항이 없다.

6. 세금, 보험 등에 관한 사항

① 회사는 국세, 지방세 등 고지된 납세 의무를 이행하였고, 납부할 의무가 있는 것으로 미납된 세금은 없음을 진술하고 보장한다.

② 회사는 회사 운영과 관련하여 필요한 제반 보험(4대 보험, 기타 영업 관련 필수적으로 가입해야 하거나 해당 업계에서 회사와 유사한 기업들이 통상적으로 가입하고 있는 보험)에 가입되어 있음을 진술하고 보장한다.

7. 기타

회사는 투자자 또는 그 실사 관련 자문사들에게 제공한 주주명부, 등기부등본, 정관 및 각종 계약서, 사업계획서 등 일체의 서면, 서류, 정보 기타 자료는 제공일 현재 회사에 관한 사항을 정확히 기재한 것으로서 모든 면에서 진실되고 거짓이 없으며, 중요한 사항을 생략하지 않았고, 중대한 면에서 의미를 오도하지 않는다. 회사의 임직원이 실사 과정에서 구두로 답변한 내용에 관하여도 고의 또는 과실로 허위 답변한 사실이 없음을 진술하고 보장한다. 단 사업계획서 상에 미래에 대한 예측 및 기타 사업관련계획 사항은 경영환경의 변화 등에 따라 변경될 수 있으며 실제 발생할 수도 있고 발생하지 않을 수도 있다.

제3장 이해관계인에 관한 사항

1. 이해관계인은 투자자에 대하여 본 진술과 보장 사항이 본 계약의 중요한 내용을 이루는 것으로서 모두 진실되고 거짓이 없음을 보장하고, 나아가 동 진술과 보장 사항이 허위 이거나 부정확한 경우 이로 인하여 투자자가 입게 되는 모든 손해, 손실 및 비용을 회사와 연대하여 배상 또는 보상한다.

2. 이해관계인은 다음 사항에 대하여 진술하고 보장한다.

   ① 이해관계인이 가지고 있는 회사의 주식은 첨부하는 주주명부의 기재와 같고, 이해관계인은 이를 자신의 계산으로 취득하였고 가장 납입한 바가 없다.

   ② 위 주주명부는 이해관계인과 특수관계에 있는 주주들의 이름, 관계 및 그 소유주식수를 정확하게 표현하고 있다.

   ③ 이해관계인이 본 계약을 체결하고 그 내용을 이행함에 있어 법령상 또는 계약상의 제한은 존재하지 아니한다.

   ④ 이해관계인은 본 계약 체결일 현재 회사의 주주 또는 종업원으로서의 지위와 관련하여 제3자와 분쟁을 하고 있지 아니한다.

3. 이해관계인의 진술 사항들은 본 계약의 중요한 내용을 이루는 것으로서 이러한 사항이

허위이거나 부정확한 경우 이해관계인은 이로 인하여 투자자가 입게 되는 모든 손해, 손실 및 비용을 배상 또는 보상하여야 한다.

4. 이해관계인은 본 계약상 진술 사항에 영향을 미칠 사유가 발생하는 경우에는 즉시 투자자에게 그 사유를 서면으로 통지하여야 하고, 투자자의 요청에 따라 적절한 대응조치를 취하여야 할 의무를 부담한다.

(별지2)

투자금의 사용용도

회사는 본 약정에 의하여 투자자로부터 받은 자금을 다음과 같은 용도에 사용하여야 하며 투자자는 투자금이 사용용도에 맞게 사용되었는지를 투자자가 지정하는 회계법인을 통하여 본 투자약정 이후 언제든지 투자금 사용내역에 대한 실사를 진행할 수 있다.

용　도	금　액	비　고
합계		

(첨부1)

서류목록

투자(우선주납입) 전:

- 주주명부(증자 전, 기준일 표기) 1부
- 법인등기부등본(증자 전, 말소사항 포함) 1부: 증자 등기가 완료된 후 다시 제출 확인
- 법인인감증명서 1부
- 이해관계인 인감증명서 1부
- 이해관계인 주민등록등본 1부
- 이해관계인, 대표이사 신용조회동의서
- 사업자등록증 사본(지점 기재)
- 정관(인증등본, 원본대조필)
- 이사회의사록 사본(원본대조필)
- 재무자료(원본대조필)
- 국세완납증명서(원본)
- 지방세 완납증명서(원본)
- 기타 특약 관련 서류
- 각종 인증서 사본
- 중요 기술인력 명단

투자(주금납입) 후:

- 주주명부(주금납입이 완료된 후 주주명부, 기준일 표시 및 법인인감 날인) 1부
- 법인등기부등본(사채납입이 완료된 후 법인등기부등본) 1부
- 납입영수증

(첨부2)

경업금지 약정서

I. 경업금지약정을 체결하는 자

    1. 투자자: ███████████████ (인)

    2. 업무집행조합원: 주식회사 XXX (인)

    2. 회사 : 주식회사 XXXX(인)

    3. 이해관계인 : ██████████ (인)

II. 경업금지약정의 내용

제1조 (계약의 목적)

본 경업금지약정은 회사의 이해관계인 및 주요임직원으로 하여금 일정기간 동안 회사의 영업과 동일 또는 유사한 영업을 금지시킴으로써 회사의 영업을 보호함은 물론 투자자의 투자의 실효성을 확보함을 목적으로 한다.

제2조 (경업지위의 취임금지)

① 이해관계인 및 본 계약서에 서명날인한 이해관계인 이외의 임직원(이하 '경업금지의무자'라 한다)은 회사에 재직하는 기간 동안 투자자 및 회사의 허락이 없이는 다른 기업의 무한책임사원, 이사, 피용자가 될 수 없다.

② 경업금지의무자는 회사를 퇴사한 날로부터 2년의 기간 동안 투자자 및 회사의 허락이 없이는 회사의 영업부류와 동일 또는 유사한 영업부류의 기업의 무한책임사원, 이사, 피용자가 될 수 없다.

제3조 (경업거래의 금지)

경업금지의무자는 회사에 재직하는 기간 동안 및 회사를 퇴사한 날로부터 2년의 기간 동안 투자자 및 회사의 허락이 없이는 자기 또는 제3자의 계산으로 회사의 영업부류와 동일 또는 유사한 영업부류에 속하는 거래를 하거나 기업을 운영할 수 없다.

제4조 (법인의 설립과 다른 법인에의 출자)

회사가 투자자의 서면동의에 의하여 신설법인을 설립하거나 다른 법인에 출자하는 경우 투자자는 자신의 지분율에 상응하게 신설법인 또는 다른 법인의 지분을 취득할 권리를 갖는다.

제5조 (약정의 종료)

개별 조항에서 다르게 정하는 경우를 제외하고, 회사가 공개시장에 주권을 상장 또는 등록한 날로부터 2년이 경과한 시점에 이르러 본 경업금지약정이 종료되는 것으로 한다.

제6조 (위반의 효과)

① 경업금지의무자가 본 경업금지약정을 위반하는 경우에는 투자약정서 본문 제28조, 제29조를 적용한다.

② 경업금지의무자가 제3조의 규정을 위반한 경우 투자자 또는 회사는 경업금지의무자가 얻은 이득의 양도를 청구할 수 있다.

③ 이해관계인 이외의 경업금지의무자가 본 약정을 위반한 경우 위반자는 회사에게 그로 인하여 회사가 입은 손해를 배상하여야 한다.

참고문헌

1. 국내문헌

강만구 · 김재형 · 표민찬(2018), 기업가정신이 스타트업 창업의지에 미치는 영향: 글로벌 마인드의 매개효과를 중심으로, 대한경영학회지, 31(5), 1033-1054.

강원진 · 이병헌 · 오왕근(2012), 국내 벤처기업의 성장단계별 외부자원 활용이 기술혁신 성과에 미치는 영향, 벤처창업연구, 7(1), 35-45.

강지훈 · 정대훈(2020), 벤처기업 CEO와 종업원들의 지식격차와 외부학습활동이 혁신성과에 미치는 영향, 기업경영리뷰, 11(2), 205-220.

고병기 · 박솔잎 · 김다혜 · 성창수(2022), 민간주도형 기술창업지원 팁스(TIPS) 투자의사 결정 요인에 관한 연구, 벤처창업연구, 17(5), 31-47.

고봉상 · 용세중 · 이상천(2003), 벤처기업의 성과 결정요인에 관한 실증연구, 기업가정신과 벤처연구, 6(2), 3-33.

구경철 · 이철규 · 유왕진(2008), 한국 벤처캐피탈의 투자결정모형 도출 및 타당성 분석, 기업가정신과 벤처연구, 11(4), 1-20.

기정훈(2008), 미국의 첨단지역: 대도시 입지와 고급노동력과 창조적 노동력의 역할, 도시행정학보, 21(1), 127-155.

김경태 · 최상렬(1998), 우리나라 벤처기업의 발전방안에 관한 연구, 기업경영연구, 8(1), 23-43.

김미주(2022), 창업지원정책이 기업가정신에 미치는 영향: 중소벤처기업부 팁스(TIPS) 지원 사업을 중심으로, 벤처창업연구, 17(3), 1-17.

김병년 · 양동우(2014), 중소벤처기업의 특성과 성장통, 경영성과와의 관계에 관한 실증연구, 벤처창업연구, 9(3), 75-88.

김수연 · 정강옥(2016), 벤처기업의 흡수역량이 기업성과에 미치는 영향 -고객지향성의 조절효과를 중심으로-, 지역산업연구, 39(1), 203-231.

김영배 · 하성욱(2000), 우리나라 벤처기업의 성장단계에 대한 실증조사: 핵심성공요인, 환경특성, 최고경영자 역할과 외부자원 활용, 기술혁신연구, 8(1), 125-153.

김오성 · 이중원 · 박철(2022), 벤처기업의 투자유치 유형이 기업역량과 성장 잠재력에 미치는 영향: 창업자 지분율의 조절 효과, 중소기업연구, 44(1), 119-144.

김용덕 · 김은지(2023), 고양특례시 벤처투자 활성화를 위한 기초연구, 고양시정연구원.

김정포(2015), 국제신생벤처기업의 해외진입방식 선택에 영향을 미치는 요인, 국제경영리뷰, 19(3), 171-193.

김창봉·이승현(2017), 창업지원제도가 1인 창업자의 행동특성에 따라 창업기업 경영성과에 미치는 영향에 관한 연구, 벤처창업연구, 12(2), 41-54.

김향덕·이철규(2018), 벤처기업의 외부협력이 기업성장에 미치는 영향: 기술역량의 매개효과를 중심으로, 중소기업연구, 40(3), 77-96.

김형철(2011), 벤처기업 내부역량과 경쟁전략 간의 적합성이 경영성과에 미치는 영향에 관한 연구, 대한경영학회지, 24(2), 769-787.

김희선(2022), 미국 중소기업 지원정책 추진체계에 관한 연구: 규제 및 지방조직 중심으로, 중소벤처기업연구원.

과학기술기획평가원(2012), 「중소기업 R&D협력 현황 및 주요이슈」.

남영호(1998), 벤처기업의 성장단계별 성공가능성 분석 -기술집약형 벤처기업의 사례연구를 통하여-, 기업가정신과 벤처연구, 1(1), 35-69.

노두환·황경호·박호영(2017), 중소·벤처기업의 개방형혁신 노력이 성과에 미치는 영향에 관한 연구: 기술이전경험과 기술협력을 중심으로, 벤처창업연구, 12(1), 33-46.

라영수(2021), 경영자의 특성이 벤처 기업 성과에 미치는 영향, 산업경제연구, 34(2), 451-484.

박근호(2007), 한국 기술기반 중소벤처기업의 국제화 속도 결정요인에 관한 연구, 국제지역연구, 11(3), 321-349.

박다인·박찬희(2018), 벤처기업의 성장단계별 기업경쟁력 및 기업 성과 창출 전략, 벤처창업연구, 13(6), 177-189.

박동수·구언회(2007), 벤처기업의 기업가정신이 성장의도에 미치는 영향에 관한 탐색적 연구, 대한경영학회지, 20(6), 2979-3011.

박상문·이미순(2019), 창업경험 특성이 벤처창업기업 성과에 미치는 영향: 업력의 조절효과, 벤처창업연구, 14(4), 51-62.

박성호·양동우(2015), 벤처기업 창업환경 및 기업성장단계가 경영애로사항에 미치는 영향에 관한 실증 연구, 한국산학기술학회논문지, 16(1), 291-299.

박지영·신현한(2020), 벤처캐피탈 투자가 벤처기업 혁신성과에 미치는 영향, 벤처창업연구, 15(1), 1-15.

반성식·Andrew Zacharakis·송경모(2002), 벤처캐피탈리스트의 투자의사결정 모형: 한국과 미국의 비교연구, 재무관리연구, 19(2), 271-297.

반성식·송경모(2004), 한국 벤처캐피탈리스트의 투자의사결정 요인과 투자평가 모형, 대한 경영학회지, 17(1), 267-291.

백경래·박상문·배종태(1996), 신생모험기업의 전략유형에 관한 연구, 기술혁신연구, 4(1), 1-26.

서대훈(2019), 주요국의 스타트업(Startup) 지원방식과 시사점, 한국산업은행.

서병철·김건우(2011), 벤처캐피탈의 자금투자 유형별 효과 분석, 기업과정신과 벤처연구, 14(1), 69-88.

성옥석·박승락(2015), 소상공인 창업자특성이 경영마인드개선과 역량제고 및 성과에 미치는 영향, 대한경영학회지, 28(2), 581-599.

송치승·노용환(2011), 우리나라 벤처기업의 미시적 특성과 생존요인 분석, 기업가정신과 벤처연구, 14(3), 1-24.

송치승·박재필(2013), 우리나라 벤처기업 지원정책의 실효성에 관한 분석, 기업경영연구, 51(5), 215-240.

안연식·김현수(2002), 소프트웨어 벤처기업의 성과에 영향을 미치는 요인에 관한 실증연구, 경영학연구, 31(2), 431-461.

안원영·오재인(2018), 지속 가능한 벤처기업으로 성장하기 위한 성공요인, 예술인문사회 융합 멀티미디어 논문지, 8(6), 101-110.

안준모·김종인(1999), 한국 정보통신 벤처기업의 성공요인에 관한 연구: 창업자의 경험, 지식요인을 중심으로, 기업가정신과 벤처연구, 3(1), 31-49.

양현봉(2020), 엔젤투자 촉진을 통한 벤처창업 활성화 방안, 산업연구원.

오남현·이성근(2001), 벤처기업의 입지요인과 입지비교우위에 관한 연구: 경상북도 경산시와 칠곡군을 사례로, 부동산학연구, 7(1), 65-78.

오종석·이용탁(1999), 벤처기업의 기업가정신과 성과와의 관계, 대한경영학회지, 22(22), 285-307.

윤동섭·조대우(2007), 한국 벤처기업의 해외진출결정요인에 관한 연구, 국제경영연구, 18(1), 29-58.

윤영숙·황보윤(2014), 엔젤투자자의 투자의사결정에 영향을 미치는 기업가특성에 관한 연구, 벤처창업연구, 9(3), 47-61.

윤종록·김형철(2009), 벤처기업의 창업가특성과 차별화전략이 경영성과에 미치는 영향에 관한 연구, 대한경영학회지, 22(6), 3693-3721.

이기환·구형건(1999), 벤처기업 활성화와 지역경제 발전방안: 부산을 중심으로, 기업가정신과 벤처연구, 3(1), 77-101.

이기환·윤병섭(2006), 특허활동이 경영성과에 미치는 영향: 벤처기업 대 일반기업, 기술혁

신연구, 14(1), 67−99

이병헌(2005), 벤처기업의 성장단계별 기술혁신 전략과 정부의 R&D 지원 효과, 기업가정신
과 벤처연구, 8(2), 127−152.

이상무·문병준(2020), 기업 핵심역량 및 경쟁우위의 결정요인과 경영성과에 관한 연구: 중
소·벤처기업을 중심으로, 경영경제연구, 42(4), 75−102.

이상천·배성문·고봉상(2008), 국내 벤처의 경영성과 영향요인 비교 분석에 관한 실증연구,
한국전자거래학회지, 13(4), 145−159.

이설빈(2017), 중소벤처기업의 창업 성공요인에 대한 상대적 중요도 분석, 벤처창업연구,
12(3), 53−63.

이승배(2022), 중소벤처기업 창업자의 사회적 자본이 창업성과에 미치는 영향에 관한 연구:
초기창업자 행동을 매개로, 한국경영공학회지, 27(1), 45−63.

이유림·정소원·정재은(2017), 수출중소기업의 정부기술지원 활용도와 혁신역량이 국제화
수준에 미치는 영향: 산업유형의 조절효과를 중심으로, 한국생산관리학회지, 28(4),
363−390.

이장우(1998), 성공벤처기업의 특성 사례연구, 기업가정신과 벤처연구, 1(1), 101−128.

이장우·장수덕(1998), 벤처기업 성공요인에 관한 이론적 고찰, 기업가정신과 벤처연구,
2(2), 69−95.

이장우·장수덕(2001), 벤처기업의 성공요인: 성공한 벤처기업가들의 관점, 중소기업연구,
23(4), 23−49.

이장우·허재진(2007), 중국 벤처기업의 성과요인: 한국 벤처기업과의 비교연구, 경영연구,
22(3), 313−343.

이춘우(2005), 벤처기업의 개념적 특성과 본질에 관한 연구, 경영학연구, 34(2), 315−348.

이택경(2021), VC가 알려주는 스타트업 투자유치 전략, 나무PR.

이호·장석인(2018), 벤처기업의 특성과 역할 및 문제점을 통한 활성화 방안 연구, 혁신기업
연구, 3(1), 49−65.

임은천·김도현(2017), 벤처캐피탈 유형과 기업 성과 관계 연구: 독립형벤처캐피탈과 기업
형벤처캐피탈 비교연구, 한국산업정보학회논문지, 22(6), 85−94.

임재오·윤현덕(2013), 한국 중소기업의 국제화에 영향을 미치는 기술혁신역량에 관한 연
구, 기업가정신과 벤처연구, 16(3), 1−19.

정규언·김선구(2001), 기업의 연구개발비 투자가 경영성과에 미치는 영향: 코스닥 등록기
업을 대상으로, 세무와 회계저널, 2(1), 93−117.

정성민·조성도·김경은·문연희(2008), 국내 지방 벤처기업의 실패요인에 관한 탐색적 사례

연구, 기업가정신과 벤처연구, 11(4), 91－113.

정보통신산업진흥원(2013), 해외 주요국 중소·벤처기업 정책 분석.

조대우·제혜금·임성범(2009), 한국벤처기업의 국제화 성과 결정요인에 관한 연구, International Business Review, 13(4), 95－122.

중소기업은행(2014), 2013 success story.

중소기업은행(2015), 2014 success story.

중소기업은행(2016), 2015 success story.

중소벤처기업연구원(2021), 벤처기업 육성 3개년 계획 수립 연구.

차명수(2009), 벤처캐피탈의 투자의사결정 연구: 판단분석의 활용, 기업가정신과 벤처연구, 12(4), 19－43.

최용호·황우익(2004), 벤처기업의 기술혁신과 산학관 네트워크, 기업가정신과 벤처연구, 7(2), 3－23.

최윤수·김도현(2016), 투자 행태를 통한 엑셀러레이터와 벤처캐피탈의 비교 연구, 벤처창업연구, 11(4), 27－36.

최종열(2015), 기업가정신, 혁신역량 및 외부협력이 벤처기업의 기술혁신 성과에 미치는 영향. 벤처창업연구, 10(5), 219－231.

한국정보화진흥원(2013a), 창조경제 실현을 위한 해외 벤처·중소기업 정책 분석.

한국정보화진흥원(2013b), 해외 벤처중소기업 정책동향과 시사점.

한주형·황보윤(2020), 액셀러레이터의 투자결정요인, 벤처창업연구, 15(1), 31－44.

허주연(2020), 스타트업 액셀러레이터의 투자결정요인에 대한 연구, 벤처창업연구, 15(5), 13－35.

홍종수·나수미(2020), 스케일업 촉진을 위한 벤처대출(Venture Debt) 도입방안, 중소벤처기업연구원, KOSBI 중소기업 포커스, 제20－05호.

황병선·안준모·공혜원(2017), IT 기반 창업기업의 초기 투자유치와 성장에 영향을 미치는 요인에 대한 탐색 연구, 벤처창업연구, 12(4), 35－46.

황혜란·김경근·정형권(2013), 기술집약형 중소기업의 기술사업화 지원정책 연구, 벤처창업연구, 8(3), 39－52.

2. 해외문헌

Adizes, I. (1979). Organizational passages—diagnosing and treating lifecycle problems of organizations. Organizational Dynamics, 8(1), 3−25.

Adler, P. S., & Kwon, S. W. (2002). Social capital: Prospects for a new concept. Academy of Management Review, 27(1), 17−40.

AhmadZaidi, M. F., & Othman, S. N. (2014). The concept of dynamic capability for managing technology and change. Strategic Management Quarterly, 2(2), 93−108.

Ahuja, G. (2000). Collaboration networks, structural holes, and innovation: A longi−tudinal study. Administrative Science Quarterly, 45(3), 425−455.

Arvanitis, S. (2012). How do different motives for R&D cooperation affect firm per−formance? - Ananalysis based on Swissmicro data. Journal of Evolutionary Economics, 22(5), 981−1007.

Aulet, B. (2013). Disciplined entrepreneurship: 24 steps to a successful startup. John Wiley&Sons.

Avnimelech, G. (2009). VC policy: Yozma program 15−years perspective. Available at SSRN 2758195.

Azar, G., & Ciabuschi, F. (2017). Organizational innovation, technological innovation, and export performance: The effects of innovation radicalness and extensiveness. International Business Review, 26(2), 324−336.

Bae, K., & Chung, C. (1997). Cultural values and work attitudes of Korean industrial workers in comparison with those of the United States and Japan. Work and Occupations, 24(1), 80−96.

Bahrami, H., & Evans, S. (1987). Stratocracy in high−technology firms. California Management Review, 30(1), 51−66.

Balabanis, G. I., & Katsikea, E. S. (2003). Being an entrepreneurial exporter: does it pay?. International Business Review, 12(2), 233−252.

Barringer, B. R., Jones, F. F., & Neubaum, D. O. (2005). A quantitative content analysis of the characteristics of rapid−growth firms and their founders. Journal of Business Venturing, 20(5), 663−687.

Baum, J. A., Calabrese, T., & Silverman, B. S. (2000). Don't go it alone: Alliance net−work composition and startups' performance in Canadian biotechnology. Strategic

Management Journal, 21(3), 267−294.

Becker, W., & Dietz, J. (2004). R&D cooperation and innovation activities of firms— evidence for the German manufacturing industry. Research Policy, 33(2), 209−223.

Belderbos, R., Carree, M., & Lokshin, B. (2004). Cooperative R&D and firm performance. Research Policy, 33(10), 1477−1492.

Birley, S. and Norburn, D. (1987). Owners and Managers: The Venture 100 VS. The Fortune 500, Journal of Business Venturing, 2(4), 351−363.

Birou, L. M., Fawcett, S. E., & Magnan, G. M. (1998). The product life cycle: a tool for functional strategic alignment. Journal of Supply Chain Management, 34(2), 37.

Blomqvist, K., & Levy, J. (2006). Collaboration capability–a focal concept in knowledge creation and collaborative innovation in networks. International Journal of Management Concepts and Philosophy, 2(1), 31−48.

Blomqvist, K., Hurmelinna, P., & Seppänen, R. (2005). Playing the collaboration game right—balancing trust and contracting. Technovation, 25(5), 497−504.

Bogers, M. (2011). The open innovation paradox: knowledge sharing and protection in R&D collaborations. European Journal of Innovation Management, 14(1), 93−117.

Bruyat, C. and Julien, P. A. (2000). Defining the field of research in entrepreneurship, Journal of Business Venturing, 16(2), 165−180.

Camison, C., & Villar Lopez, A. (2010). An examination of the relationship between manufacturing flexibility and firm performance: The mediating role of innovation. International Journal of Operations & Production Management, 30(8), 853−878.

Camisón, C., & Villar−López, A. (2014). Organizational innovation as anenabler of technological innovation capabilities and firm performance. Journal of Business Research, 67(1), 2891−2902.

Carpentier, C., & Suret, J. M. (2015). Angel group members' decision process and rejection criteria: A longitudinal analysis. Journal of Business Venturing, 30(6), 808−821.

Chai, D. H., Choi, Y. Y., & Huh, E. (2014). Open innovation in venture firms: the impact of external search strategy on innovation performance of Korean manufacturing firms. Asia−Pacific Journal of Business Venturing and Entrepreneurship, 9(1), 1−13.

Chiang, Y. H., & Hung, K. P. (2010). Open innovation proclivity, entrepreneurial orientation, and perceived firm performance. International Journal of Technology

Management, 52(3/4), 257−274.

Choe, M. K., Shin, J. K., & Nam, J. H. (2000). An Exploratory Study on the Critical Success Factors of Korean Entrepreneurial Business Ventures. Business Management Review, 33(1), 251−278.

Choi, B. R., & Kim, K. W. (2006). Research on Relationship between Human Resource Factors and Management Performance of Venture Business. Journal of Regional Innovation and Human Resources, 2(2), 151−171.

Cohen, S., & Hochberg, Y. V. (2014). Accelerating startups: The seed accelerator phenomenon.

Coombs, J. E., & Bierly III, P. E. (2006). Measuring technological capability and performance. R&D Management, 36(4), 421−438.

Cooper, R. G. (1984). New product strategies: what distinguishes the top performers?. Journal of Product Innovation Management, 1(3), 151−164.

Cooper, A. C. (1993). Challenges in predicting new firm performance. Journal of Business Venturing, 8(3), 241−253.

Coviello, N. E., & Munro, H. J. (1995). Growing the entrepreneurial firm: networking for international market development. European journal of Marketing, 29(7), 49−61.

Cui, A. S., & Wu, F. (2017). The impact of customer involvementon new product development: Contingent and substitutive effects. Journal of Product Innovation Management, 34(1), 60−80.

Czarnitzki, D., Ebersberger, B., & Fier, A. (2007). The relationship between R&D collaboration, subsidies and R&D performance: empirical evidence from Finland and Germany. Journal of Applied Econometrics, 22(7), 1347−1366.

Damanpour, F., & Evan, W. M. (1984). Organizational innovation and performance: the problem of organizational lag. Administrative Science Quarterly, 392−409.

Damanpour, F. (1991). Organizational innovation: Ameta−analysis of effects of determinants and moderators. Academy of Management Journal, 34(3), 555−590.

Darrough, M., & Ye, J. (2007). Valuation of loss firms in a knowledge−based economy. Review of Accounting Studies, 12(1), 61−93.

David, P. A., Hall, B. H., & Toole, A. A. (2000). Is public R&D a complement or substitute for private R&D? A review of the econometric evidence. Research Policy, 29(4−5), 497−529.

Day, G. S. (1994). The capabilities of market−driven organizations. Journal of Marketing, 58(4), 37−52.

Dean, T. J., Meyer, G. D., & DeCastro, J. (1993). Determinants of new−firm formations in manufacturing industries: Industry dynamics, entry barriers, and organizational inertia. Entrepreneurship Theory and Practice, 17(2), 49−60.

Dolinski, A. L., Caputo, R. K., Pasumaty, K. and Quanzi, H. (1993). The effects of education on business ownership: A longitudinal study woman Entrepreneurship, Entrepreneurship Theory and Practice, 18(1), 43−53.

Duchesneau, D. A., & Gartner, W. B. (1990). A profile of new venture success and failure in an emerging industry. Journal of Business Venturing, 5(5), 297−312.

Dutta, S., & Folta, T. B. (2016). A comparison of the effect of angels and venture capitalists on innovation and value creation. Journal of Business Venturing, 31(1), 39−54.

Flamholtz, E. G., & Randle, Y. (2012). Growing pains: Transitioning from a nentrepreneurship to a professionally managed firm. John Wiley&Sons.

Flor, M., & Oltra, M. J. (2005). The influence of firms' technological capabilities on export performance in supplier-dominated industries : the case of ceramictiles firms. R&D Management, 35(3), 333−347.

Frenz, M., & Ietto−Gillies, G. (2009). The impact on innovation performance of different sources of knowledge: Evidence from the UK Community Innovation Survey. Research Policy, 38(7), 1125−1135.

Gompers, P., & Lerner, J. (2001). The venture capital revolution. Journal of Economic Perspectives, 15(2), 145−168.

Gould, S. B., Weiner, K. J., Levin, B. R., & Kj, W. (1997). Free agents : People and organizations creating a new working community. Jossey−Bass.

Greiner, L. E. (1989). Evolution and revolution as organizations grow (pp. 373−387). Macmillan Education UK.

Grimpe, C., & Sofka, W. (2009). Search patterns and absorptive capacity: Low− and high−technology sectors in European countries. Research Policy, 38(3), 495−506.

Guan, J. C., Yam, R. C., Mok, C. K., & Ma, N. (2006). A study of the relationship between competitiveness and technological innovation capability based on DEA models. European Journal of Operational Research, 170(3), 971−986.

Hagedoorn, J. (1993). Understanding the rationale of strategic technology partnering: Interorganizational modes of cooperation and sectoral differences. Strategic Management Journal, 14(5), 371−385.

Hamel, G. (1991). Competition for competence and interpartner learning within inter−national strategic alliances. Strategic Management Journal, 12(S1), 83−103.

Harrigan, K. R. (1988). Joint ventures and competitive strategy. Strategic Management Journal, 9(2), 141−158.

Hitt, M. A., Hoskisson, R. E., & Ireland, R. D. (1990). Mergers and acquisitions and managerial commitment to innovation in M−form firms. Strategic Management Journal, 29−47.

Hobson, E. L., & Morrison, R. M. (1983). How do corporate start−up ventures fare. Frontiers of Entrepreneurship Research, 390−410.

Hooley, G. J., Saunders, J. A. and Piercy, N. F. (1998). Marketing strategy & Competitive positioning(2nd edn), London: Prentice Hall Europe

Hurmelinna, P., Blomqvist, K., Puumalainen, K., & Saarenketo, S. (2005). Striving towards R&D collaboration performance: The effect of asymmetry, trust and contracting. Creativity and Innovation Management, 14(4), 374−383.

Hwang, J. T., Han, J. H., & Kang, H. J. (2010). The impact of innovative collaboration on the performance of small and medium enterprises. Journal of Korea Technology Innovation Society, 13(2), 332−364.

Hyun, Y. S., Lee, B. H., & Lee, J. S. (2013). The impact of technology acquisition strategy on firm performance in Korean Medium size Enterprises. Asia−Pacific Journal of Business Venturing and Entrepreneurship, 8(3), 1−16.

James, G. (1998). Success secrets from Silicon Valley : how to make your teams more effective(no matter what business you're in). Times Business.

Johanson, J., & Vahlne, J. E. (1977). The internationalization process of the firm—a model of knowledge development and increasing foreign market commitments. In International business(pp.145−154). Routledge.

Kang, W. J., Lee, B. H., & Oh, W. G. (2012). The effects of the utilization of external resources on the technological innovation performance along the stages of growth in Korean ventures. Asia−Pacific Journal of Business Venturing and Entrepreneurship, 7(1), 35−45.

Katz, D., & Kahn, R. L. (1978). Organizations and the system concept. Classics of Organization Theory, 80(480), 27.

Kazanjian, R. K. (1988). Relation of dominant problems to stages of growth in technology -based new ventures. Academy of Management Journal, 31(2), 257−279.

Kazanjian, R. K., & Drazin, R. (1989). An empirical test of a stage of growth progression model. Management Science, 35(12), 1489−1503.

Knight, G. A., & Cavusgil, S. T. (2004). Innovation, organizational capabilities, and the born−global firm. Journal of International Business Studies, 35(2), 124−141.

Kraaijenbrink, J., Spender, J. C., & Groen, A. J. (2010). There source−based view: A review and assessment of its critiques. Journal of Management, 36(1), 349−372.

Kwon, K. D., & Kim, J. W. (2006). Relational trait between large firm & venture business, relationship of cooperation and venture business performance. Korea Journal of Business Administration, 19(6), 2065−2091.

Laursen, K., & Salter, A. (2006). Open for innovation: the role of openness in explaining innovation performance among UK manufacturing firms. Strategic Management Journal, 27(2), 131−150.

Donaghey, J., Reinecke, J., Niforou, C., & Lawson, B. (2014). From employment relations to consumption relations: Balancing labor governance in global supply chains. Human Resource Management, 53(2), 229−252.

Lawson, B., & Samson, D. (2001). Developing innovation capability in organisations: a dynamic capabilities approach. International Journal of Innovation Management, 5(3), 377−400.

Lee, M. S. (2008). A Study on the Growing Pains of Venture Business. Doctoral Dissertation, Graduate School of Hanyang Univ.

Leiponen, A., & Helfat, C. E. (2010). Innovation objectives, knowledge sources, and the benefits of breadth. Strategic Management Journal, 31(2), 224−236.

Liao, S. H., Fei, W. C., & Chen, C. C. (2007). Knowledge sharing, absorptive capacity, and innovation capability: an empirical study of Taiwan's knowledge−intensive industries. Journal of Information Science, 33(3), 340−359.

Lippitt, G. L., & Schmidt, W. H. (1967). Crises in a developing organization. Harvard Business Review.

Lorenzo, G., & Lipparini, A. (1999). The leveraging of interfirm relationshipships as a distinct organisation capability. Strategic Management Journal, 20(4).

MacMillan, I. C., Siegel, R., & Narasimha, P. S. (1985). Criteria used by venture capitalists to evaluate new venture proposals. Journal of Business Venturing, 1(1), 119−128.

Malos, S. B. (1999). Professional Employee Retention in Hi−tech Industries: Unfolding Decision Pathsina Free Agency Labor Market. Retrieved March, 1, 2013.

Maxwell, A. L., Jeffrey, S. A., & Lévesque, M. (2011). Business angel early stage decision making. Journal of Business Venturing, 26(2), 212−225.

McDougall, P. P., Robinson Jr, R. B., & DeNisi, A. S. (1992). Modeling new venture performance: Ananalysis of new venture strategy, industry structure, and venture origin. Journal of Business Venturing, 7(4), 267−289.

McEvily, S. K., Eisenhardt, K. M., & Prescott, J. E. (2004). The global acquisition, leverage, and protection of technological competencies. Strategic Management Journal, 25(8-9), 713−722.

Mitchell, W., & Singh, K. (1996). Survival of businesses using collaborative relationships to commercialize complex goods. Strategic Management Journal, 17(3), 169−195.

Monika, & Sharma, A. K. (2015). Venture Capitalists' Investment decision criteria for new ventures: A Review, Procedia−Social and Behavioral Sciences, 189, 465−470.

Muzyka, D., Birley, S., & Leleux, B. (1996). Trade−offs in the investment decisons of European venture capitalists. Journal of Business Venturing, 11(4), 273−287.

Bosma, N., Van Praag, M., Thurik, R., & De Wit, G. (2004). The value of human and social capital investments for the business performance of startups. Small Business Economics, 23, 227−236.

Narula, R. (2004). R&D collaboration by SMEs: new opportunities and limitations in the face of globalisation. Technovation, 24(2), 153−161.

Nieto, M. J., & Santamaría, L. (2007). The importance of diverse collaborative networks for the novelty of product innovation. Technovation, 27(6−7), 367−377.

Omta, O., & van Rossum, W. (1999). The management of social capital in R&D collaboration. In Corporate social capital and liability (pp. 356−375). Boston, MA: Springer US.

O'Regan, N., Ghobadian, A., & Sims, M. (2006). Fast tracking innovation in manu−facturing SMEs. Technovation, 26(2), 251−261.

Ostgaard, T. A., & Birley, S. (1994). Personal networks and firm competitive strategy—a strategic or coincidental match?. Journal of Business Venturing, 9(4), 281−305.

McDougall, P. P., Shane, S., & Oviatt, B. M. (1994). Explaining the formation of inter−national new ventures: The limits of theories from international business research. Journal of Business Venturing, 9(6), 469−487.

Lee, J. D., & Park, C. (2006). Research and development linkages in a national in−novation system: Factors affecting success and failure in Korea. Technovation, 26(9), 1045−1054.

Park, S. Y. (2003). A structural modeling of the relationships between CEO's en−trepreneurship in venture business, the empowerment of the members and organiza−tional effectiveness. Department of Venture Technology Management, The graduate School Venture Hoseo University.

Pfeffer and Salancik. (1978). The External Control of Organizations: A Resource Dependence Perspective, Harper & Row.

Porter, M. E. (1980). Competitive Strategy, New York: Free Press

Quinn, R. E., & Cameron, K. (1983). Organizational life cycles and shifting criteria of effectiveness: Some preliminary evidence. Management Science, 29(1), 33−51.

Rasmussen, E. S., & Madsen, T. K. (2002, December). The born global concept. In Paper for the EIBA conference (pp. 1−26).

Regmi, K., Ahmed, S. A., & Quinn, M. (2015). Data driven analysis of startup accelerators. Universal Journal of Industrial and Business Management, 3(2), 54−57.

Romanelli, E. (1989). Environments and strategies of organization start−up: Effects on early survival. Administrative Science Quarterly, 369−387.

Rosenbusch, N., Brinckmann, J., & Bausch, A. (2011). Is innovational ways beneficial? A meta−analysis of the relationship between innovation and performance in SMEs. Journal of Business Venturing, 26(4), 441−457.

Roure, J. B. and Keeley, R. H. (1990). Predictors of Success in New Technology Based Ventures, Journal of Business Venturing, 5(4), 201−220.

Sandberg, W. R., & Hofer, C. W. (1987). Improving new venture performance: The role of strategy, industry structure, and the entrepreneur. Journal of Business Venturing, 2(1), 5−28.

Sapienza, H. and Grimma, C. (1997). Founder characteristics, start−up process and strategy/structure variables as predictors of short line railroad performance,

Entrepreneurship Theory and Practice, 22(1), 5−24.

Scott, B. R. (1971). Stages of corporate development−part I. Harvard Business School.

Seo, H. J., Kim, H. S., & Kim, Y. C. (2012). Financialization and the slowdown in Korean firms' R&D investment. Asian Economic Papers, 11(3), 35−49.

Seong, H. E., & Kim, B. Y. (2021). Critical factors affecting venture capital investment decision on innovative startups: a case of south korea. International Journal of Management (IJM), 12(3), 768−781.

Shan, W., Walker, G., & Kogut, B. (1994). Interfirm cooperation and startup innovation in the biotechnology industry. Strategic Management Journal, 15(5), 387−394.

Shrader, R. C., Oviatt, B. M., & McDougall, P. P. (2000). How new ventures exploit trade−offs among international risk factors : Lessons for the accelerated internationi−zation of the 21st century. Academy of Management Journal, 43(6), 1227−1247.

Smith, N. R., & Miner, J. B. (1983). Type of entrepreneur, type of firm, and managerial motivation: Implications for organizational life cycle theory. Strategic Management Journal, 4(4), 325−340.

Suh, I., Ryu, D., & Park, T. (2012). Effects of Capabilities and Network on Performance in Venture Firms: Moderating Effects of Environmental Dynamism. Journal of Entrepreneurship and Venture Studies, 15(1), 23−41.

Teece, D. J., Pisano, G., & Shuen, A. (1997). Dynamic capabilities and strategic management. Strategic Management Journal, 18(7), 509−533.

Todeva, E., & Knoke, D. (2005). Strategic alliances and models of collaboration. Management Decision, 43(1), 123−148.

Tripsas, M., Schrader, S., & Sobrero, M. (1995). Discouraging opportunistic behavior in collaborative R&D: A new role for government. Research Policy, 24(3), 367−389.

Tsai, K. H. (2004). The impact of technological capability on firm performance in Taiwan's electronics industry. The Journal of High Technology Management Research, 15(2), 183−195.

Tsai, W. M. H., MacMillan, I. C., & Low, M. B. (1991). Effects of strategy and environ−ment on corporate venture success in industrial markets. Journal of Business Venturing, 6(1), 9−28.

Tyebjee, T. T., & Bruno, A. V. (1984). A model of venture capitalist investment activity. Management Science, 30(9), 1051−1066.

Un, C. A., Cuervo-Cazurra, A., & Asakawa, K. (2010). R&D collaborations and product innovation. Journal of Product Innovation Management, 27(5), 673−689.

Wallsten, S. J. (2000). The Effects of Government−Industry R&D Programson Private R&D: The Caseof the Small Business Innovation Research Program. The Rand Journal of Economics, 31(1), 82−100.

Wang, C. H., Lu, I. Y., & Chen, C. B. (2008). Evaluating firm technological innovation capability under uncertainty. Technovation, 28

Warne, F. K. (1988). Essays on the venture capital market. Yale University.

Wells, W. A. (1974). Venture Capital Decision−Making. Carnegie Mellon University.

Welter, C., Bosse, D. A., & Alvarez, S. A. (2013). The interaction between managerial and technological capabilities as a determinant of company performance: An empiri−cal study of biotech firms. International Journal of Management, 30(1), 272−286.

Wernerfelt, B. (1984). A resource-based view of the firm. Strategic Management Journal, 5(2), 171−180.

Yang, D. W., & Kim, D. J. (2010). Causal Relationship between Firms' R&D Collaboration and Performance in Contents Industry. The Journal of the Korea Contents Association, 10(4), 306−316.

Yi Ho−Taek, Lee Hangeun, & Ji Seong goo (2014). SMEs Marketing Capability: What It is and Why It Matters. Journal of Marketing Management Research, 19(3), 117−138.

Yli-Renko, H., Autio, E., & Sapienza, H. J. (2001). Social capital, knowledge acquisition, and knowledge exploitation in young technology-based firms. Strategic Management Journal, 22(6-7), 587−613.

Yun, Jong−rok, & Kim, Hyoung−chel (2009). The Effect of Entrepreneurs Characteristics and Differentiation Strategy on Performance of Venture Business. Korean Jouranl of Business Administration, 22(6), 3693−3721.

Yoon, Y. S. (1990). Financial Characteristics and Risk Management of Small and Medium Startup Firms, Technology and Venture, 16(5), 14−27.

Yoon, H. D., Kwak, K. Y., & Seo, R. B. (2012). The effects of global entrepreneurship and social capital within supply chain on the export performance. Asia−Pacific Journal of Business Venturing and Entrepreneurship, 7(3), 1−16.

Zacharakis, A. L., & Meyer, G. D. (2000). The potential of actuarial decision models: can they improve the venture capital investment decision?. Journal of Business

Venturing, 15(4), 323−346.

Zahra, S. A. (1993). Environment, corporate entrepreneurship, and financial perform−
ance: A taxonomic approach. Journal of Business Venturing, 8(4), 319−340.

Zahra, S. A. (1996). Technology strategy and new venture performance: A study of
corporate−sponsored and independent biotechnology ventures. Journal of Business
Venturing, 11(4), 289−321.

Zaidi, M. F. A., & Othman, S. N. (2014). Organisational ambidexterity and NPD per−
formance a conceptual framework. International Review of Management and Business
Research, 3(3), 1334.

Zaltman, G., Duncan, R., & Holbek, J. (1973). Innovations and organizations. (No Title).

벤처경제학

초판발행	2024년 4월 15일
지은이	조봉현·조재민·김용덕
펴낸이	안종만·안상준
편 집	전채린
기획/마케팅	김민규
표지디자인	이영경
제 작	고철민·조영환
펴낸곳	(주)**박영시**
	서울특별시 금천구 가산디지털2로 53, 210호(가산동, 한라시그마밸리)
	등록 1959. 3. 11. 제300-1959-1호(倫)
전 화	02)733-6771
f a x	02)736-4818
e-mail	pys@pybook.co.kr
homepage	www.pybook.co.kr
ISBN	979-11-303-1982-7 93320

정 가	19,000원